**Ciklus priručnika za organizaciju i ekonomiku poslovanja**

broj 9 - 10

Recenzija

dr IVO BURIĆ

Biblioteku uređuje

prof. dr MIJO NOVAK

Živko Marković

OSOBNI DOHODAK
Stjecanje, raspodjela i korištenje

ZAGREB
1981

Organizacija i ekonomika poslovanja

BROJ 9—10   Izlazi godišnje u 15 brojeva   GODINA XXIII

PREDGOVOR

Pisanje predgovora za sadržaj knjige što je pred čitaocem može biti i vrlo težak, ali i lagan zadatak. Težak ako bi se nastojao dati prikaz vlastitim sentencama, a lagan ako bi se to učinilo prijepisom nekoliko originalnih izvoda iz knjige. Već takva mogućnost ukazuje, istodobno, na kompleksnost i na složenost problematike koju je određivao autor, te na posebnost izlaganja koje je podjednako u metodi tumačenja i stilu dokazivanja danih odgovora ili stajališta.

Osobni dohoci su, inače, tema koja je dosta često obrađivana u našim uvjetima, pa je literatura o tome već prilično opsežna. Oni su u tome sagledavani sa različitih aspekata njihova stjecanja i raspodjele ili njihova značaja za proizvodni proces i egzistenciju radnika općenito. Ono što je karakteristično za mnoge radove o osobnim dohocima, to je njihov jednostran prilaz toj složenoj i nema dvojbe najznačajnijoj društveno-ekonomskoj kategoriji svake ekonomije i društva. Ovo djelo je izuzetak, ne samo po širini prilaza osobnim dohocima, nego i po njihovoj slojevitoj teorijskoj i praktičnoj razradi. Tu širinu dovoljno ne označava ni naslov, iako se u njemu ističe da se ovdje radi i o pitanjima stjecanja i raspodjele, i korištenja osobnih dohodaka. Autor je, naime, kroz svoje istraživanje i sagledavanje problematike osobnih dohodaka značajan dio svoga rada, time i sadržaja, posvetio i njihovim temeljnim kategorijalnim pitanjima. Iako je u tome morao ići ponekad i do teorijskih eksplikacija, autor se kroz cijeli sadržaj prvenstveno bavi praktičnim pitanjima i traži konkretne odgovore za njihovo razrješavanje.

Da bi u takvom prilazu osvijetlio pojedine pojmove i kretanja na području osobnih dohodaka općenito, autor je u uvodnim poglavljima na veoma interesantan način obradio proces i problematiku razvoja vlasničkih odnosa, smatrajući ispravnim da su i osobni dohoci također jedna od vlasničkih kategorija. On njihov razvitak prati od prvih generičkih oblika osobnog vlasništva, preko razvoja privatnog i klasnog kapitalističkog vlasništva i njegove transformacije u državno, odnosno društveno vlasništvo. Najinteresantnija u tome su pitanja i odgovori što ih daje u pogledu daljnjeg podruštvljavanja društvenog vlasništva sa sve višim razvojem samoupravnih odnosa i društva udruženog rada.

U središnjem dijelu problematike i sadržaja autor je kroz nekoliko poglavlja razrađivao praktična pitanja i dao rješenja za uređivanje odnosa u stjecanju i raspodjeli osobnih dohodaka. On je ta rješenja dao za konkretne sadašnje uvjete, ali i projekciju njihova daljnjeg podruštvljavanja sa sve višim materijalnim i samoupravnim razvojem našeg samoupravnog društva.

S obzirom da se osobni dohoci stječu putem dohotka, autor je kategorijalno i realno sagledavao pitanja i probleme stjecanja dohotka kroz različite oblike udruživanja rada i sredstava po kojima i dohodak dobiva svoj unutrašnji sadržaj. I s društvenim oblicima dohotka se, smatra autor, događa isto što i sa kategorijom društvenog vlasništva. Naime, i dohodak se sa sve višim podruštvljavanjem i procesa rada i raspodjele, također, podruštvljava u omjeru u kojem udruženi radnici stječu sve više pravo i mogućnost da samostalno odlučuju o svim njegovim dijelovima.

U posljednjim poglavljima sadržaja autor je obradio pitanja i probleme slobodne razmjene rada i korištenja osobnih dohodaka. Ostajući dosljedno na svom polaznom dijalektičkom prilazu, autor i ovdje pronalazi elemente o potrebi i već ostvarenim mogućnostima njihova podruštvljavanja u zadovoljavanju i zajedničkih, i individualnih potreba ljudi. Sa sve višim podruštvljavanjem procesa rada i društveno-ekonomskih kategorija udruženog rada razvijat će se, naime, i viši oblici zadovoljavanja potreba čovjeka i društva uopće. U najvišem stupnju, to svestrano podruštvljavanje i materijalni razvitak društva dovest će do mogućnosti i odnosa u kojima će svatko imati prema potrebama, čime će nestati i objektivne i subjektivne potrebe da se proizvedena dobra dijele i prisvajaju na dosadašnji način.

To što je do sada rečeno, opis je, zapravo, karakterističnih tematskih i strukturalnih oznaka sadržaja. U najavi njegovih suštinskih kvaliteta mi ćemo, ne samo u smislu opredjeljenja za onaj lakši zadatak, nego i zbog autentičnosti onoga što je izložio autor, navesti (ne birajući odviše) nekoliko direktnih izvoda koji sami po sebi svjedoče o tome.

— „Društveno vlasništvo znači negaciju privatnog vlasništva. Njime se ukida prisvajanje tuđeg rada da bi se omogućilo prisvajanje vlastitog rada.”

— „Društveno vlasništvo je oslobođeno osobno vlasništvo izraženo u slobodnom raspolaganju vlastitim radom.”

— „Kad prisvajanje tuđeg rada postane kočnica daljnjeg napretka, nastaje društveno vlasništvo kojim se takvo prisvajanje ukida. Ukoliko iščezava prisvajanje, iščezava i otuđivanje. Ostaje da vlastitim radom raspolažu radnici. A pošto je zbog visoke razvijene proizvodnje rad zajednički, i raspolaganje je zajedničko. Takvo raspolaganje čini suštinu društvenog vlasništva.”

— „Udruženi radnik ne prisvaja jedan dio društvenog proizvoda, već obrnuto, on jedan dio svoga rada udružuje s drugima radi daljnjeg zajedničkog rada. Društveno vlasništvo se ne stvara prisvajanjem tuđeg rada, već udruživanjem osobnog rada.”

— „Zbog toga se radnik prema njemu (društvenom vlasništvu) subjektivno odnosi isto kao i prema individualnom vlasništvu.”

— „Zajedničko raspolaganje kao vlasnički odnos postoji samo u polarizaciji sa individualnim raspolaganjem. Iščezavanje ove polarizacije predstavlja identifikaciju osobnog i društvenog u vlasničkom odnosu koji znači njegov kraj.”

— „Osobni dohodak je oblik društveno-vlasničkog posredovanja između rada i životnih potreba čovjeka u čijoj osnovi je načelo da svatko živi od svoga rada. A da bi se živjelo od svoga rada, mora se njime slobodno raspolagati. Proizvod mora pripadati samo onome tko ga stvara, što omogućuje da mu pripadaju i sredstva za proizvodnju.”

— „Proturječnost osobnog dohotka je već u njegovom nazivu. Dohodak je proizvod društvenog rada, a osobni dohodak je oblik osobnog vlasništva.”

VI

— „Osobni rad se najprije sjedinjuje u društveni rad, a onda opet razjedinjuje."

— „Ali ta proturječnost između načina proizvodnje i načina raspodjele životnih sredstava već se ovdje nalazi na putu svoga razrješenja."

— „Društveni rad nije ništa drugo do udruženi osobni rad pojedinaca. S obzirom na to i društveni proizvod je rezultat sjedinjavanja individualnih rezultata rada. Što se on ne upotrebljava sasvim slobodno, uzrok je u ograničenosti u odnosu na potrebe."

— „Raspodjela se sada ne obavlja prema vlasničkom odnosu, već prema radnom doprinosu. Stoga i nije raspodjela u pravom smislu. Ona je to samo po obliku."

— „Sredstva za osobne dohotka su rezultat tekućeg i minulog rada, pa se moraju po te dvije osnove i raspodjeljivati."

— „Problem je, međutim, u određivanju apsolutne veličine osobnog dohotka koji se stječe po ovoj osnovi. Pošto minuli rad ne stvara sam po sebi nikakvu vrijednost, niti osobni dohodak se ne može ostvariti samo na osnovi ulaganja u razvoj društvenih uvjeta rada."

— „Tako se društvena sredstva (odnosno minuli rad — op. aut. predgovora) pojavljuju kao oblik posredovanja osobne egzistencije. Ona se ne otuđuju od radnika, ne samo zato što nastaju dobrovoljnim udruživanjem rada, već i stoga što se ovaj rad u obliku sredstava egzistencije ponovno vraća radniku. Proturječnost društvene svojine nije više u otuđivanju rada, nego u njegovom dvosmjernom kretanju."

— „Utvrđivanje radnog doprinosa ne svodi se samo na njegovo objektivno utvrđivanje. Objektivno dana veličina doprinosa mora biti i samoupravno potvrđena od strane udruženih radnika. Radnici tu veličinu treba da prihvate kao osnovu za sudjelovanje u raspodjeli."

— „Socijalizacija (života i rada — op. aut. predgovora) nije određena samo vanjskom težnjom, nego i unutrašnjom."

— „Proces socijalizacije teče kroz pretvaranje individualnog osobnog dohotka u njegovu zajedničku upotrebu."

— „Zajednička potrošnja vrši socijalizaciju individualne potrošnje kroz to što je izjednačava."

Na kraju, vrijedno je još istaći da je autor sadržaja dr Ž. Marković i praktičar i znanstveni radnik, što znači da se bavi razrješavanjem konkretnih problema raspodjele dohotka i osobnih dohodaka u našim uvjetima i da aktivno sudjeluje u istraživačkom i nastavnom procesu razvoja teorije samoupravnih društveno-ekonomskih odnosa udruženog rada. Njegov praktičan rad omogućuje mu neposredan uvid u svakodnevnu problematiku što je prisutna u praksi, a znanstvenoistraživalački da uočava i apstrahira određene konkretne tendencije do općih kretanja u tome. Iz sadržaja ove knjige se vidi da je ona rezultat tog njegovog jednog i drugog rada.

Dr Ivo BURIĆ

SADRŽAJ

Prvi dio

TEORIJSKA ODREĐENJA

Drugi dio

PRAKTIČNA ISKUSTVA

OSOBNI DOHODAK
Stjecanje, raspodjela i korištenje

UVODNE NAPOMENE

Osobni (lični) dohodak već je u svom začetku postao glavna preokupacija udruženih radnika. Čim je omogućen i najmanji utjecaj radnika na raspodjelu životnih sredstava, ona je postala najprivlačniji predmet njihovog interesiranja. O osobnom dohotku se u organizacijama udruženog rada najviše raspravlja i takve su rasprave najposjećenije. Za probleme raspodjele vezan je i najveći broj obustava rada.

Već to ukazuje na društvenu aktualnost naučne rasprave o osobnom dohotku. Teorijsko osvjetljavanje njegove biti utoliko je potrebnije što se on po svojim temeljnim obilježjima razlikuje od svih prijašnjih oblika stjecanja životnih sredstava. Takva se razlika pojavljuje i u odnosu prema najamnini i plaći, koje također predstavljaju svojevrsne oblike dohotka. Za društveno-političku praksu od posebnog je značaja naučno osvjetljavanje razlike između osobnog dohotka i plaće, jer se te dvije kategorije ponekad, tendenciozno ili dobronamjerno, izjednačavaju. Do takvog izjednačavanja dolazi osobito u praksi kad se plaća pod kamuflažom nove terminologije prikazuje kao osobni dohodak.

Razlike u načinu stjecanja životnih sredstava proistječu iz razlika u vlasničkim (svojinskim) odnosima jer je sudbina tih sredstava unaprijed određena karakterom produkcionih odnosa. Zbog toga je za razjašnjenje biti osobnog dohotka neophodno, prije svega, izučavanje njegovih vlasničkih obilježja. Osobni dohodak upravo izražava određeni vlasnički odnos, što i njegov naziv pokazuje.

Budući da vlasnički odnosi čine temelj ukupnih društvenih odnosa, s nastankom kategorije osobnog dohotka moraju nastati odgovarajuće promjene u cijelom društvu, što ukazuje na potrebu njegovog kompleksnog izučavanja. Promjene ne nastaju samo u načinu stjecanja, nego i u načinu upotrebe životnih sredstava, u odnosu prema radu i u odnosima među samim radnicima. Mijenja se, u stvari, cijeli proces društvene reprodukcije.

Ove promjene ne nastaju odjednom niti same po sebi. One predstavljaju dugotrajan proces koji podrazumijeva organiziranu društvenu akciju i neprekidnu borbu za nove odnose. Izučavanje ovog procesa nije manje značajno od izučavanja samih principa na kojima se osniva osobni dohodak. Razjašnjenje biti osobnog dohotka bez definiranja putova njenog ostvarenja ne bi mnogo doprinijelo stvarnim promjenama.

Dosadašnja istraživanja bila su usmjerena uglavnom na raspodjelu osobnog dohotka, pri čemu je u središtu interesiranja bila u prvom redu sama tehnika raspodjele. Na to su najviše utjecale trenutne potrebe za izradom normativnih akata o raspodjeli i pronalaženjem odgovarajućih mjerila raspodjele. Kako nije bilo dubljih i svestranijih istraživanja osobnog dohotka, i pristup njegovoj raspodjeli ostajao je, međutim, manje ili više, opterećen starim pogledima.

Istraživanja osobnog dohotka još su u povoju kao što je to i sam predmet istraživanja. O osobnom dohotku počinje se govoriti u Jugoslaviji potkraj pedesetih godina, kada se čine i prvi pokušaji da se rezultat rada pretvori u glavnu osnovu raspodjele životnih sredstava. Ustavom SFRJ iz god. 1974. rad je ozakonjen kao isključiva osnova raspodjele, što je utjecalo da ona postane jedan od najprivlačnijih predmeta istraživanja.

Jugoslavija je za sada i jedina zemlja u kojoj se životna sredstva stječu u obliku osobnog dohotka. Zbog toga su mogućnosti empirijskih istraživanja i induktivnog zaključivanja dosta ograničene. Još veće ograničenje predstavlja, međutim, nerazvijenost raspodjele prema radu i u samoj Jugoslaviji. Mnoge organizacije još nisu preskočile prag platnog sistema iako nastoje da to formalnopravnom kamuflažom prikriju.

Pa ipak, i pojedinačni primjeri pružaju izvanredne mogućnosti za dubinska i kompleksna istraživanja različitih dimenzija osobnog dohotka. Već prva iskustva pokazuju da praktično ostvarivanje principa osobnog dohotka izaziva velike promjene u društvenim odnosima, koje duboko zadiru i u način rada i u način zadovoljavanja životnih potreba. Bez obzira na njihovu prostornu ograničenost, iz ovih se promjena mogu izvlačiti dalekosežni zaključci jer one predstavljaju praktičnu potvrdu općevažećih principa.

Pitanje da li se pojedini slučajevi mogu uopćavati, gotovo je deplasirano. Osobni dohodak se ne pojavljuje slučajno nego kao nužna karika u historijskom lancu društvene reprodukcije. Zbog toga su se i principi na kojima počiva mogli izvesti prije nego što se u praksi pojavio i jedan jedini slučaj. Njih su u osnovi definirali još klasici marksizma.

Jugoslavensko iskustvo predstavlja više praktičnu potvrdu ovih principa nego otkrivanje nekih potpuno nepoznatih putova. Ono nije izvan historijskog kontinuiteta ni u teorijskom ni u praktičnom pogledu. Historijski tokovi društvene reprodukcije u svim zemljama vode u smjeru socijalističkog načina proizvodnje i raspodjele prema radu kao društvene osnove osobnog dohotka.

2

Prvi dio

TEORIJSKA ODREĐENJA

I

DRUŠTVENO VLASNIŠTVO I OSOBNI DOHODAK

Izraz „osobni dohodak" već samo po sebi ukazuje na određeni vlasnički odnos. On pokazuje da nekakav dohodak pripada određenoj ličnosti ili da određena ličnost posjeduje nekakav dohodak. To već na prvi pogled proturječi biti društvenog vlasništva. Zbog toga se radi razjašnjenja kategorije osobnog dohotka mora prije svega razjasniti ova proturječnost.

Drušveno vlasnišvo, pa i osobni dohodak kao oblik njegovog proturječnog ispoljavanja, rezultat je historijskog razvoja vlasničkih odnosa. Ono je samo jedan od historijskih oblika vlasništva kao opće kategorije klasnog društva. Društveno vlasništvo, međutim, istovremeno je posljednji historijski oblik vlasništva. Zbog toga ono pruža ključ za razjašnjenje svih ostalih oblika vlasništva kao i za razjašnjenje biti vlasništva uopće.

S druge strane, historijska geneza vlasničkih odnosa olakšava da se shvati karakter društvenog vlasništva kao njegovog finalnog proizvoda. Ali da bi se uočila ova historijska veza između različitih oblika vlasništva, treba najprije definirati bitna obilježja vlasništva uopće, koja se pojavljuju u svim njegovim oblicima.

Pojam vlasništva

Postoji nekoliko bitnih i nerazdvojivih obilježja vlasništva, bez kojih se ono ne pojavljuje ni u jednom od svojih historijskih oblika. Ova su obilježja podložna stalnim promjenama, koje se ne odvijaju izolirano nego su međusobno povezane, tako da mijenjanje jednog obilježja utječe na mijenjanje ostalih, i obratno.

Vlasništvo podrazumijeva, prije svega, odnos između dvaju polova, od kojih je jedan **vlasnik** a drugi **vlasništvo**. Prvi pol je u poziciji subjekta, drugi u poziciji objekta. Bit tog odnosa čini **raspolaganje** vlasništvom od strane vlasnika. Budući da je raspolaganje svjestan čin, u položaju vlasnika može se naći samo čovjek. Objekt vlasništva može, međutim, biti i stvar i čovjek. Da se vlasnički odnos ne može ni de jure svesti na odnos između čovjeka i stvari, najbolje potvrđuje robovlasništvo. Rob se u svakom pogledu nalazi u položaju objekta vlasništva.

Drugo bitno obilježje vlasništva sastoji se u tome da objekt vlasništva predstavlja određenu **upotrebnu vrijednost**. Bez toga nema ni stvarnog raspolaganja vlasništvom od strane vlasnika. Otuda nitko ne osjeća potrebu za vlasništvom na objektu koji nema nikakvu upotrebnu vrijednost. Iz sudske prakse su poznati primjeri odricanja vlasništva na takvim objektima. Pravo vlasništva na objektu bez upotrebne vrijednosti zaista gubi svaki smisao i svodi se na puku formalnost.

Termin „vlasništvo" već i sam po sebi označava nekakav **monopol**. Riječ je, u stvari, o isključivom raspolaganju određenim objektom od strane određenog subjekta. To podrazumijeva da postoje i drugi subjekti koji bi mogli raspolagati istim objektom, ali su iz takvog odnosa isključeni. Da bi se ovaj monopol osigurao, moraju sami subjekti vlasništva stupiti u međusobne odnose i jedni drugima garantirati isključivo raspolaganje, ili jedni drugima onemogućiti sudjelovanje u raspolaganju određenim objektima. Tako se odnosi između subjekata i objekata vlasništva svode, u biti, na odnose među samim subjektima.

Monopol u raspolaganju određenim upotrebnim vrijednostima ima smisla samo ako one postoje u ograničenim količinama, koje ne mogu zadovoljiti potrebe svih potencijalnih korisnika. Zato se vlasnički odnos nikad ne uspostavlja na nečemu čega ima u izobilju. Nikome ne pada na pamet da prisvaja zrak ili sunčanu svjetlost, ali kad bi u ovim izvorima života došlo do oskudice, među ljudima bi nastala ogorčena borba oko njihovog prisvajanja.

Vlasništvo nužno podrazumijeva **posjedovanje**. Da bi subjekt vlasništva mogao raspolagati određenim objektom, on ga mora posjedovati. To znači da se objekt vlasništva mora određeno vrijeme neprekidno nalaziti u posjedu određenog vlasnika. Kad bi neka upotrebna vrijednost svakog trenutka pripadala drugom korisniku, nitko nebi imao monopol u njenom raspolaganju, pa se, samim tim, ona ne bi ni nalazila u vlasničkom odnosu.

Za određivanje karaktera vlasništva bitno je kako se ono **stječe**, odnosno kako se dolazi do posjedovanja određenog vlasništva. To se može postizati uglavnom na tri načina: zaposjedanjem, preuzimanjem i vlastitim radom.

Zaposjedanje se sastoji u jednostavnom **prisvajanju** upotrebne vrijednosti koja nikome ne pripada. Takav način stjecanja vlasništva ne zahtijeva nikakav rad niti neposredno obezvlašćivanje drugog vlasnika. Međutim, čim je određena upotrebna vrijednost zaposjednuta, istog trenutka uspostavljen je nad njom monopol njenog vlasnika. O prisvanjanju se ovdje može govoriti utoliko što vlasnik uspostavlja vlasništvo na objektu koji mu do tada nije pripadao.

Preuzimanjem se prisvaja **tuđe** vlasništvo. Raspolaganje određenom upotrebnom vrijednošću prelazi s jednog subjekta na drugog. Prijenos se može, u osnovi, vršiti na dva načina: ustupanjem i oduzimanjem. U prvom slučaju, stari vlasnik sam ustupa svoju imovinu novom vlasniku, ili to umjesto njega čini netko drugi. Bitno je da se prijenos vrši bez ikakve prisile vlasnika. U drugom slučaju, međutim, stari vlasnik se obezvlašćuje protiv njegove volje, bez obzira na to da li samu uzurpaciju provodi novi vlasnik ili netko treći. Moguća su uglavnom dva načina ovakvog obezvlašćivanja: direktnim nasiljem ili ekonomskom prisilom.

Postoje, prema tome, tri oblika stjecanja upotrebnih vrijednosti prisvajanjem. U slučaju zaposjedanja prisvajač prilikom prisvajanja ne stupa ni u kakav odnos s drugim vlasnicima. On u taj odnos stupa tek kad je zaposjedanje izvršeno. Nasuprot tome, kod preuzimanja vlasništva prisvajanje se ne može izvršiti bez odnosa sa starim vlasnikom, ali se u slučaju ustupanja ono izvodi bez sukoba interesa, dok za oduzimanje vlasništva takav sukob čini osnovnu pretpostavku. Zbog toga se o prisvajanju u punom smislu može govoriti samo u slučaju oduzimanja upotrebnih vrijednosti kojim se vlasništvo jednog subjekta uspostavlja na račun obezvlašćivanja drugog.

U sva tri slučaja vlasnik stječe vlasništvo bez ulaganja vlastitog rada. Upotrebna vrijednost koju on prisvaja predstavlja ili prirodno bogatstvo, ili proizvod tuđeg rada. I upravo to da vlasnik pribavlja u posjed nešto što nije rezultat njegovog rada, čini bit prisvajanja.

Sasvim je drugačije kod **stjecanja** upotrebne vrijednosti **vlastitim radom.** Vlasnik tu vrijednost sam stvara, tako da je ona samo opredmećeni oblik njegovog rada, koji je rezultat trošenja **njegove** radne energije. Objekt vlasništva ovdje nastaje kao prirodni izdanak i kao oblik ispoljavanja stvaralačkog bića samog vlasnika. Zbog toga se u ovom slučaju ne može govoriti o prisvajanju. Fraza o prisvajanju svojeg zaista predstavlja puku tautologuju.

Ponekad se o prisvajanju upotrebnih vrijednosti stvorenih vlastitim radom govori i u jednom sasvim drugom smislu, koji izražava odnos čovjeka prema prirodi. Budući da sva dobra koja čovjek koristi potječu u krajnjoj liniji iz prirode, smatra se da ih on od prirode i prisvaja. Tako bi se za cijeli ljudski rod moglo reći da je „vlasnik" upotrebnih dobara u odnosu na „obezvlašćenu" prirodu.

Očigledno je da termin „prisvajanje" ovdje dobiva sasvim prijenosno značenje i da ne izražava adekvatno bit odnosa između čovjeka i prirode. Čovjek je, prije svega, i sam dio prirode, pa ako se kaže da on prisvaja prirodu, može se isto tako reći da priroda posredstvom čovjeka prisvaja samu sebe, što se opet svodi na tautologiju. I kad se čovjek i priroda promatraju kao suprotstavljeni polovi, opet se ne može govoriti o prisvajanju u pravom značenju riječi jer bi prisvajanje upotrebnih vrijednosti u odnosu prema prirodi podrazumijevalo njeno obezvlašćivanje, što je neodrživo jer priroda ne može biti vlasnik.

O prisvajanju prirodnih dobara od strane čovjeka može se u pravom značenju te riječi govoriti samo u odnosu prema drugim ljudima kao potencijalnim vlasnicima. Strana od koje čovjek kao vlasnik određenog zemljišta mora da zaštiti svoj posjed nije priroda već drugi čovjek, koji ga s tog posjeda može potisnuti. On je, prema tome, vlasnik posjeda u odnosu prema drugim ljudima, a ne u odnosu prema prirodi. Kad bi u prirodi postojala samo jedna ljudska jedinka kao svjesno biće, vlasništva ne bi uopće bilo.

U istom smislu čovjek je vlasnik i upotrebne vrijednosti koju je sam stvorio, što je svojevrstan apsurd jer bi ta vrijednost morala njemu pripadati po prirodi stvari kao što mu pripada bilo koji dio njegovog bića. U uvjetima oskudice upotrebnih dobara on je, međutim, izložen mogućnosti otuđivanja ne samo vlastitog rada nego i cijelog bića. Štoviše, za najveći dio društva ova se mogućnost pretvara u neizbježnu realnost.

Otuđivanje rada od jednog dijela društva je, u stvari, njegovo prisvajanje od strane drugog dijela. Koncentracija vlasništva na jednoj strani vrši se obezvlašćivanjem na drugoj strani. Prisvajanje tuđeg rada pretvara se tako u glavni izvor vlasništva. U historijskim razmjerima ovaj oblik stjecanja vlasništva postaje ne samo predominantan već i određujući za sve ostale oblike. Zato je osiguranje prisvajanja tuđeg rada značajno isto toliko koliko i zaštita samog vlasništva.

Proturječnost vlasništva kao društvenohistorijske kategorije upravo je u tome što se stvara i održava prisvajanjem tuđeg rada. Upotrebne vrijednosti se otuđuju od onih kojima po prirodi stvari pripadaju i prelaze u vlasništvo onih kojima po istoj logici ne pripadaju. Za jedne se „vlasništvo" pretvara u nevlasništvo, za druge „nevlasništvo" u vlasništvo. Tako se prirodni odnos između čovjeka i proizvoda njegovog rada kroz vlasnički odnos pretvara u svoju suprotnost.

Ali vlasništvo nije samo rezultat prisvajanja tuđeg rada nego i njegova pretpostavka. Da bi se tuđi rad mogao prisvajati, nužan je monopol u raspolaganju sredstvima rada. Ako su sva sredstva za proizvodnju upotrebnih dobara u rukama jednog dijela društva, drugi dio društva ne može se održati bez otuđivanja vlastitog rada. Zato vlasništvo na sredstvima za proizvodnju čini okosnicu vlasništva uopće.

Podjela društva na jedne koji raspolažu i druge koji ne raspolažu sredstvima proizvodnje, čini osnovu klasne podvojenosti i klasne borbe. Vlasništvo je, prema tome, temelj klasnog društva, pa se čini da bi se ono moglo lako ukinuti kad bi se ukinulo vlasništvo. Ali, iako je zakonom sankcionirano, vlasništvo se ne može ukinuti nikakvim dekretom. Budući da je objektivno uvjetovano oskudicom upotrebnih vrijednosti, ono se može „ukinuti" samo izobiljem tih vrijednosti. A historijski put do tog cilja krči upravo razvoj vlasničkih odnosa.

Oblici vlasništva

Najčešće se spominju privatno, društveno, individualno i osobno vlasništvo. Pri tome se privatno vlasništvo nerijetko izjednačava s individualnim, a individualno s osobnim, dok se društveno vlasništvo suprotstavlja ne samo privatnom nego i osobnom odnosno individualnom. Zbog toga je za razjašnjenje vlasničkog karaktera osobnog dohotka nužno da se definiraju razlike između spomenutih oblika vlasništva.

Privatno vlasništvo najbitniji je oblik negacije „prirodnog" odnosa između čovjeka i njegovog rada. Ono je upravo autentični proizvod i istovremeno uvjet otuđivanja ljudskog rada. Latinska riječ **privatio** (onis) znači, pored ostalog, i **lišenje nečega**, po čemu bi se privatno vlasništvo moglo označiti kao otuđujuće vlasništvo, kojega se netko lišava od strane nekoga.

Pravu bit privatnog vlasništva otkrio je K. Marx još 1844. godine u „Ekonomsko-filozofskim rukopisima". Po njemu je „otuđeni rad neposredni uzrok privatnog vlasništva", koje je „materijalni, rezimirajući izraz otuđenog rada". Tako se „prisvajanje pojavljuje kao otuđenje, a otuđenje kao prisvajanje". Rad se prema privatnom vlasništvu odnosi kao njegova „subjektivna suština".[1]

Ako se privatno vlasništvo označi kao rezultat prisvajanja tuđeg rada, onda se raspolaganje vlastitim radom mora označiti kao osobno vlasništvo. Proizvod rada ovdje se ne otuđuje od svoga stvaraoca nego ostaje u njegovom posjedu i ispoljava se kao dio njegovog bića kojim on gospodari slično kao što gospodari svakim dijelom svog organizma. Vlasništvo se sada pojavljuje kao nešto što po samoj prirodi pripada svom vlasniku, to jest kao utjelovljenje njegove vlastite ličnosti. Po tome je osobno vlasništvo sušta suprotnost privatnog vlasništva.

Zbog toga je u biti neodrživo razlikovanje privatnog i osobnog vlasništva prema predmetu tako što se pod prvo podvode sredstva proizvodnje, a pod drugo sredstva osobne potrošnje. Time se samo zamagljuje priroda privatnog

---

[1] Rani radovi, Marx—Engels, „Kultura", Zagreb 1953, str. 206—225.

vlasništva jer i sredstva proizvodnje i sredstva potrošnje mogu biti proizvod i vlastitog i prisvojenog rada. Sredstva koja eksploatatorska klasa koristi za osobnu potrošnju nisu proizvod njenog rada, kao što sredstva proizvodnje kojima se služi inokosni proizvođač ne moraju biti rezultat prisvajanja tuđeg rada.

Ustav SFRJ napušta kategoriju privatnog vlasništva i sva dobra u individualnom raspolaganju tretira kao sredstva u osobnom vlasništvu, polazeći od toga da se ona stječu osobnim radom. To je, međutim, još idejna projekcija, čija realizacija predstavlja dugotrajan proces jer sve dok postoje mogućnosti za prisvajanje tuđeg rada, postojat će i prisvajanje, pa samim tim i privatno vlsništvo. U prijelaznom razdoblju osobno vlasništvo još se ne pojavljuje u čistom obliku jer se osobni rad i spontano miješa s prisvajanjem tuđeg rada. Osobno vlasništvo u čistom obliku značit će kraj svakog vlasništva.

Iako su subjekti osobnog vlasništva pojedinci, ono se ne može izjednačiti s **individualnim vlasništvom** jer je i privatno vlasništvo u svom najbitnijem obliku individualno. Privatni vlasnici prisvajaju tuđi rad prvenstveno kao pojedinci. Osim toga, i osobno i privatno vlasništvo mogu se pojavljivati i u obliku **zajedničkog vlasništva.** Kao što udruženi pojedinci mogu zajednički proizvoditi i dobiveni proizvod raspoređivati prema uloženom radu ili ga zajednički upotrebljavati, tako oni mogu zajednički i prisvajati tuđ rad i njime zajednički raspolagati.

Dok osnovu klasifikacije na osobno i privatno vlasništvo čini način njihove reprodukcije, razlikovanje individualnog i zajedničkog vlasništva vrši se prema načinu raspolaganja vlasničkim objektom. Zbrka koja se pravi izjednačavanjem privatnog, individualnog i osobnog vlasništva nije, međutim, slučajna. Ona je motivirana klasnim interesom da se zamagli bit privatnog vlasništva kako bi se zameo svaki trag prisvajanju tuđeg rada.

Društveno vlasništvo znači negaciju privatnog, a potvrdu osobnog vlasništva. Njime se prisvajanje tuđeg rada ukida upravo radi toga da bi se onemogućilo otuđivanje osobnog rada. I osnovu njegove reprodukcije ne čini otuđeni nego vlastiti rad udruženih radnika kojim oni zajednički raspolažu. U tom zajedništvu ljudska ličnost ne samo što se ne gubi nego tek doživljava svoj puni integritet. Društveno vlasništvo nije, u stvari, ništa drugo do oslobođeno osobno vlasništvo izraženo u slobodnom raspolaganju vlastitim radom. Utoliko se i individualno vlasništvo kao oblik ispoljavanja osobnog vlasništva izjednačava s društvenim vlasništvom.

Društveno vlasništvo zajedničko je vlasništvo, ali mu nije identično jer se zajedništvo može javljati i u obliku grupnog, zadružnog ili državnog vlasništva, gdje se ispoljava u svom parcijalnom obliku, koji može biti i u suprotnosti s općedruštvenim zajedništvom. Zajedničko vlasništvo tek u društvenom vlasništvu doseže svoj društveni totalitet i postaje bitno zajedničkim.

U društvenom vlasništvu se individualno i zajedničko vlasništvo izjednačavaju jer individualno postaje zajedničko, i obratno. Razvijeni individualitet i razvijeno zajedništvo se ne isključuju, nego se međusobno uvjetuju. Zato Marx zaključuje da se „na osnovici kooperacije i zajedničkog poseda zemlje i sredstava za proizvodnju koje je proizveo sam rad" uspostavlja individualno vlasništvo radnika.[2] Društveno vlasništvo je, prema E. Kardelju,

---

[2] Kapital, prva knjiga, „Kosmos", Beograd 1933, str. 791.

„istovremeno i onaj oblik radnikove „individualne svojine" bez kojeg ni on ni njegov rad ne mogu biti slobodni".[3]

Do suprotstavljanja individualnog i društvenog vlasništva dolazi zbog toga što se prvo shvaća isključivo kao privatno, a drugo kao državno vlasništvo. Međutim, **državno vlasništvo** još zadržava bitna obilježja privatnog vlasništva jer se reproducira putem otuđivanja rada. Ali ono istovremeno vodi podruštvljavanju sredstava proizvodnje, zbog čega se može označiti kao prijelazni oblik između privatnog i društvenog vlasništva.

Historijska geneza vlasništva

Još je uvijek lakše zamisliti kako je društvo izgledalo prije nastanka vlasništva, nego kako će izgledati poslije njegovog nestanka. Kao društvenohistorijska kategorija vlasništvo nije moglo nastati odjednom kao što ni samo društvo nije nastalo preko noći. Moralo je, prema tome, postojati prijelazno razdoblje iz stanja bez vlasništva u stanje kad je vlasništvo postalo vladajući društveni odnos.

Iako određene pojave koje nalikuju na prisvajanje postoje i u životinjskom svijetu, vlasništvo kao društvenohistorijska kategorija ne predstavlja naslijeđe iz toga svijeta. Ono nastaje i razvija se isključivo kao društveni odnos. Taj proces morao se odvijati postupno poput stvaranja društvenog bogatstva kao objekta vlasništva.

U početnoj fazi nastajanja ljudske zajednice nije moglo biti nikakvog vlasništva jer još nije bilo nikakvog društvenog bogatstva. Cjelokupni ljudski rad sastojao se u traganju za proizvodima prirode, koji su se, po pravilu, trošili istog trenutka kad su pronađeni. Ljudi su tada živjeli u malobrojnim hordama, koje su morale biti veoma kompaktne da bi se održale. Stupanj njihove kohezije bio je vjerojatno toliki da su pripadnici horde spontano djelovali kao jedna jedinka jer su se samo tako mogli održati među životinjskim svijetom.

Nije teško pretpostaviti da su tada u zadovoljavanju ljudskih potreba slučajnosti igrale odsudnu ulogu. Trenutke sreće kad je horda nailazila na obilje prirodnih blagodati smjenjivali su trenuci nesreće kad je nastajala oskudica. Ljudožderstvo je vjerojatno bilo posljedica takve nestabilnosti, na što upućuje i činjenica da je ono nestalo kad je čovjek uspio osigurati određenu ravnomjernost u zadovoljavanju svojih potreba. S obzirom na nužnu kompaktnost horde, moguće je da je do međusobnog proždiranja unutar iste horde dolazilo samo u slučaju krajnje nužde, a da se bespoštedna borba za opstanak vodila između različitih hordi.

Osiguranje određene ravnomjernosti u zadovoljavanju životnih potreba čovjeka značilo je nezavisnost od prirodne stihije, koja se mogla postići samo stvaranjem trajnijih upotrebnih vrijednosti i njihovom vremenskom preraspodjelom u svakidašnjoj potrošnji. Time su stvorene nužne materijalne pretpostavke vlasništvu. Upotrebnim vrijednostima koja se nisu trošile istoga trenutka kad su stvorene, netko je morao raspolagati.

---

[3] Protivrečnosti društvene svojine u savremenoj socijalističkoj praksi, drugo dopunjeno izdanje, „Radnička štampa", Beograd 1976, str. 48.

Ako su određene upotrebne vrijednosti članovi prvobitne zajednice pribavljali zajednički, njima su **zajednički** i raspolagali. Da bi osigurali ravnomjerno zadovoljavanje životnih potreba, ljudi su morali stvarati određene rezerve hrane, što je pretpostavljalo nastanjivanje na jednom mjestu. Nastanjivanjem zaposedana su zemljišta, skrovišta i prirodna bogatstva, kojima su članovi prvobitne zajednice, s obzirom na zajednički način života, mogli samo zajednički raspolagati.

Zajedništvo u pravom smislu podrazumijeva, međutim, izraženu individualnost, koja kod članova prvobitne zajednice, pogotovu u početnoj fazi njenog razvoja, nije bilo. Zbog toga je prvobitno društvo predstavljalo samo začetak društvenog vlasništva, koje će se u klasnom društvu razviti u **privatno** vlasništvo kao svoju suprotnost. Takav razvoj ne bi, međutim, bio moguć da prvobitno vlasništvo nije već u svom začetku krilo određenu proturječnost zajedništva i privatizacije.

Zajedništvo prvobitnog vlasništva nije toliko bilo izraženo u odnosu prema pripadnicima iste zajednice koliko u odnosu prema ostalim zajednicama. Kad bi jedno pleme zaposjelo određeno zemljište, onda je to zemljište, postajalo njegovo vlasništvo prije svega u odnosu prema ostalim plemenima. Zajednički posjed štitilo se ne od pripadnika samog plemena, nego od drugih plemena. Tako se zajedničko vlasništvo pripadnika istog plemena ispoljavalo istovremeno kao njihovo privatno vlasništvo u odnosu prema pripadnicima ostalih plemena.

Zadovoljavanje individualnih potreba putem zajedničkog pribavljanja životnih sredstava moralo je, međutim, uvjetovati i unutarnju diferencijaciju prvobitnog vlasništva na bazi polarizacije proturječnih tendencija zajedništva i privatizacije. Pojedinac sigurno nije mogao biti ravnodušan prema vlastitom udjelu u potrošnji inače oskudnih životnih sredstava. Već i sam prirodni nagon za održanjem biološke egzistencije tjerao ga je na veći udio u zajednički pribavljenim sredstvima.

Na tome su se osnivale prvobitne suprotnosti društvene zajednice. One su prevladavane istim nagonom za održanjem iz kojega su i potjecale. U uvjetima kada su se sredstva za život mogla osigurati jedino zajedničkim radom, cjelokupno ponašanje ljudi, pa i sama potrošnja životnih dobara, morali su biti podređeni tom cilju. Sudbina pojedinca mnogo je više zavisila od zajedničkog pribavljanja životnih sredstava nego od veličine udjela u njihovoj potrošnji.

Nije bez osnove pretpostavka da je takav način stjecanja životnih sredstava objektivno uvjetovao i svojevrsnu „raspodjelu" prema radu u njenom embrionalnom obliku. Prije svega, svi sposobni članovi zajednice morali su sudjelovati u pribavljanju sredstava za život, inače se ona ne bi mogla održati. Sasvim je vjerojatno da su oni koji su obavljali teže poslove i više pridonosili u pribavljanju životnih dobara, više i trošili, ne samo zbog većih fizioloških potreba nego i zbog toga što je za reprodukciju njihovih radnih sposobnosti bila životno zainteresirana cijela zajednica. Tamo gdje se egzistira na granici biološkog minimuma, i danas se članovima domaćinstva koji imaju odlučujuću ulogu u njihovom uzdržavanju daje jača porcija jer od njihove sposobnosti privređivanja zavisi sudbina cijelog domaćinstva.

Članovi prvobitne zajednice morali su, prije svega, po sili nužde poštovati određena „pravila" u raspolaganju sredstvima svoje egzistencije, koja su se sama po sebi nametala kao da su od prirode dana. Ta nužda proistjecala je upravo iz krajnje ograničenih mogućnosti pribavljanja životnih sredstava. S povećavanjem ovih sredstava istovremeno se povećavala sloboda u njihovom raspolaganju, ali i mogućnost sukobljavanja različitih interesa. Zbog toga su ljudi i sami morali tražiti sredstva za ograničavanje vlastite slobode da bi sačuvali zajedništvo kao osnovni uvjet svoje egzistencije.

Smisao društvenog poretka koji je postupno nastajao u prvobitnoj zajednici, bio je, prije svega, u prevladavanju proturječnosti koja su proistjecale iz proturječnog karaktera vlasništva. Razvoj proizvodnje upotrebnih dobara pratila je odgovarajuću diferencijaciju u njihovom raspolaganju, koja je proširivala sa širih na uže zajednice (pleme — fratrija — gens) sve do pojedinaca.

Način raspolaganja upotrebnim vrijednostima neposredno se određivao načinom njihovog stjecanja. Zajedničkom pribavljanju životnih sredstava odgovaralo je zajedničko raspolaganje. Čim su sredstva rada toliko usavršena da je pojedinac mogao sam pribavljati sredstva za život, stvoreni su uvjeti za individualno raspolaganje.

Ali to je neizbježno vodilo raspadanju prvobitne zajednice. Zajedničko raspolaganje upotrebnim dobrima osiguravalo je jednakost u njihovom posjedovanju. Zajednička zemlja nije mogla pripadati više jednom nego drugom članu zajednice. S nastankom individualnog vlasništva stvoreni su, međutim, uvjeti i za nastanak društvenih nejednakosti. Razlike u veličini vlasništva neizbježno su nastajale i kad se zemlja podjednako raspodjeljivala jer su jedni proizvodili više od drugih. Nasljeđe i razmjena upotrebnih dobara omogućili su stvaranje i povećavanje razlika u posjedovanju ne samo životnih sredstava nego i sredstava proizvodnje.

Time su stvorene pretpostavke i za stjecanje vlasništva prisvajanjem tuđeg rada. U prvobitnoj zajednici prisvajanje se sastojalo uglavnom u zaposjedanju prirode i prirodnih proizvoda. Izrazito niska razina produktivnosti ljudskog rada objektivno nije omogućavala njegovu eksploataciju. Proizvodi ljudskog rada u takvim uvjetima jedva su dosezali i za osiguranje biološke egzistencije.

Zbog toga je cjelokupna aktivnost ljudi u prvobitnoj zajednici bila podređena održanju gole egzistencije. Oruđa za rad bila su samo pomoćno sredstvo u pribavljanju prijeko potrebnih životnih dobara. I glavni objekt vlasništva nisu činila sredstva proizvodnje nego sredstva za neposredno podmirenje fizioloških potreba proizvođača. Odlučujuću ulogu u pribavljanju ovih sredstava imao je živi rad, dok je uloga opredmećenog rada bila neusporedivo manja. Otuda je čovjek apsolutno gospodario i sredstvima i rezultatima svoga rada.

Vlasništvo ovdje nije igralo odlučujuću ulogu u međuljudskim odnosima. U zajedničkoj borbi za golu egzistenciju svatko je praktično živio od svoga rada, pa se i odgovarajući način raspolaganja pribavljenim sredstvima za život ispoljavao kao prirodni odnos. Zbog toga prvobitno vlasništvo nije predstavljalo vlasništvo u punom smislu, pa se točnije može označiti kao prijelaz iz nevlasništva u vlasništvo.

Vlasništvo u punom smislu, kao oblik prisvajanja tuđeg rada, nastaje od trenutka kad produktivnost rada počinje premašati najnužnije potrebe održavanja biološke egzistencije. Već prvi oblici razmjene upotrebnih vrijednosti, koja se od toga trenutka počinje razvijati, dovode do posrednog prelijevanja rada od neproduktivnijih produktivnijim proizvođačima. Prisvajanje tuđeg rada počinje tako izrastati u osnovni oblik egzistencije društva.

12

Početni oblici akumulacije nastali takvom preraspodjelom, predstavljali su polaznu osnovu za gomilanje bogatstva, koje je postalo osnovni motiv eksploatacije. Zbog niske produktivnosti, gomilanje bogatstva nije, međutim, bilo moguće bez zadržavanja većine društva na minimumu biološke egzistencije. A za to je bilo nužno klasno potčinjavanje, bez kojeg se većina društva nije mogla podvrći eksploataciji.

Klasno potčinjavanje od početka je dobilo oblik prisvajanja čovjeka od strane čovjeka. U uvjetima kad oruđa za rad još nisu igrala veliku ulogu u proizvodnji upotrebnih vrijednosti, glavni objekt prisvajanja postao je sam proizvođač. Prvi oblik klasne vladavine počivao je upravo na robovlasništvu. Čovjek se ovdje u svakom pogledu pojavljuje i kao subjekt i kao objekt vlasništva.

Rob je za robovlasnika bio interesantan samo kao izvor radne snage. Bogatstvo robovlasnika počivalo je faktički na prisvajanju robovskog rada. Bit ovog odnosa prikrivala se upravo time što je rob cijelim bićem pripadao robovlasniku. Činilo se da rob za svoju egzistenciju više duguje robovlasniku, koji brine o njegovoj prehrani, odijevanju i smještaju, nego obratno.

Robovlasnik je zaista uzdržavao roba, ali je ovaj stvarao više nego što je trošio. Rob ne samo da nije raspolagao ukupnim rezultatima svog rada već ni onim dijelom koji je služio za njegovo uzdržavanje. Cjelokupna vrijednost koju je stvarao pripadala je robovlasniku. Time se rob faktički lišavao svake slobode i kao objekt vlasništva potpuno izjednačavao sa sredstvima proizvodnje.

Feudalizam je proizvođača samo djelomično oslobodio totalne otuđenosti. Položaj kmeta uzdignut je iznad položaja ostalih objekata vlasništva, ali je on ipak ostao u položaju vlasničkog objekta. Ako se u robovlasništvu izjednačavao sa sredstvima proizvodnje, u feudalizmu se proizvođač neposredno vezivao za ta sredstva. Kmet je zajedno s feudom, kao neodvojivi dodatak, pripadao svom vlasniku.

Za razliku od roba, kmet je sam brinuo o vlastitoj egzistenciji. On je pravno raspolagao upotrebnim vrijednostima koje su služile za podmirenje njegovih potreba, ali se objektivno nije mogao ponašati kao stvarni subjekt vlasništva. Stvarno raspolaganje nečim podrazumijeva određenu slobodu odlučivanja, koju kmet praktično nije imao. Njemu je za vlastito uzdržavanje ostajalo tek toliko koliko je bilo nužno za reprodukciju gole egzistencije. Time je način njegovog života bio unaprijed određen, a sloboda raspolaganja upotrebnim vrijednostima svedena na minimum.

Kapitalizam je pravno potpuno ukinuo vlasnički odnos između proizvođača i vlasnika sredstava za proizvodnju, ali je proletera faktički zadržao u položaju vlasničkog objekta. On je, u stvari, samo izmijenio način raspolaganja čovjekom od strane čovjeka. Iako se formalno oslobodio zevanosti za sredstva proizvodnje i njihovog vlasnika, proleter im je stvarno ostao podređen.

Sva sloboda proletera sastojala se u tome što je svoju radnu snagu mogao sam razmjenjivati za prijeko potrebna životna sredstva. On, međutim, tom snagom nije u stvari raspolagao jer je unaprijed bilo određeno da je mora prodavati kapitalistu i da je ni na koji drugi način ne može upotrijebiti. A čim bi je prodao, kupac je njome raspolagao kao i svakom drugom robom. U procesu samog rada položaj proletera praktično se nije razlikovao od položaja roba.

Proleter nije, međutim, slobodno raspolagao ni životnim sredstvima do kojih je dolazio prodajom radne snage. Budući da često nisu bila dovoljna ni za podmirenje najnužnijih fizioloških potreba, njihova je namjena bila objektivno unaprijed određena. To pokazuje da je proleter bio potpuno obezvlašćen i da se smisao njegove egzistencije praktično svodio na reprodukciju kapitala.

U klasnom društvu reprodukcija proizvođača u neposrednoj je funkciji reprodukcije privatnog vlasništva. Budući da se privatno vlasništvo može povećavati samo stvaranjem novih vrijednosti, prisvajanje živog rada predstavlja njegov osnovni izvor. I s obzirom na to da živi rad čini bit egzistencije ljudskog bića, njegovo prisvajanje znači, u stvari, prisvajanje samog čovjeka. Privatizacija novostvorene vrijednosti počiva, prema tome, na privatizaciji samog stvaraoca.

Međutim, klasni poredak ne samo što prikriva bit ovog odnosa, nego je potpuno izvrće. Vlasničko pravo zatire svaki trag stvarnom porijeklu privatnog vlasništva jer sankcionira raspolaganje njime od strane subjekata kojima ono po svom porijeklu ne pripada. Štaviše, stvara se privid da je prisvajanje tuđeg rada isključeno i da svatko raspolaže samo onim što mu je od prirode dato. Tako se čini kao da rob robovlasniku samo odrađuje ono što potroši, da kmet kroz podavanje (dažbina) daje feudalcu adekvatnu naknadu za korišćenje njegovog posjeda, a da proleter kroz najamninu dobiva od kapitalista ekvivalentnu vrijednost svog rada.

Takav privid proistječe iz klasnog karaktera vlasničkog prava, čija se funkcija svodi upravo na to da osigura prisvajanje tuđeg rada, bez kojeg ne bi bilo ni privatnog vlasništva, ni vladajuće klase. Iz eksploatacije tuđeg rada potječu ne samo sredstva proizvodnje kojima raspolaže vladajuća klasa nego i upotrebne vrijednosti koje služe za podmirenje njenih životnih potreba. Nasuprot proizvođaču, koji je egzistirao na biološkom minimumu, vlasnik sredstava za proizvodnju mogao je samo zahvaljujući njegovoj eksploataciji, živjeti u izobilju.

Suprotnost između bijede na jednoj i izobilja na drugoj strani, koja se zasniva na otuđivanju i prisvajanju rada, čini jednu od osnovnih karakteristika klasnog društva. Egzistencija pojedinca ovdje se ne osniva na njegovom radu. Ne samo što vlasnik sredstava za proizvodnju živi od tuđeg rada nego ni život proizvođača nije ni u kakvoj neposrednoj vezi s njegovim radom. Potrošnja životnih sredstava praktično je u obrnutom razmjeru s doprinosom njihovom stvaranju.

Ovakvi odnosi u raspodjeli životnih sredstava neposredno proistječu iz karaktera vlasništva u klasnom društvu. Ako je u prvobitnoj zajednici privatizacija vlasništva bila izražena samo u odnosu prema drugim zajednicama, a zajedništvo u odnosu prema pojedincima, u klasnom društvu sasvim je obrnuto. Privatizacija je ovdje razvijena do individualnog prisvajanja, dok je zajedništvo svedeno na zaštitu individualnog vlasništva od drugih zajednica.

Privatizacija doseže svoj vrhunac u kapitalističkom individualnom vlasništvu. U prisvajanju samog rada najneposrednije se ispoljava njena bit. Proleter za kapitalista nije uopće interesantan kao čovjek nego isključivo kao radna snaga. Zato ga on oslobađa kao čovjeka, a prisvaja kao radnu snagu. Kako, međutim, rad čini bit ispoljavanja ljudskog bića, to oslobođenje ostaje puki privid. Ovdje se upravo najočitije pokazuje da je u cijelom klasnom društvu pravi smisao prisvajanja ljudi u prisvajanju njihovog rada.

Ako kapitalističko individualno vlasništvo predstavlja vrhunac privatizacije, onda se daljnja geneza vlasništva može odvijati samo u smjeru deprivatizacije, koja u biti znači odumiranje vlasničkog odnosa. Na prvi se pogled čini da ovaj proces teče u obrnutom smjeru od procesa nastajanja vlasništva. Dok je nastajanje vlasništva išlo od zajedništva k privatizaciji, njegovo nestajanje ide od privatizacije k zajedništvu. Stvarni smjer ovog kretanja je, međutim, isti jer su zajedništvo na polaznoj točki razvoja vlasničkih odnosa i zajedništvo na njegovoj završnoj točki sasvim različiti. Prvo je u embrionalnoj, drugo u razvijenoj fazi.

Zajedništvo prvobitnog vlasništva počiva na zajedničkom pribavljanju životnih sredstava stvorenih prije svega od same prirode. Proizvodnja upotrebnih vrijednosti od strane čovjeka ovdje se pojavljuje tek u prvim začecima. Zbog primitivnih sredstava rada, stvarna proizvodnja od početka se razvijala kao stvaralaštvo pojedinaca, što je upravo i dovelo do razbijanja prvobitnog zajedništva.

Privatno vlasništvo počiva uglavnom na individualnom načinu proizvodnje. Prisvajanje tuđeg rada moguće je samo kad je on atomiziran, to jest kad ga obavljaju međusobno nepovezani pojedinci. Tada se, na bazi prisvajanja, integracija društva uspostavlja izvana, od strane klase koja raspolaže osnovnim sredstvima proizvodnje. Prisvajanje rada u robovlasništvu i feudalizmu održavalo se uglavnom na zemljovlasništvu jer su sredstva proizvodnje koja je sam čovjek stvorio bila nerazvijena.

Kapitalizam prisvajanje tuđeg rada dovodi do vrhunca, ali razvijanjem sredstava proizvodnje već od početka stvara preduvjete za njegovo ukidanje. Čim se na rukovanju pojedinim oruđima za rad mora angažovati više radnika, već postaje neophodno društveno povezivanje rada. U takvim uvjetima individualna proizvodnja više nije moguća jer se proizvod može stvarati samo kombinacijom individualnog rada.

Kapitalizam je društveno povezivanje rada počeo još s jednostavnim oruđima. Već u manufakturi više radnika djeluje kao jedna radna snaga. Iako oruđima za rad i dalje rukuju pojedinci, ona se istovremeno stavljaju u pokret kao da pripadaju jednom mehanizmu, dok se kod individualne proizvodnje upotrebljavaju naizmjenice. Na toj se osnovi i mogla roditi ideja o složenim mehanizmima, koji individualne radove povezuju u jedinstvenu cjelinu.

Međutim, društveno povezivanje rada u kapitalizmu ne proistječe iz slobodne volje radnika, nego je izvana nametnuto samom tehnologijom. Sve dok se zadržava privatno vlasništvo, radnici pojedinačno stupaju u najamni odnos kod kapitalista, čime se isključuje njihovo međusobno udruživanje u procesu rada. Zbog toga zajednička proizvodnja radnika ovdje još ne predstavlja pravo zajedništvo. Kao što se rad pojedinih radnika odvija pod najamnom prisilom, na isti se način odvija i njihov zajednički rad na jedinstvenom proizvodu.

Tehnologijom nametnuto zajedništvo rada i njegovo individualno prisvajanje čine upravo jednu od osnovnih proturječnosti kapitalističke proizvodnje, koja se, međutim, prikriva kapitalističkim vlasničkim odnosom. Budući da radnu snagu prodaje kapitalistu, radnik u društvu i ne istupa kao subjekt proizvodnje. Umjesto njega, kao proizvođač se pojavljuje sam kapitalist, pa se čini da proturječnosti između načina proizvodnje i načina prisvajanja nema. Naime, s proizvedenom robom na tržištu ne istupaju udruženi radnici nego pojedinačni kapitalisti.

Budući da se pod uticajem zakonitosti kapitalističke proizvodnje neprekidno razvija, tehnološko podruštvljavanje rada sve više dolazi u sukob s njegovim individualnim prisvajanjem. Da bi razriješio ovaj sukob, kapitalist upravljanje proizvodnjom najprije povjerava grupi specijaliziranih upravljača dok na kraju ne bude prisiljen da u poslove upravljanja uvlači i same radnike. U isto vrijeme konkurencija tjera kapitaliste na međusobno povezivanje. Da bi je izbjegli, prisiljeni su da udružuju kapital i da zajednički istupaju.

Time već u kapitalizmu počinje proces deprivatizacije. Individualno raspolaganje sredstvima proizvodnje počinje ustupati pred zajedničkim raspolaganjem, čime se privatno vlasništvo iz temelja potkopava. Državni kapitalizam već potpuno ukida individualno raspolaganje kapitalom dovodeći privatno vlasništvo do krajnjih granica njegovog ispoljavanja. Kapitalist kao individualni vlasnik postepeno iščezava, a sve funkcije raspolaganja sredstvima i rezultatima rada preuzima sloj profesionalnih upravljača organiziranih u državni aparat.

S uspostavljanjem državnog vlasništva raspolaganje upotrebnim vrijednostima u društvu prenosi se s pojedinaca na posebnu grupu ljudi, koji u tom raspolaganju imaju podijeljene funkcije. Ulogu vlasnika koja je ranije pripadala pojedincu, sada može ostvarivati samo dobro organiziran državni aparat. Budući da u tom aparatu svatko obavlja samo određeni dio vlasničke funkcije, državnovlasnički odnos može se definirati kao početna faza podruštvljavanja vlasništva.

U državnovlasničkom odnosu vlasništvo je, međutim, deprivatizirano samo utoliko što je individualno raspolaganje upotrebnim vrijednostima zamijenjeno svojevrsnim grupnim raspolaganjem. Prisvajanje i otuđivanje rada je nastavljeno, pa je položaj radnika u procesu proizvodnje ostao u biti nepromijenjen. Kao „proizvođač" sada službeno istupa država, dok se radnik u proizvodnji i dalje pojavljuje samo kao radna snaga.

U državnovlasničkom odnosu privatno vlasništvo doseže, u stvari, svoj krajnji domet. Mnoštvo individualnih vlasnika ovdje se zamjenjuje jednim nepovredivim vlasnikom, koji je samo kombiniran od mnoštva izvršilaca vlasničke funkcije. Ovi izvršioci nisu suvlasnici. Nitko od njih ne raspolaže autonomno nijednim dijelom državnog vlasništva, niti to čine zajednički kao ravnopravni partneri. U ostvarivanju upravljačkih funkcija državni aparat funkcionira po principu birokratskog centralizma, tako da je svaki njegov član u položaju i naredbodavca i izvršioca tuđih odluka. Čak se i vrhovni šef države oficijelno pojavljuje kao izvršilac „narodne volje", pa se čini da i državno vlasništvo ima općenarodni karakter.

Država je, međutim, samo formalno izvršilac narodne volje, a faktički provodi volju vladajuće klase, ili same birokracije. U ostvarivanju svojih funkcija državni aparat, u pravilu, provodi odluke šefa države, pa utoliko državnovlasnički odnos zadržava i određena obilježja individualnog vlasništva. Državnim vlasništvom u krajnjoj liniji raspolaže pojedinac, ili u najboljem slučaju sasvim uska grupa, na čelu državnog aparata.

U potpuno podržavljenom društvu privatizacija vlasništva dovedena je do krajnjih granica u tom smislu što je cijelo društvo praktično polarizirano na državu kao isključivog vlasnika društvenog bogatstva i radne mase kao isključivog stvaraoca toga bogatstva. Država se na jednoj strani pojavljuje kao jedinstveni vlasnik cjelokupnog kapitala, a radne mase na drugoj strani kao jedinstvena radna snaga u kojoj su mehanički stopljene sve pojedinačne radne snage. Konkurencija je zbog toga iščezla na objema stranama, pa je samim tim iščezlo tržište i kapitala i radne snage.

Odnos države i radnih masa sveden je tako na direktan odnos subjekta i objekta vlasništva. Država zaista neposredno raspolaže radnom snagom, i to ne samo u procesu rada nego i u upravljanju njenom cjelokupnom egzistencijom. Svojim odlukama o raspodjeli ukupne novostvorene vrijednosti, ona određuje kako opseg i strukturu životnih sredstava, tako i način zadovoljavanja životnih potreba radnika. Time se istovremeno unaprijed određuje i sam način života ljudi sve do pokušaja manipuliranja njihovim mišljenjem.

Privatizacija državnog vlasništva ne izražava se, međutim, samo u odnosu na radne mase nego i u međusobnim odnosima različitih država. Kao što je u prvobitnoj zajednici svako pleme štitilo svoj posjed od drugih plemena, tako sada svaka država štiti cjelokupno bogatstvo kojim raspolaže od drugih država. Državno vlasništvo se tako ispoljava i kao zajedničko vlasništvo cijelog naroda, koje su svi dužni da brane od vanjskog neprijatelja.

Državno vlasništvo nastalo je zbog toga što nabujalim kapitalom više ne mogu ovladavati izolirani pojedinci. Ali kad se cjelokupna sredstva proizvodnje koncentriraju u rukama države, daljnji razvoj može ići jedino putem njihove socijalizacije, to jest prelaženja u raspolaganje samih proizvođača. Kao što je nadrasla moć individualnog kapitalista, snaga kapitala sada nadrasta i moć državnog aparata. Visokorazvijenim sredstvima proizvodnje ne mogu više raspolagati ni pojedinci ni država. To može činiti samo cijelo društvo organizirano kao slobodna asocijacija proizvođača.

Time je objektivno predodređena nužnost prerastanja privatnog vlasništva u društveno vlasništvo. I od trenutka kad sredstvima proizvodnje počnu raspolagati sami proizvođači, počinje istovremeno historijski proces razotuđivanja ljudskog rada. Ovaj proces čini upravo bit socijalizma kao prijelaznog razdoblja iz klasnog u besklasno društvo.

Zbog toga su naučno neodržive teorije o takozvanom državnom socijalizmu. Sam izraz „državni socijalizam" apsurdna je kovanica jer se država i socijalizam pojmovno isključuju. Socijalizam znači takav sistem u kojem društvo samo sobom upravlja, što je nespojivo s klasičnim državnim sistemom, gdje društvom upravlja posebna grupa ljudi organizirana u državni aparat. Teorija državnog socijalizma, nastala je, u stvari, kao ideološko opravdanje zadržavanja klasične države i poslije eksproprijacije buržoazije.

Osnivači marksizma došli su do logički neoborivog zaključka da je eksproprijacija eksproprijatora jedini zadatak koji treba i koji sa stanovišta svoje historijske uloge može da izvrši proleterska država. Sve ostalo što ona čini može biti samo u njenom vlastitom interesu, to jest u interesu državne birokratije. Historijsko iskustvo je potvrdilo da je gotovo u svim zemljama gdje je izvršena socijalistička revolucija dolazilo do snažnih tendencija razvlašćivanja države nakon eksproprijacije buržoazije koje je suzbijala upravo država. Jačanje državnog monopola vodilo je samo udaljavanju od historijskih ciljeva revolucije.

Što je do tog jačanja u pojedinim zemljama ipak dolazilo, objašnjenje ne treba tražiti u historijskoj nužnosti, nego prije svega u okolnostima koje su omogućavale da država raspolaže sredstvima proizvodnje. Koncentracija sredstava proizvodnje u rukama proleterske države značila je, ne samo u političkom nego i u ekonomskom pogledu, veliki napredak u odnosu na individualno ili tek djelomično podržavljeno kapitalističko vlasništvo. Zahvaljujući tome, proleterska država je stanovito vrijeme uspijevala odolijevati konkurenciji na svjetskom tržištu, što joj je omogućavalo da svladava unutarnje otpore pa i tendencije deetatizacije. Tako se vlasnički monopol proleterske države održavao ne zato što je bio nužan već što je to još bilo moguće s obzirom na opću razinu razvijenosti vlasničkih odnosa u svijeu.

Ukoliko je, međutim, kapitalističko vlasništvo više podržavljeno, utoliko je konkurencija na svjetskom tržištu jača, zbog čega ekonomski nerazvijenije zemlje izlaz moraju tražiti u podruštvljavanju sredstava proizvodnje. To objašnjava zašto samoupravljanje (koje čini bit socijalizma) svoje prve prodore pravi baš u ekonomski nerazvijenim zemljama. Iz toga se istovremeno nameće i zaključak da vlasništvo prije svog podruštvljenja ne samo što ne mora nego objektivno i ne može svagdje prolaziti kroz potpuno podržavljenje. Ekonomske zakonitosti neminovno tjeraju i na direktno podruštvljavanje individualnog vlasništva. Da bi izdržao konkurenciju državnog ili društvenog kapitala, individualni vlasnik sredstava za proizvodnju mora i sam težiti udruživanju na samoupravnoj osnovi. Zbog toga podruštvljavanje vlasništva nužno ide različitim putovima, i to ne samo u različitim državama nego i u jednoj istoj zemlji.

Pojava da se u određenoj fazi historije ljudskog društva podruštvljavanje vlasništva počinje najprije probijati tamo gdje je ono na najnižem stupnju svoje evolucije, izražava i sam karakter društvenog vlasništva. Zajedništvo prvobitnog vlasništva bilo je parcijalno. Svaka ljudska skupina živjela je sama za sebe jer nije imala ničeg zajedničkog s ostalim skupinama. Polazeći od toga, cjelokupan razvoj društva išao je dalje u smjeru stvaranja jedinstvene zajednice u kojoj su sva ljudska bića povezana određenim zajedničkim interesima.

Put do takve zajednice vodi preko podruštvljavanja vlasništva. Društveno vlasništvo je, u stvari, najrazvijeniji oblik zajedničkog raspolaganja upotrebnim vrijednostima. U uvjetima oskudice ovih vrijednosti svaka zajednica počiva na određenom zajedništvu vlasništva, ali ono tek u društvenom vlasništvu doseže svoj puni razvoj. Zajedništvo se ovdje razvija čak do svoje apsolutizacije, koja isključuje ne samo svaku privatizaciju, nego i svaku posebnost, ali time nestaje i samo vlasništvo.

Geneza društvenog vlasništva označava, u stvari, prijelaz iz vlasništva u nevlasništvo. Njenu materijalnu osnovu čini prijelaz iz stanja oskudice u stanje izobilja upotrebnih vrijednosti. Uvjetovano oskudicom životnih sredstava, vlasništvo mora nestati samim nestankom te oskudice. Izobilje upotrebnih vrijednosti osigurava punu društvenu jednakost među ljudima, koja čini suvišnim svaki vlasnički odnos.

Proces stvaranja ove jednakosti počinje samim uspostavljanjem društvenog vlasništva. Društvene razlike među ljudima nastale su nastajanjem privatnog vlasništva. Zbog toga će one i iščeznuti i ukidanjem takvog vlasništva, do kojeg dolazi upravo uspostavljanjem društvenog vlasništva. Društveno vlasništvo znači, u biti, negaciju privatnog vlasništva i odumiranje vlasništva uopće.

Bit društvenog vlasništva i osobnog dohotka

Prvobitno vlasništvo osnivalo se prije svega na prisvajanju prirode, koja je predstavljala neposredni izvor životnih sredstava čovjeka. Čim je ljudski rad počeo igrati odlučujuću ulogu u stvaranju upotrebnih vrijednosti, on je odmah postao predmet prisvajanja, na kojem je osnovano cijelo klasno društvo.

Kad prisvajanje tuđeg rada postane kočnica daljnjeg napretka, nastaje društveno vlasništvo, kojim se takvo prisvajanje ukida i koje zbog toga vodi u besklasno društvo.

Ukoliko iščezava prisvajanje, iščezava samim tim i otuđivanje ljudskog rada. Ostaje, prema tome, da vlastitim radom raspolažu sami radnici. A kako je rad visokorazvijenim sredstvima zajednički, i raspolaganje njime mora biti zajedničko. Takvo raspolaganje čini upravo bit društvenog vlasništva.

S obzirom na to da se ne osniva na prisvajanju nego na vlastitom radu, društveno vlasništvo i nije vlasništvo u pravom smislu. Njime se zapravo ukida osnovna proturječnost privatnog vlasništva kao nevlasništva u odnosu prema stvarnom porijeklu. Ukidanjem ove proturječnosti ukida se svaka privatizacija, a vlasništvo se pretvara u opće zajedništvo.

U općem zajedništvu već je iščezao svaki vlasnički odnos pa i društveno vlasništvo. Kad se stvori izobilje upotrebnih dobara, prestaje svaka potreba za njihovim raspolaganjem u vlasničkom smislu. Osnovne životne potrebe svatko može neograničeno zadovoljavati, što čini suvišnom bilo kakvu društvenu raspodjelu upotrebnih vrijednosti. Samim tim prestaje i potreba za njihovim trajnim posjedovanjem od strane pojedinaca ili pojedinih ljudskih skupina. U stanju izobilja sve upotrebne vrijednosti pripadaju istovremeno svima, što znači da u smislu monopolskog raspolaganja ne pripadaju posebno nikome.

U razvijenoj komunističkoj zajednici veza između čovjeka i prirode ponovo se svodi na slobodan (nevlasnički) odnos. Međutim, razlika u odnosu prema prvobitnoj zajednici je golema u tom smislu što je čovjek sada praktično ovladao prirodom, čime je veza između ljudskog bića i ostalog dijela prirode podignuta na razinu odnosa između slobodnog subjekta i objekta. U stanovitom smislu moglo bi se tvrditi da se vlasnički odnos ovdje svodi na odnos između čovjeka i prirode, ali se on upravo time dovodi do potpunije negacije, gdje se pretvara u svoju suprotnost. Zbog toga upotreba termina „vlasništvo" i „prisvajanje" za odnose između čovjeka i prirode, ne čini li se to u sasvim prijenosnom značenju, može dovoditi do zabune, inače bi se pojam vlasništva morao proglasiti za vječnu kategoriju.

Kategorija društvenog vlasništva još, međutim, izražava vlasnički odnos među ljudima. I raspolaganje vlastitim radom podrazumijeva određeno trajno posjedovanje upotrebnih vrijednosti, koje je društveno zaštićeno i koje zbog toga još implicira društvene nejednakosti. Ali čim stvaranjem izobilja upotrebnih vrijednosti vlasničko raspolaganje izgubi svoj smisao, samim tim nestaje i društveno vlasništvo. To pokazuje da društveno vlasništvo kao objektivna realnost predstavlja, u stvari, historijski proces odumiranja vlasništva, koji se sastoji u postupnom pretvaranju vlasničkog odnosa u slobodno komunističko zajedništvo.

Ova postupnost uvjetovana je odgovarajućom postupnošću u razvoju socijalističkog načina proizvodnje, koji označava historijski prijelaz iz klasnog načina proizvodnje u slobodno komunističko stvaralaštvo. Društveno vlasništvo razvija se upravo kao neposredni izraz promjena koje nastaju u socijalističkom načinu proizvodnje. A promjene koje vode iz „carstva nužnosti" u „carstvo slobode" moraju sadržavati ponešto i od jednog i od drugog.

Individualno stvaranje upotrebnih vrijednosti vlastitim sredstvima i isključivo za vlastite potrebe nesumnjivo je najjednostavniji način proizvodnje. Pojedinac sam proizvodi i sam troši proizvode svoga rada. On u tom pogledu predstavlja svijet za sebe jer je potpuno nezavisan od ostalih proizvođača. Proizvodi koje upotrebljava, rezultat su njegovog vlastitog rada kojim sam raspolaže.

Takvo vlasništvo predstavlja suštu suprotnost privatnom vlasništvu, koje nastaje prisvajanjem tuđeg rada, a od karakterističnih vlasničkih obilježja ima samo to što je društveno zaštićeno. Osnovna proturječnost privatnog vlasništva ovdje uopće ne postoji jer vlasnik raspolaže vrijednostima koje je sam stvorio i koje su zbog toga po prirodi njegove. Te su vrijednosti rezultat ispoljavanja njegovog vlastitog bića, zbog čega se mogu smatrati njegovim prirodnim ili **osobnim** vlasništvom.

Na prvi se pogled čini da je ovdje već ostvarena puna sloboda ličnosti. Pojedinac se oslobodio zavisnosti od prvobitne ljudske skupine za koju je bio egzistencijalno vezan jer je sada u stanju da sam osigurava sredstva za vlastitu egzistenciju. On je, međutim, i dalje ostao zavisan od prirode. Sredstva koja proizvodi još uvijek jedva dosežu za prostu reprodukciju njegove biološke egzistencije. Upotreba tih sredstava unaprijed je određena elementarnim životnim potrebama, zbog čega se još ne može govoriti o slobodnom raspolaganju upotrebnim vrijednostima, pa, prema tome, ni o pravom vlasništvu.

Vlasništvo u pravom smislu, koje podrazumijeva određenu slobodu u raspolaganju upotrebnim vrijednostima, nastaje tek kada čovjek počne proizvoditi nekakav višak proizvoda koji ne može, ili bar ne mora, sam trošiti. Ali već tada počinje i prisvajanje tuđeg rada. Da bi bio iskorišten, višak proizvoda mora se razmjenjivati, a u tržišnoj razmjeni, koja je jedino moguća između izoliranih proizvođača, nužno dolazi do prelijevanja rada od manje produktivnih k produktivnijim proizvođačima.

Proizvodnja viška upotrebnih vrijednosti omogućila je, prema tome, vlasništvo u njegovom punom društveno-ekonomskom, pravnom i sociološkom smislu. Zbog svoje ograničenosti, taj se višak neizbježno koncentrirao u rukama jednog, i to manjeg dijela društva, zbog čega je došlo do odvajanja sredstava proizvodnje od proizvođača, a s time i do pretvaranja eksploatacije tuđeg rada u osnovni izvor vlasništva.

Zahvaljujući razvoju proizvodnje, privatno vlasništvo osnovano na prisvajanju tuđeg rada nastalo je tako kao neizbježna negacija osobnog vlasništva osnovanog na vlastitom radu. Daljnji razvoj proizvodnje mogao je voditi jedino prema negaciji samog privatnog vlasništva. Takvu negaciju predstavlja upravo društveno vlasništvo, koje se ponovo osniva na vlastitom radu, ali sada na radu slobodno udruženih proizvođača.

Privatno vlasništvo samo stvara preduvjete za vlastitu negaciju. Kapitalistički način proizvodnje od početka krči put za nastanak društvenog vlasništva, jer vrši određeno podruštvljavanje rada i kapitala. Do određene granice on ukida i individualnu proizvodnju i individualno raspolaganje proizvodima rada. Podržavljenje je, međutim, krajnji domet koji takav način proizvodnje može doseći.

Kod državnog načina proizvodnje sredstva proizvodnje još su odvojena od proizvođača. Podruštvljenost rada ne prelazi, zbog toga, granicu tehnološke povezanosti. U društveno-ekonomskom pogledu, radnik je najamnim odnosom vezan za državu, što je upravo osnovni uzrok njegove nepovezanosti s drugim radnicima. Budući da se njegov rad i dalje otuđuje, on je indiferentan i prema vlastitim rezultatima rada i prema radu ostalih radnika. Društvena integracija rada uspostavlja se izvana i održava pod pritiskom države.

Socijalističkim načinom proizvodnje sredstva proizvodnje ponovo se spajaju s proizvođačem. Međutim, za razliku od individualne proizvodnje, ovdje više nije moguće autonomno individualno raspolaganje tim sredstvima. Nužnost zajedničkog raspolaganja uvjetovana je kako visokorazvijenom tehnologijom proizvodnje, tako i velikom koncentracijom kapitala koja je na toj osnovi izvršena. Proturječnost ove uvjetovanosti je u tome što se utjecaj visoke tehnologije proizvodnje i koncentracije kapitala putem konkurencije najsnažnije ispoljava na suprotnom polu, to jest tamo gdje su tehnologija i kapital na najnižem stupnju.

Budući da je individualna proizvodnja visokorazvijenim sredstvima objektivno nemoguća, da bi proizvodio, radnik mora svoj rad udruživati s radom drugih radnika. Individualni radovi pojedinih radnika sjedinjuju se u njihov zajednički rad. Rezultat zajedničkog rada jest zajednički proizvod, koji pripada svim udruženim radnicima i kojim oni zajednički raspolažu. I sama sredstva proizvodnje u tom se slučaju reproduciraju kao zajednički proizvod udruženih radnika.

Ovdje je riječ o društveno-ekonomskom udruživanju rada, koje se u određenim društvenim uvjetima može vršiti i tamo gdje još ne postoje materijalne pretpostavke za njegovo tehnološko povezivanje. Za razliku od tehnološkog povezivanja rada, koje može biti i izvana nametnuto, njegovo društveno-ekonomsko udruživanje podrazumijeva slobodno opredjeljivanje radnika. Iako je objektivno uvjetovano, društveno-ekonomsko udruživanje istovremeno je rezultat slobodne volje radnika jer izražava njihov zajednički interes. I kako radnici, na toj osnovi, sami odlučuju o ciljevima i uvjetima zajedničkog rada, njegovo udruživanje ima, u društveno-političkom pogledu, samoupravni karakter. Ono je samoupravno udruživanje.

Samoupravno udruživanje rada unosi, međutim, bitne promjene i u njegovo tehnološko povezivanje. Subjekt ovog povezivanja uvijek je vlasnik sredstava proizvodnje, zbog čega se u kapitalističkoj i državnoj organizaciji rada ono vrši izvana, jer radnik o njemu ne odlučuje. Nasuprot tome, u samoupravnoj organizaciji rada sam udruženi radnik odlučuje o svim pitanjima reprodukcije, pa i o tehnologiji rada. Zbog toga se ovdje prevladava naslijeđena suprotnost između tehnološke integracije i društveno-ekonomske dezintegracije rada.

U socijalističkom načinu proizvodnje nestaje najamni odnos između radnika i poslodavca jer nestaje sam poslodavac. Budući da sami raspolažu sredstvima proizvodnje, radnici stupaju u **međusobni** radni odnos. Umjesto posrednog, vrši se njihovo neposredno povezivanje u procesu rada. Mehaničko kombiniranje rada zasnovano na interesu reprodukcije kapitala, prerasta u njegovo organsko sjedinjavanje zasnovano na interesu reprodukcije radnika.

Proces podruštvljavanja ljudskog rada potpuno je obrnut od procesa njegove individualizacije. Individualizacija rada imala je za polaznu točku amorfno zajedništvo determinirano prirodnom nuždom, gdje je pojedinac više instinktivno nego svjesno djelovao kao dio jedinstvene cjeline. Završnu točku tog procesa predstavlja gotovo potpuna izoliranost pojedinaca kao proizvođača, ali to je istovremeno i polazna točka svjesnog podruštvljavanja rada.

Ovaj proces ne vodi ponovo u neko amorfno zajedništvo nego u slobodnu asocijaciju proizvođača koja se osniva na punoj individualnosti svakog pojedinca. To znači da podruštvljavanje podrazumijeva istovremeno oslobađanje proizvođača kao pojedinca, kako u odnosu prema prirodi tako i u odnosu prema samom društvu. U socijalističkom načinu proizvodnje sloboda pojedinca već doseže takav stupanj da on može sam udruživati svoj rad.

Osnovni cilj ovog udruživanja jest reprodukcija života, i u tome ono ima određenu sličnost s prvobitnim zajedništvom. Cjelokupna aktivnost prvobitne zajednice bila je neposredno podređena održanju života, za razliku od klasnog društva, gdje je eksploatacija rada služila prije svega povećavanju bogatstva vladajuće klase. U socijalizmu smisao proizvodnje upotrebnih vrijednosti ponovo se vraća reprodukciji samoga života.

Međutim, za razliku od prvobitnog zajedništva, socijalistički način reprodukcije života osniva se na reprodukciji određene materijalne osnove društva, koja predstavlja nagomilani ljudski rad. Dok je u početku reprodukcija ljudskog života neposredno zavisila od gole prirode, sada ona zavisi od humanizirane to jest ljudskim radom preobražene prirode. Najveću historijsku tekovinu klasnog društva predstavlja upravo golema akumulacija ljudskog rada u sredstvima proizvodnje, koja reprodukciju života čini relativno nezavisnom od „ćudi" prirode.

Zbog toga se kod društvenog vlasništva pojavljuju određene proturječnosti, kojih kod prvobitnog vlasništva nije bilo. Dok materijalna društvena osnova rada još nije postojala, upotrebna dobra su u cjelini služila za neposredno podmirenje životnih potreba ljudi. Oskudicom tih dobara objektivno je bila unaprijed određena njihova upotreba, zbog čega se problem raspodjele nije praktično ni postavljao. Kad se pojavio višak proizvoda, njegova raspodjela u klasnom društvu nije se mogla vršiti bez prisile i bez podređivanja proizvođača vlasniku sredstava proizvodnje.

Podruštvljavanjem sredstava za proizvodnju proizvođač dolazi u položaj da sam odlučuje o njihovoj reprodukciji, a time i o raspodjeli novostvorene vrijednosti. Da bi se osigurala ukupna reprodukcija društva, novostvorena vrijednost mora se dijeliti na dva osnovna dijela, od kojih jedan služi za reprodukciju sredstava proizvodnje, a drugi za neposredno podmirenje životnih potreba, to jest za reprodukciju egzistencije proizvođača. U uvjetima ograničenih proizvodnih mogućnosti svako povećanje jednog dijela neizbježno ide na račun smanjenja drugog dijela.

U kapitalizmu se proturječnost između reprodukcije kapitala i reprodukcije radne snage razrješava na račun ove posljednje, tako što se radna snaga, po pravilu, drži na minimumu egzistencije. Ali sam razvoj sredstava proizvodnje dovodi do određene točke kada takvo rješenje postaje neodrživo. Iako se uspostavljanjem društvenog vlasništva odnos između proizvođača i sredstava proizvodnje iz korijena mijenja, raspodjela novostvorene vrijednosti ne može ići u suprotnu krajnost zato što bi time bila ugrožena i egzistencija samog proizvođača. Proširena reprodukcija sredstava za proizvodnju mora se osigurati jer ona čini neizostavnu pretpostavku ne samo proširene nego i proste reprodukcije života.

Međutim, uspostavljanjem društvenog vlasništva subjekt razješavanja proturječnosti između reprodukcije materijalnih pretpostavki života i neposredne reprodukcije samog života postaje sam proizvođač. Time se nužno mijenja i način razrješavanja proturječnosti. Podređivanje proizvođača vlasniku sredstava za proizvodnju zamijenjuje svjesna akcija samih proizvođača.

Ali i ovakav način razrješavanja dane proturječnosti uvjetuje određenu razliku u načinu raspolaganja sredstvima proizvodnje i sredstvima za podmi-

22

renje životnih potreba proizvođača. Dok je raspolaganje sredstvima proizvodnje zajedničko, raspolaganje životnim sredstvima je individualno.

Zajedništvo u raspolaganju sredstvima proizvodnje sastoji se, prije svega, u tome što udruženi proizvođači zajednički odlučuju o upotrebi dijela novostvorene vrijednosti koji se izdvaja za proširenu reprodukciju tih sredstava. Već i samo jedinstvo tehnološkog procesa proizvodnje, koje čini tehnološku osnovu zajedničkog rada, uvjetuje da se o njegovom razvoju moraju donositi jedinstvene odluke. Dok se u klasičnom kapitalizmu ovo jedinstvo osigurava individualnim odlučivanjem kapitalista, a u državnom monopolizmu birokratsko-centralističkim odlučivanjem državnog aparata, u socijalizmu se ono može osigurati samo demokratskim odlučivanjem udruženih proizvođača.

Ako je jedinstvo tehnološkog procesa postalo nužan uvjet proizvodnje, proizvođači ne mogu individualno odlučivati o upotrebi novostvorene vrijednosti za proširenu reprodukciju materijalne osnove rada, pa je zbog toga ne mogu ni međusobno raspodjeljivati. Ovaj dio novostvorene vrijednosti mora se priključiti već fungirajućim sredstvima proizvodnje, kao nedjeljivom vlasništvu svih proizvođača. Budući da je u zajedničkom interesu proizvođača, takva koncentracija novostvorene vrijednosti vrši se njihovom svjesnom akcijom, na bazi slobodnog opredjeljenja.

Tako izdvajanje dijela novostvorene vrijednosti za razvoj sredstava proizvodnje gubi karakter otuđivanja i prisvajanja rada. Vrijednost koja je sadržana u sredstvima proizvodnje ne predstavlja više otuđeni rad. To je rad samih proizvođača, koji su ga, u vlastitom interesu, svjesno udružili. On ostaje u njihovom posjedu jer cjelokupnim sredstvima proizvodnje sami upravljaju. Udruženi proizvođači određuju i ciljeve i način korištenja zajedničkih sredstava. Oni u tom pogledu obavljaju sve funkcije vlasnika, ali ne predstavljaju vlasnike u pravom smislu jer raspolažu samo vlastitim radom.

Zajedničkim raspolaganjem sredstvima proizvodnje od strane proizvođača ukida se ne samo prisvajanje tuđeg rada nego i vlasnički monopol na vlastiti rad. U upravljanju zajedničkim sredstvima svi sudjeluju ravnopravno iako različito doprinose njihovom stvaranju. Pravo sudjelovanja u upravljanju nije određeno individualnim doprinosom, već potrebom jednakog odnosa prema sredstvima proizvodnje, kojim se isključuje mogućnost prisvajanja tuđeg rada.

Stvarno izjednačavanje odnosa prema sredstvima proizvodnje predstavlja, međutim, historijski proces koji karakterizira cijelo prijelazno razdoblje iz klasnog u besklasno društvo. Ravnopravnost u upravljanju zajedničim sredstvima ne osigurava automatski i stvarnu jednakost među proizvođačima. Sama podjela rada, koja je rezultat ograničene razvijenosti proizvodnih snaga uvjetuje različite mogućnosti stvarnog sudjelovanja u upravljanju.

Zbog toga se proturječnost između formalnopravne jednakosti i stvarne nejednakosti mora razrješavati demokratskom akcijom proizvođača, koja u raspolaganju zajedničkim sredstvima treba da onemogući nametanje parcijalnih i osigura ostvarivanje zajedničkih interesa. Demokratska akcija, koja podrazumijeva idejno-političku raspravu i samoupravno odlučivanje u kojima neposredno sudjeluju svi proizvođači, omogućuje da se izraze različiti interesi i da se opredjeljenje svih, ili bar većine konstituira u zajedničku odluku. Time se, bar u pravilu, isključuje mogućnost da se nametanjem interesa manjine u raspolaganju zajedničkim sredstvima vrši prisvajanje tuđeg rada.

23

Podjela rada uvjetuje različite mogućnosti i pojedinaca i organizacija u raspolaganju zajedničkim sredstvima. Zajedništvo društvenog vlasništva podrazumijeva da proizvođači i njihove proizvodne asocijacije raspolažu ukupnim sredstvima proizvodnje a ne samo onim koja neposredno upotrebljavaju u procesu rada. Po tome se društveno vlasništvo bitno razlikuje od individualnog i grupnog vlasništva.

U tom procesu neizbježno se pojavljuju proturječnosti između općeg i posebnog zajedništva. Sredstva koja upotrebljava jedna organizacija, ne pripadaju samo njoj nego svim ostalim organizacijama i svim članovima društvene zajednice. Putem društvenih normi, svi ravnopravno sudjeluju u određivanju uvjeta korištenja tih sredstava. I rezultati rada koji se dobivaju njihovom upotrebom, predstavljaju zajednički, to jest društveni proizvod.

Ovo općedruštveno zajedništvo se, međutim, proteže samo do određene granice, iza koje svaka organizacija, u skladu s općedruštvenim normama, autonomno upravlja sredstvima koja upotrebljava. Reprodukcija ovih sredstava neposredni je rezultat zajedničkog rada njenih radnika, i njih, zbog toga, ne mogu koristiti druge organizacije jer bi se time prisvajao tuđi rad. Ni novu vrijednost koja se stvara tim sredstvima ne mogu prisvajati druge organizacije iako ona jednim dijelom služi za podmirenje zajedničkih potreba ukupnog društvenog rada.

Monopolski karakter vlasništva nije, dakle, još sasvim iščezao, ali je nastala bitna promjena jer je monopol s raspolaganja tuđim radom prešao na raspolagnje vlastitim radom. Budući da su podmirene potrebe za reprodukcijom općih uvjeta proizvodnje, koje koriste svi nezavisno od doprinosa njihovom stvaranju, svaka organizacija nepovredivo raspolaže onim dijelom društvenog proizvoda koji odgovara kvantumu njenog rada, to jest koji je sama stvorila. Time se raspodjela prema radu (do određene granice) proteže i na same uvjete rada ako se oni reproduciraju radom.

Ali i na toj se osnovi stvaraju razlike među organizacijama. Jedna posluje bolje od druge i, zahvaljujući tome, brže usavršava sredstva proizvodnje. U međusobnoj razmjeni automatski dolazi do prelijevanja vrijednosti, a razmjena se mora vršiti sve dok postoji podjela rada. Prisvajanje se tako prikazuje neizbježnim. Čini se kao da zakonitosti tržišta neumitno djeluju protiv raspodjele prema radu, a time i protiv društvenog vlasništva.

Pa ipak, te iste zakonitosti stalno su tjerale na sve veću koncentraciju kapitala, koja je na određenom stupnju dostigla granicu iza koje je podruštvljavanje postalo neminovno. Već kapitalizam je morao tražiti rješenja za prevladavanje tržišne stihije planskim usmjeravanjem, što je i dovelo do pretvaranja individualnog kapitalističkog vlasništva u državno vlasništvo. Socijalističko zajedništvo proizvodnje ide mnogo dalje od centraliziranog državnog planiranja. Ono klasičnu tržišnu razmjenu proizvoda rada sve više zamjenjuje neposrednom razmjenom samog rada.

Za oba je oblika razmjene zajedničko to što predstavljaju razmjenu ekvivalenata. I u jednom i u drugom slučaju razmjenjuju se jednake količine ljudskog rada izraženog samo u različitim upotrebnim oblicima. Razlika je, međutim, u tome što razmjena ekvivalenata pri robnoj razmjeni postoji samo u prosjeku, dok se pri neposrednoj razmjeni rada vrši u svakom pojedinom

24

slučaju.[4] U prvom obliku bit ekvivalentne razmjene je prikrivena i ostvaruje se stihijno iza leđa proizvođača, dok se u drugom obliku ona ispoljava direktno kao svjestan čin samih proizvođača.

Različiti oblici razmjene izražavaju, u stvari, razlike u načinu proizvodnje i karakteru samog vlasništva. Pri robnoj razmjeni sučeljavaju se proizvodi koji u procesu proizvodnje nemaju nikakve međusobne veze. Radovi koji su u njima sadržani obavljaju se potpuno nezavisno jedan od drugoga. Vlasnici tih proizvoda su u konkurentskom odnosu. Ako jedan dobiva, drugi mora gubiti. Zbog toga je svatko zainteresiran da ostali što više zaostaju u proizvodnji jer što su veće razlike, veća je i dobit onih koji prednjače.

Nasuprot tome, neposredna razmjena rada pretpostavlja zajedničku proizvodnju, pa prema tome i zajednički proizvod. Ovdje se rad svake proizvodne organizacije i svakoga pojedinog proizvođača pojavljuje kao integralni dio ukupnog rada koji se ulaže u stvaranje zajedničkog proizvoda. I što je ovaj proizvod bolji i jeftiniji, to je povoljnije za sve sudionike u njegovom stvaranju. Zbog toga je svatko zainteresiran da svi što više napreduju u proizvodnji, zbog čega konkurencija ustupa mjesto odnosima suradnje i uzajamnog pomaganja.

Kad se razmjena ekvivalenata vrši u svakom pojedinom slučaju, to jest kad se rad neposredno zamjenjuje za rad, onda se samim tim vrši raspodjela prema radu. U raspodjeli novostvorene vrijednosti svatko sudjeluje razmjerno radu koji je uložio u njeno stvaranje. U stvari, rad se više uopće ne otuđuje od radnika nego se samo mijenja njegov oblik. Za određenu količinu rada koju neko daje u jednom obliku, dobiva istu toliku količinu rada u drugom obliku.

Ali baš ova promjena oblika predstavlja neposredni izraz socijalističkog zajedništva. Rad koji netko dobiva u zamjenu za svoj rad isti je po kvantiteti, ali je različit po kvaliteti, inače razmjena ne bi imala nikakvog smisla. To je rad nekoga drugog radnika, bez kojeg onaj prvi ne može egzistirati. Time se biće jednog radnika kroz rad ispoljava kao dio bića drugog radnika, i obratno. Rad tako postaje bitni oblik zajedničke egzistencije ljudi.

Proces prevladavanja robne razmjene neposrednom razmjenom rada proteže se kroz cijelo prijelazno razdoblje iz klasnog u besklasno društvo. On, u stvari, karakterizira ukupni razvoj društvenog vlasništva — od njegovog nastanka do potpunog iščezavanja vlasničkog odnosa. Povezivanje rada na principu zajedničkog proizvoda odvija se u pravcu povezivanja proizvodnih i drugih radnih jedinica u sve šire proizvodne i radne asocijacije, koje će sve više prelaziti regionalne, pa i međudržavne granice. To je put k potpunoj univerzalizaciji društvenog vlasništva, na čijoj će se osnovi stvarati općeljudsko zajedništvo, u kojem će postupno nestajati svi oblici podvajanja i suprotstavljanja među ljudima.

---

[4] Sličnosti i razlike robne i neposredne razmjene rada Marx je dosta precizno definirao. U „Kritici Gotskog programa", on piše da pri neposrednoj razmjeni rada „vlada isti princip koji reguliše razmenu roba ukoliko je ta razmena jednakih vrednosti. Sadržina i oblik su promenjeni, jer u promenjenim okolnostima niko ne može dati nešto drugo osim svog rada i jer, s druge strane, ništa ne može preći u svojinu pojedinih osoba osim individualnih sredstava potrošnje. Što se pak tiče raspodele sredstava potrošnje među pojedine proizvođače, tu vlada isti princip kao pri razmeni robnih ekvivalenata: jednaka količina rada u jednom obliku razmenjuje se za jednaku količinu rada u drugom obliku". Međutim, „razmena ekvivalenata pri robnoj razmeni postoji samo u proseku", dok se pri neposrednoj razmeni rada vrši „u svakom pojedinom slučaju" (K. Marks, F. Engels: Izabrana dela, tom II, 1950. god., „Kultura", str. 14).

25

Proces stvaranja opće asocijacije slobodnih proizvođača istovremeno je proces postupnog preovladavanja proturječnosti između općeg i posebnog zajedništva u raspolaganju sredstvima proizvodnje. Samoupravno povezivanje rada na zajedničkom proizvodu stvara opći interes za ravnomjerno razvijanje i racionalno korištenje tih sredstava na svim proizvodnim punktovima. Ovaj interes proistječe otuda što se pri stvaranju i raspodjeli nove vrijednosti uspostavlja opća međuzavisnost svih individualnih radova, tako da rad svakoga pojedinog radnika utječe na rad svih ostalih radnika, i obratno.

Zbog toga vrijednost koju stvara svaki pojedini radnik i svaka pojedina organizacija, nije rezultat samo njihovog rada nego ukupnog rada svih ostalih radnika i organizacija. Tako se svaki proizvod ljudskog rada pojavljuje kao društveni proizvod i kao integralni dio ukupnog društvenog proizvoda. Otuda se svaki radnik prema ukupnim društvenim sredstvima počinje odnositi isto kao što se odnosi prema sredstvima organizacije u kojoj neposredno udružuje svoj rad. Granica općeg zajedništva sve se više širi na račun sužavanja posebnog zajedništva, tako da postupno nestaje svaka podvojenost u raspolaganju društvenim sredstvima. To, u krajnjoj liniji, vodi pretvaranju cijelog društva u jedinstvenu radionicu, gdje svatko potpuno slobodno koristi sva raspoloživa sredstva i gdje su faktično svi izjednačeni u slobodi stvaralaštva.

Sličan put podruštvljavanja prolazi i raspolaganje sredstvima neposredne reprodukcije života. Polaznu osnovu podruštvljavanja ovdje predstavlja zajedničko odlučivanje proizvođača o veličini onog dijela novostvorene vrijednosti koji treba da služi za podmirenje njihovih životnih potreba. Čim je samo stvaranje nove vrijednosti zajedničko, mora se zajednički odlučivati i o njenoj raspodjeli.

I ovdje, prema tome, nastaju bitne promjene u odnosu prema prijašnjem oblicima vlasništva. U kapitalizmu raspodjelu novostvorene vrijednosti vrši sam kapitalist, dok u etatizmu to čini država. Preuzimanje ove funkcije od strane samoupravno udruženih proizvođača predstavlja jedno od bitnih obilježja društvenog vlasništva. Novostvorena vrijednost rezultat je zajedničkog rada svih udruženih proizvođača. Zbog toga svi moraju ravnopravno odlučivati o raspodjeli te vrijednosti, bez obzira na to koliko je tko pridonio njenom stvaranju. Po tome cjelokupna novostvorena vrijednost, pa i dio koji služi za neposredno podmirenje životnih potreba proizvođača, zajedničko je odnosno društveno vlasništvo.

Međutim, čim je izvršena raspodjela novostvorene vrijednosti na ova dva osnovna dijela, odmah nastaju razlike u njihovom daljnjem raspolaganju. Dio koji služi za neposredno podmirenje životnih potreba proizvođača mora se dalje raspodjeljivati na pojedince. I kako je on ograničen u odnosu prema stvarnim potrebama, jedini način njegove raspodjele koji je prihvatljiv za većinu proizvođača jest raspodjela prema radu. To znači da u sredstvima za podmirenje životnih potreba svatko sudjeluje razmjerno radu koji je uložio u njihovo stvaranje.

Za razliku od zajedničkog raspolaganja sredstvima proizvodnje, koja su nedjeljiva, raspolaganje sredstvima za životne potrebe poslije njihove raspodjele na pojedince jest individualno. I u tome je jedna od osnovnih proturječnosti u razvoju društvenog vlasništva. Sredstva za životne potrebe stvaraju se i raspodjeljuju zajednički, a koriste se individualno. To znači da je raspolaganje tim sredstvima i zajedničko i individualno, odnosno poluzajedničko poluindividualno.

26

Međutim, ovdje se ni individualno raspolaganje ne osniva na prisvajanju. Samoupravno udruženi radnik ni od koga ne prisvaja sredstva za podmirenje svojih životnih potreba. Vrijednost koja je sadržana u tim sredstvima rezultat je njegovog vlastitog rada. Radnik na taj način sam sebe reproducira. On ne samo što svojim radom stvara sredstva za vlastitu reprodukciju nego i samostalno odlučuje o njihovom korištenju. U tom smislu ona su njegovo osobno vlasništvo.

Ovaj oblik raspolaganja životnim sredstvima se, međutim, bitno razlikuje od osobnog vlasništva osnovanog na individualnom načinu proizvodnje. On, prije svega, predstavlja ispoljavanje društvenog vlasništva. Sredstva za podmirenje osobnih potreba dobivaju se zajedničkim radom i razmjenom različitih konkretnih radova. Ona su rezultat individualnog rada samo u kvantitativnom pogledu. U konkretnom kvalitativnom obliku ona su proizvod udruženog rada.

Osim toga, zadovoljavanje životnih potreba proizvođača nije više svedeno na biološki minimum. Produktivnost rada na takvoj je razini da je moguće neprekidno proširivanje osobnih potreba na bazi povećavanja sprega i asortimana životnih sredstava. Zbog toga se tek sada može govoriti o osobnom vlasništvu u smislu stvarnog, relativno slobodnog raspolaganja tim sredstvima od strane proizvođača.

Takva osobna sloboda, međutim, postoji i u zajedničkom raspolaganju srestvima proizvodnje. Udruženi proizvođač cjelokupnom novostvorenom vrijednošću raspolaže kao vlastitim radom jer ona i jest njegov opredmećeni rad. Pojavno se čini kao da on jedan dio te vrijednosti, radi podmirenja svojih životnih potreba, pretvara u osobno vlasništvo i kao da na taj način prisvaja društveno vlasništvo. U biti je, međutim, suprotno: proizvođač jedan dio svog rada koristi za vlastitu reprodukciju, dok drugi dio udružuje za reprodukciju materijalne osnove rada.

Društveno vlasništvo se ne stvara prisvajanjem tuđeg rada nego udruživanjem osobnog rada proizvođača. U tom pogledu društveno vlasništvo predstavlja oblik osobnog vlasništva. Proizvođač ne samo što osobnim radom reproducira društveno vlasništvo nego i osobno odlučuje o njegovoj upotrebi. Zbog toga se on prema njemu subjektivno odnosi isto kao što se odnosi prema individualnom vlasništvu. Budući da predstavlja nužan uvjet njegove egzistencije, on ga osjeća kao dio vlastitog bića.

U obliku društvenog vlasništva osobno vlasništvo dosteže svoj puni razvoj. Proturječnost između osobnog i društvenog ostaje, međutim, sve dok postoji relativna oskudica prije potrebnih životnih sredstava. Zbog toga je nužna raspodjela prema radu, na kojoj se održava proturječnost raspolaganja upotrebnim vrijednostima.

Ova proturječnost prevladava se u mjeri u kojoj se stvara izobilje upotrebnih dobara. U cijelom socijalističkom razdoblju ne samo što je raspolaganje sredstvima proizvodnje zajedničko nego se zajednički sve više raspolaže i sredstvima za podmirenje životnih potreba. S porastom životnog standarda raste broj potreba koje se mogu samo zajednički zadovoljavati i koje, samim tim, zahtijevaju zajedničko raspolaganje odgovarajućim životnim sredstvima.

Zbog toga se dio novostvorene vrijednosti koji služi za podmirenje životnih potreba dijeli na dva dijela, od kojih jedan ide na zajedničke, a drugi na individualne potrebe. U biti se zadovoljavanje zajedničkih potreba, kao i reprodukcija sredstava proizvodnje, osniva na udruživanju rada. Dio rada potrebnog za neposrednu reprodukciju života proizvođač udružuje i koristi preko zajedničkih potreba, koje ne može individualno zadovoljavati. Zato on ovim dijelom rada može samo zajednički raspolagati.

S proširivanjem zajedničkih potreba proširivat će se i zajedničko raspolaganje životnim sredstvima na račun individualnog raspolaganja. Time će se postupno prevladavati razlika u načinu raspolaganja sredstvima za reprodukciju života i sredstvima za reprodukciju uvjeta života. Potpuno iščezavanje ove razlike moguće je tek u uvjetima ostvarenog izobilja upotrebnih dobara, ali će s tim istovremeno iščeznuti i zajedničko raspolaganje u smislu vlasničkog odnosa.

Zajedničko raspolaganje kao vlasnički odnos postoji samo u polarizaciji s individualnim raspolaganjem. Čim nestane jedno, automatski nestaje i drugo. A iščezavanje ove polarizacije označava potpunu identifikaciju osobnog i društvenog u vlasničkom odnosu, koja, u stvari, znači kraj samog vlasničkog odnosa. U uvjetima izobilja upotrebnih dobara vlasničko pravo gubi svaki smisao.

To je stanje u kojem se potpuno obrće odnos između rada i bioloških potreba čovjeka. Rad se iz sredstava za osiguranje ovih potreba i sam pretvara u neposrednu životnu potrebu, dok se zadovoljavanje bioloških potreba pretvara u sredstvo za osiguranje stvaralačke aktivnosti čovjeka. Sredstva za podmirenje bioloških potreba postaju običan nusprodukt ove aktivnosti. Interes pojedinca da sam koristi rezultate svoga rada ustupit će mjesto interesu da oni koriste drugima.

Osobni dohodak je oblik društvenovlasničkog posredovanja između rada i životnih potreba čovjeka, u čijoj osnovi je princip da svatko živi isključivo od svoga rada. A da bi se živjelo od svoga rada, mora se njime slobodno raspolagati. Proizvod rada mora pripadati onome tko ga stvara, što je opet moguće samo pod uvjetom da mu pripadaju i sredstva proizvodnje.

Proturječnost osobnog dohotka izražena je već u njegovom nazivu. Dohodak je proizvod društvenog rada, a osobni dohodak je oblik osobnog vlasništva. Time je najnepsrednije izražena proturječnost između načina proizvodnje i načina raspodjele životnih sredstava. Zajedničkom stvaranju ovih sredstava još se suprotstavlja njihovo individualno korištenje. Osobni rad pojedinaca se najprije sjedinjuje u društveni rad, a zatim ponovo razjedinjuje.

Proturječnost, međutim, između načina proizvodnje i načina raspodjele životnih sredstava ovdje se već nalazi na putu svog razrješenja. Društveni rad nije ništa drugo do udruženi osobni rad pojedinaca koji zajednički rade društvenim sredstvima. S obzirom na to, i društveni proizvod rezultat je sjedinjavanja individualnih rezultata rada. Što se on ne upotrebljava sasvim slobodno prema osobnim potrebama nego se raspodjeljuje na pojedince, posljedica je njegove ograničenosti u odnosu na te potrebe.

Međutim, raspodjela se sada ne vrši prema otuđenom vlasničkom odnosu nego prema radnom doprinosu. Zbog toga takva raspodjela i nije raspodjela u pravom smislu. Ona je to još samo po obliku, dok se u biti vrši udruživanje rada. Rad u biti ostaje u posjedu radnika mijenjajući samo svoj oblik. Kroz raspodjelu radnik, u stvari, udružuje dio svoga rada da bi osigurao materijalne uvjete zajedničkog rada. Dio koji zadržava služi zadovoljavanju njegovih životnih potreba, i on se upravo pojavljuje u obliku osobnog dohotka.

Osobni dohodak je, prema tome, dio društvenog dohotka koji služi zadovoljavanju osobnih potreba i koji je proizvod osobnog rada društvenim sredstvima. Iz toga proistječe i način raspolaganja osobnim dohotkom. Zajedničkim stvaranjem uvjetovano je zajedničko, a individualnom upotrebom, individualno raspolaganje. Kao oblik vlasništva, osobni dohodak označava prijelaz s individualnog na zajedničko raspolaganje životnim sredstvima. Potpuno zajedništvo podrazumijeva potpunu socijalizaciju životnih potreba, ali i ukidanje osobnog dohotka u posredovanju između njihovog zadovoljavanja i rada.

II

REPRODUKCIJA DRUŠTVENOG VLASNIŠTVA
I RASPODJELA PREMA RADU

Reprodukcija društvenog vlasništva

Reprodukcija privatnog vlasništva osnovna je svrha proizvodnje u klasnom društvu. Tome je, u biti, podređena i reprodukcija samog proizvođača. Proizvod se ne stvara radi proizvođača, nego se egzistencija proizvođača održava radi stvaranja proizvoda. To, pored ostalog, potvrđuje i činjenica da se privatno vlasništvo reproducira u proširenom obliku, dok se egzistencija proizvođača reproducira u prostom obliku.

Reprodukcija privatnog vlasništva predstavlja objektivnu društvenu silu koja praktično dominira i nad samim vlasnikom. Društveni prestiž robovlasnika i feudalca zavisi prije svega od veličine bogatstva kojima raspolažu. Kapitalist se ne može čak ni održati ako neprekidno ne povećava kapital. I za održanje birokracije glavni je uvjet povećavanje državnog kapitala.

Zadržavanje povlaštene pozicije osnovni je motiv koji privatnog vlasnika potiče na neprekidno povećavanje vlasništva. Budući da je povećavanje privatnog vlasništva nužna pretpostavka ostvarivanja vlasničke funkcije, ono djeluje kao vanjska sila koja vlasnika bukvalno primorava na proširenu reprodukciju. Zbog toga je i zadovoljavanje njegovih vlastitih životnih potreba sekundarno u odnosu na povećavanje samog vlasništva. I kada troši u izobilju, privatni vlasnik to ne čini toliko zbog osjećaja biološke potrebe, koliko radi društvenog prestiža, koji povratno utječe na daljnje povećavanje njegovog bogatstva.

Uspostavljanjem društvenog vlasništva odnos između vlasnika i vlasništva potpuno se obrće. Sada reprodukcija samog društva kao samoupravne zajednice udruženih proizvođača, postaje osnovna svrha proizvodnje, dok se stvaranje društvenog bogatstva pretvara u njeno sredstvo. Egzistencija proizvođača više se ne održava radi stvaranja proizvoda, nego se proizvod stvara radi egzistencije proizvođača. Ono što je ranije predstavljalo cilj, sada se pretvara u sredstvo, i obratno.

Glavni motiv socijalističke proizvodnje nije, prema tome, povećavanje samog bogatstva, već svestrani razvoj ljudske ličnosti, koji podrazumijeva zadovoljavanje sve raznovrsnijih životnih potreba proizvođača. Reprodukcija društvenog vlasništva proistječe tako iz životnih potreba proizvođača, nasuprot reprodukciji privatnog vlasništva, koja se pojavljuje kao vanjska svrha njihovog zadovoljavanja. Proizvodnja upotrebnih vrijednosti pretvara se u oblik ispoljavanja stvaralačkog bića proizvođača, za razliku od privatnovlasničkog odnosa, gdje se stvaralačka aktivnost proizvođača ispoljava kao oblik proizvodnje upotrebnih vrijednosti. Umjesto vanjskom nuždom, proizvodnja se sada pokreće unutarnjim pobudama proizvođača.

Životne potrebe postaju istovremeno neposredni kriterij socijalističke proizvodnje, kako u pogledu opsega, tako i u pogledu kvaliteta i asortimana proizvoda. Dok se u uvjetima privatnovlasničke proizvodnje ove potrebe izražavaju stihijno kroz tržišnu potražnju, socijalistička proizvodnja se zasniva na njihovom prethodnom uočavanju i planskom usmjeravanju. Time se osigurava racionalno usklađivanje proizvodnje s realnim društvenim potrebama i mogućnostima.

Zbog ograničenih mogućnosti zadovoljavanja životnih potreba, u socijalizmu se još zadržavaju društvene proturječnosti između različitih interesa koji se ne mogu istovremeno ostvarivati. Zbog toga je nužno određivanje prioriteta i društveno najsvrsishodnijeg redoslijeda u zadovoljavanju različitih potreba, čime se istovremeno predodređuje i struktura proizvodnje upotrebnih vrijednosti. U tome je osnovni smisao društvenog planiranja kojim se osigurava samoupravno razrješavanje proturječnosti između ljudskih potreba i objektivnih mogućnosti njihovog zadovoljavanja.

Međutim, ni objektivne mogućnosti zadovoljavanja životnih potreba nisu dane same po sebi. One su sadržane, prije svega, u materijalnoj osnovi društva, koja se stvara prvenstveno ljudskim radom. Zbog toga razvijanje te osnove predstavlja trajnu potrebu, koja je nužan preduvjet zadovoljavanja svih ostalih potreba. Proizvodnja sredstava za proizvodnju i proizvodnja sredstava za život osnovni su oblici ukupne materijalne reprodukcije društva, pa prema tome i reprodukcije društvenog vlasništva.

Razvoj ovih oblika u neposrednoj je međusobnoj zavisnosti. Razvoj sredstava proizvodnje omogućuje razvijenu proizvodnju sredstava za život, ali se vrši i obratan utjecaj: razvoj sredstava za život pretpostavka je bržeg razvijanja stvaralačkih sposobnosti proizvođača, bez kojih se ne mogu razvijati ni sredstva proizvodnje. Otuda potreba i interes proizvođača za neprekidnim usklađivanjem ovih oblika reprodukcije.

U uvjetima klasične robne proizvodnje usklađivanje proizvodnje sredstava za proizvodnju i proizvodnje sredstava za život vrši se spontano posredstvom tržišta. Nasuprot tome, u uvjetima socijalističke proizvodnje ono se vrši svjesnom akcijom udruženih proizvođača. Na osnovi potreba cjelovitog društvenog razvoja, proizvođači planski utvrđuju proporcije između pojedinih oblika reprodukcije.

Svjesno usmjeravanje društvene reprodukcije ne može se, međutim, vršiti proizvoljno. Ono je svrsishodno samo ako se zasniva na objektivnim ekonomskim zakonitostima. Razlika u odnosu prema klasičnoj robnoj proizvodnji je u tome što se ove zakonitosti sada ispoljavaju kroz svjesnu akciju udruženih proizvođača, dok su se ranije nezavisno od njihove volje ispoljavale kao vanjska sila.

Između proizvodnje sredstava za proizvodnju i proizvodnje sredstava za život postoji određeni objektivno dani odnos, koji osigurava najbrži mogući razvoj ukupne reprodukcije. Ovaj odnos prostorno je i vremenski određen brojnim faktorima. Zbog toga je praktično neodrživ automatizam koji bi se osnivao na nekakvim univerzalnim i nepromjenljivim proporcijama.

S obzirom na to, usklađivanje proizvodnje sredstava za proizvodnju i proizvodnje sredstava za život mora se osnivati na naučnom sagledavanju faktora koji objektivno određuju odnos između ovih oblika reprodukcije. Zbog različitog djelovanja ovih faktora, razmjeri će u različitim prostornim i vremenskim okvirima, po pravilu, biti nejednaki. Moguće je da proizvodnja sredstava proizvodnje raste znatno brže od proizvodnje životnih sredstava i, obratno, ili da oba oblika proizvodnje rastu ravnomjerno.

U širim prostornim i vremenskim okvirima pojedinačne razlike u porastu proizvodnje sredstava za proizvodnju i proizvodnje sredstava za život sve više se potiru, tako da u prosjeku oba oblika proizvodnje rastu približno ravnomjerno. Ova ravnomjernost ne bi se, međutim, mogla osigurati time što bi se u svakom konkretnom slučaju oba oblika razvijala podjednako. Zbog različitog djelovanja razvojnih faktora, dobio bi se upravo suprotan rezultat.

Maksimalno razvijanje jednog od oblika proizvodnje na račun drugog, pogotovu bi dovodilo do poremećaja u ukupnoj reprodukciji. Stagnacija u proizvodnji sredstava proizvodnje nužno bi imala za rezultat i stagnaciju u proizvodnji sredstava za život. I obratno, zaostajanje u proizvodnji životnih sredstava imalo bi za posljedicu zaostajanje u razvijanju radnih sposobnosti proizvođača, čime bi se sužavale mogućnosti optimalnog korištenja potencijala razvijenijih sredstava proizvodnje.

Potreba za sinhroniziranim razvojem sredstava za proizvodnju i sredstava za život determinira u osnovi i distribuciju novostvorene vrijednosti. Odnos između akumulacije i životne potrošnje morao bi odgovarati odnosu između osnovnih oblika proizvodnje koji osigurava najbrži mogući razvoj ukupne reprodukcije. Zbog toga je distribucija novostvorene vrijednosti praktično neodvojiva od njenog stvaranja.

Sumnja da li će udruženi proizvođači dio novostvorene vrijednosti ulagati u razvoj materijalne osnove rada je neosnovana. Prije svega, ne radi se o dobroj volji, već o nužnom uvjetu egzistencije. Kad bi se cjelokupna novostvorena vrijednost trošila na zadovoljavanje životnih potreba, stagnacija koja bi nastala u razvoju sredstava proizvodnje brzo bi dovela ne samo do stagnacije nego i do pada životnog standarda. S druge strane, racionalno korištena akumulacija dovodi do povećavanja novostvorene vrijednosti, bez kojeg ne može rasti ni životni standard.

Čim udruženi radnici počnu samostalno raspolagati sredstvima i rezultatima svoga rada, ova uvjetovanost postaje toliko evidentna, da je suvišno svako uvjeravanje o potrebi izdvajanja u akumulaciju. Dosadašnje iskustvo samoupravne prakse u potpunosti potvrđuje pravilo da udruženi radnici pravilno raspoređuju novostvorenu vrijednost kada je svojim radom stvaraju i kada njome samostalno raspolažu. U akumulaciju se ponekad ulaže i cjelokupno povećanje novostvorene vrijednosti.

Na prijelazu iz državnog u društveno vlasništvo, u slučajevima hibridnog — poludržavnog polusamoupravnog raspolaganja društvenim sredstvima može, međutim, dolaziti i do neodgovornog odnosa prema razvoju materijalne osnove rada. Sve dok se pojedine organizacije u svom poslovanju oslanjaju na državne mjere, i dok, zahvaljujući tome, prisvajaju sredstva koja su drugi stvorili, radnici neće osjećati punu odgovornost za društvenu reprodukciju. Nepostojanje odgovornosti za razvoj materijalne osnove rada koje u uvjetima državnog vlasništva proistječe iz samog položaja proizvođača u društvenoj reprodukciji, ne može predstavljati dokaz da te odgovornosti neće biti ni u uvjetima društvenog vlasništva, gdje je položaj proizvođača sasvim drugačiji.

Jedna od bitnih promjena koje s uspostavljanjem društvenog vlasništva nastaju u položaju proizvođača jest u tome da on prestaje biti najamna radna snaga i da postaje slobodni, samoupravno udruženi radnik. Ova promjena uvjetuje da se bitno mijenjaju ukupni odnosi u procesu društvene reprodukcije, koji se ne mogu objasniti klasičnim kategorijama političke ekonomije.

Kapitalistička je reprodukcija u biti reprodukcija kapitala. Cijela ekonomija kapitalističkog društva je tome podređena. Kapitalist ulazi u proces proizvodnje da bi povećao kapital. S istim ciljem on se pojavljuje i na tržištu, najprije kao kupac sredstava proizvodnje i radne snage, a zatim kao prodavalac proizvedene robe. Sve tri faze označavaju u biti kruženje kapitala, koji svaki ciklus završava s određenim priraštajem.

U procesu neposredne proizvodnje kapitalist kao vlasnik kapitala stoji po strani. Za njega radi sam kapital. Tako se čini da kapital sam sebe oplođuje jer u obliku radne snage on zaista dobiva moć da stvara vlastiti priraštaj. U tome je zapravo smisao cjelokupne cirkulacije kapitala. Zbog toga radna snaga predstavlja najznačajniji oblik kapitala, bez kojeg ne bi bila moguća njegova reprodukcija.

Da bi počeo proces proizvodnje, kapitalist, prema tome, mora imati dovoljno kapitala kojim osim sredstava proizvodnje može nabaviti i radnu snagu. Radnik se tako za kapitalista pojavljuje kao roba za čiju kupnju mora predujmiti određeni kapital. Ovaj kapital zajedno s kapitalom uloženim u sredstva proizvodnje predstavlja za kapitalista cijenu koštanja robe koju će proizvesti. Sve što ostvari iznad ove cijene, za njega predstavlja višak koji ga ništa ne stoji, ali radi kojeg on i ulazi u posao.

Kapitalist koštanje robe mjeri utroškom kapitala, a efikasnost poslovanja priraštajem kapitala. Količinu rada koja se utroši u procesu proizvodnje on shvaća samo kao sredstvo za reprodukciju kapitala. Zbog toga nastoji da iz radne snage koju je kupio na tržištu iscijedi što više rada i da tako iz uloženog kapitala izvuče što veći profit. Logika njegovog poslovanja jest da sa što manje kapitala stvori što veći kapital.

Država se, u biti, drži iste logike. I ona koštanje proizvoda mjeri količinom kapitala uloženog u sredstva proizvodnje i radnu snagu, a efikasnost poslovanja veličinom ostvarene dobiti. Dio dohotka koji služi za podmirenje životnih potreba radnika i ovdje ima karakter najamnine i predstavlja trošak proizvodnje koji se unaprijed određuje.

Država kao vlasnik također stoji izvan neposrednog procesa proizvodnje, dok se proizvođač u tom procesu ne može ponašati drugačije nego kao najamna radna snaga, ili kao sredstvo za reprodukciju državnog kapitala. Novost je uglavnom u tome što država svojim mjerama organizirano usmjerava društvenu cirkulaciju kapitala i time, manje ili više, prevladava spontano djelovanje ekonomskih zakonitosti, ukidajući određena obilježja klasične robne proizvodnje.

Osnovni smisao socijalističkog oblika proizvodnje nije reprodukcija kapitala nego reprodukcija proizvođača. „Krvotok" socijalističke reprodukcije ne čini cirkulacija kapitala već cirkulacija rada. Proces proizvodnje dobiva tako oblik emancije proizvođača, kroz koju se rad postupno pretvara u neposrednu životnu potrebu.

To čini da se karakter reprodukcije društvenog vlasništva iz osnove mijenja u odnosu prema reprodukciji privatnog vlasništva. Dok se reprodukcija privatnog vlasništva zasniva na prisvajanju tuđeg rada, reprodukcija društvenog vlasništva zasniva se na radu samih udruženih proizvođača. Zbog toga s uspostavljanjem društvenog vlasništva radna snaga gubi karakter robe. Ona se ne prodaje niti kupuje jer je udruženi proizvođač istovremeno i radnik i vlasnik sredstava za proizvodnju.

Vlasnik, prema tome, ovdje ne stoji po strani samog procesa proizvodnje. On je njegov neposredni nosilac. Zbog toga, niti je vlasnik sredstava za proizvodnju više vlasnik u pravom smislu, niti je radnik radna snaga u klasičnom, proleterskom smislu. Radna snaga kao društveno-ekonomska kategorija više, u stvari, ne postoji. Otuda ne postoji ni vrijednost, pa samim tim, ni cijena radne snage.

Ali proturječnost društvenog vlasništva odražava se i na samu reprodukciju društvenog vlasništva. Ograničene mogućnosti proizvodnje nužnih upotrebnih dobara čine da zakon vrijednosti i dalje djeluje. On se, međutim, sada ispoljava u svom neposrednom obliku, to jest u obliku društvene cirkulacije samog rada. Zbog toga i odnosi u procesu reprodukcije postaju neposredni i jednostavni, gubeći sve više politekonomska obilježja.

Da bi započeo proces proizvodnje, udruženi radnik mora raspolagati određenim već opredmećenim radom. Taj rad postoji u vidu zatečenog društvenog vlasništva: sredstava proizvodnje i sredstava za život, čiji opseg mora biti toliki da dokraja zadovolji proizvodne i životne potrebe dok traje proizvodni ciklus, to jest dok se ne stvore nova sredstva.

Kad bi postojalo izobilje ovih sredstava, stvar bi bila sasvim jednostavna. Udruženi proizvođač bi ih koristio prema potrebi ispoljavanja svoga stvaralačkog bića. Kako su, međutim, sredstva reprodukcije ograničena, svatko autonomno raspolaže samo onim dijelom tih sredstava koji odgovara kvantumu njegovog uloženog rada. Zato jedna proizvodna jedinica može u proces proizvodnje ući u pravilu samo s onim sredstvima koja je, u vrijednosnom smislu, sama stvorila. Proturječnost između općeg i posebnog raspolaganja društvenim vlasništvom ovdje neumoljivo djeluje, ali ona upravo primorava na sve razvijeniju reprodukciju toga vlasništva, nezavisno od unutarnjih stvaralačkih potreba proizvođača.

Budući da radnici određene proizvodne jedinice ne proizvode, ili bar ne proizvode sve proizvode potrebne za podmirenje svojih životnih i proizvodnih potreba, i dalje je nužna razmjena različitih proizvoda. A da bi se razmjena mogla obavljati, opredmećeni rad se mora izražavati i u svom vrijednosnom obliku. Zbog toga se neposredna cirkulacija rada, kao ni cirkulacija kapitala, ne može normalno odvijati bez monetarne cirkulacije.

Kako osnovni smisao socijalističke reprodukcije predstavlja reprodukciju samog proizvođača, proces proizvodnje ne može se promatrati samo s aspekta njegovih rezultata — stvaranja upotrebnih vrijednosti, već sve više i s aspekta samog procesa rada kao oblika zadovoljavanja jedne od najznačajnijih životnih potreba. Proces proizvodnje se iz nužde postupno pretvara u igru ljudskog duha, u kojoj se slobodno razvijaju stvaralačke sposobnosti proizvođača.

Oskudica upotrebnih dobara ograničava zadovoljavanje ukupnih potreba proizvođača, pa i potrebe za slobodnim razvijanjem stvaralačkih sposobnosti. Zbog toga se i dalje mora ekonomizirati raspoloživim sredstvima. Kako su ona u cjelini ograničena, moraju biti ograničena oba njihova dijela: onaj koji služi za neposredno podmirenje životnih potreba kao i onaj koji ide na sredstva proizvodnje.

Međutim, dok se kapitalistička ekonomija sastoji u ekonomiziranju kapitalom, socijalistička ekonomija predstavlja ekonomiziranje radom. Da bi stvorio određena sredstva za život, udruženi radnik, prvo, mora raditi više nego što je njegova unutarnja potreba za samim radom, i drugo, taj rad je, s obzirom na nužnost društvene podjele rada, još uvijek jednoobrazan u odnosu prema potrebama svestranog razvoja njegove ličnosti. Zbog toga je logika njegovog ekonomiziranja da sa što manje rada proizvede što više životnih sredstava.

Budući da proizvodnja životnih sredstava pretpostavlja i proizvodnju sredstava proizvodnje, ova se logika može izraziti i pravilom da se sa što manje živog rada stvori što više opredmećenog rada. S obzirom na to da opredmećeni rad, posredno ili neposredno, služi zadovoljavanju životnih potreba radnika, smisao socijalističke ekonomije sastoji se u sve većem pojeftinjivanju ljudskog života, koje na kraju treba da dovede do potpunog iščezavanja njegove ekonomske vrijednosti. A s opadanjem ekonomske vrijednosti, raste istovremeno prirodna vrijednost života mjerena stvarnom slobodom življenja.

Za razliku od kapitalista, udruženi radnik u proizvodnju ulaže neposredno svoj rad. I dok prvi za rezultat dobiva ponovo kapital, drugi umjesto živog rada dobiva opredmećeni rad. To je samo kvalitativna razlika, ali ona implicira i razliku u kvantiteti. Dok se kapitalistu vraća povećani kapital, radniku se, samo u drugom obliku, vraća ista količina rada koju je i uložio.

Ova razlika bi se pomoću formula mogla izraziti na slijedeći način. Za kapitalista proces proizvodnje u kvantitativnom pogledu znači:

$$K - P - K + k,$$

gdje K označava uloženi kapital, P proces proizvodnje, a k uvećanje kapitala. Za udruženog radnika proces proizvodnje, međutim, znači:

$$R - P - R,$$

gdje R znači uloženi rad, a P proces proizvodnje.

Ako se spomenuta razlika (pod pretpostavkom da se, radi jednostavnosti apstrahira utrošak sredstava proizvodnje) svede na zajednički — vrijednosni nazivnik, onda ona izgleda ovako:

$$\text{kapitalist: } K < V', \text{ ili } K < K + v; \text{ udruženi radnik: } R = V'.$$

Ako je, na primjer, kapitalist u proces proizvodnje uložio kapital u vrijednosti 100, on može izvući povećanu vrijednost od 150. Da bi, međutim, udruženi radnik dobio vrijednost od 150, on mora i uložiti odgovarajuću količinu rada.

Vrijednost $K = 100$ označava za kapitalista cijenu koštanja, a $v = 50$ jest višak koji ga ništa ne košta. Za udruženog radnika cijena koštanja je, međutim, $R = 150$. Ovdje, dakle, nema nikakvog viška jer se vrijednost proizvoda podudara s (prosječnom) cijenom njegovog koštanja.

Ova razlika sasvim egzaktno izražava razliku u karakteru reprodukcije. I u kapitalističkom i socijalističkom obliku proizvodnje vrijednost proizvoda određena je količinom rada koja je u njega uložena. Ako je vrijednost proizvoda koji kapitalist i udruženi radnik dobiju na kraju završenog procesa proizvodnje ista, mora biti ista i količina rada koja je uložena u jednom i u drugom slučaju. U svakom proizvodu čija je vrijednost $V' = 150$ sadržano je, na primjer, 15 sati rada, bez obzira na to kako je proizveden.

35

Razlika nastaje otuda što kapitalist radniku plaća samo jedan dio radnog vremena: u navedenom primjeru 10 sati. Zato njega proizvod u koji je uloženo 15 sati rada košta samo dvije trećine svoje vrijednosti. Udruženog radnika on, naprotiv, košta svih 15 sati rada. Kao i kapitalist, udruženi radnik mjeri koštanje svoga proizvoda onim što je u njega uložio. Samo dok kapitalist ulaže kapital, radnik ulaže rad. Što kapitalist ostvaruje višak vrijednosti, rezultat je prisvajanja tuđeg rada, to jest eksploatacije radnika. Taj višak jednak je upravo razlici između uloženog rada i uloženog kapitala.

Kapitalist kroz najamninu plaća, u stvari, samo onaj dio rada koji služi za održanje egzistencije radnika. Kako najamnina predstavlja dio predujmljenog odnosno utrošenog kapitala, ostvareni višak vrijednosti ili profit za kapitalista je jedini rezultat obavljenog procesa proizvodnje. Za udruženog radnika rezultat je, međutim, cjelokupna novostvorena vrijednost, odnosno ukupni ostvareni dohodak.

Dio novostvorene vrijednosti koji ide na podmirenje životnih potreba proizvođača, za kapitalista predstavlja uvjet proizvodnje. Za udruženog radnika ona je rezultat proizvodnog procesa. Zato se pri kapitalističkom obliku proizvodnje visina ovog dijela vrijednosti unaprijed određuje, dok se pri socijalističkom obliku proizvodnje utvrđuje tek kada je dohodak ostvaren. U prvom slučaju ona ne zavisi, dok u drugom zavisi od veličine ostvarenog dohotka.

Pri kapitalističkom obliku proizvodnje visinu najamnine određuje u osnovi tržište radne snage nezavisno i od volje radnika i od volje kapitalista. U socijalizmu udruženi radnici sporazumno utvrđuju visinu osobnog dohotka. U oba slučaja raspodjela se po pravilu vrši u skladu s objektivnim ekonomskim zakonitostima, samo dok u prvom slučaju one djeluju spontano, u drugom predstavljaju osnovu organizirane akcije udruženih proizvođača.

Za kapitalistički oblik proizvodnje najamnina se pojavljuje kao sredstvo, a profit kao cilj. U socijalizmu je sasvim obrnuto. Akumulacija se pojavljuje kao sredstvo u funkciji povećanja osobnog dohotka. Ako se, međutim, rad sam po sebi pretvara u prvu životnu potrebu, ova razlika između sredstva i cilja sve više nestaje, ali time nestaje i potreba za društveno-ekonomskom raspodjelom novostvorene vrijednosti.

Raspodjela prema radu

Udio kapitalista u raspodjeli profita određen je veličinom kapitala. Udruženi radnik u raspodjeli dohotka sudjeluje srazmjerno količini uloženog rada. Kako se razmjena ekvivalenata na kapitalističkom tržištu vrši u prosjeku, sudbina kapitala nije određena samo stupnjem eksploatacije rada, nego i objektivnim uvjetima u kojima se ostvaruje njegova reprodukcija. Povoljniji uvjeti donose veći profit, nepovoljniji manji. U cjelini, jači kapital proždire slabiji, što objektivno vodi sve većoj centralizaciji sredstava proizvodnje.

Budući da se pri neposrednoj razmjeni rada razmjena ekvivalenata vrši u svakom pojedinom slučaju, udruženi radnik u raspodjeli ostvarenog dohotka sudjeluje razmjerno uloženom radu nezavisno od objektivnih uvjeta pod kojima je rad obavljen. Time je isključena mogućnost spontanog prelijevanja dohotka do kojeg bi neizbježno dolazilo zbog različitih uvjeta rada. To podrazumijeva da se u raspodjeli dohotka nejednaki uvjeti rada svode na jednake — prosječne odnosno normalne uvjete.

Takva raspodjela moguća je zahvaljujući tome što se vrši organizirano samoupravnim sporazumijevanjem udruženih radnika. Ravnopravnost u raspodjeli prema radnom doprinosu nužno pretpostavlja ravnopravno raspolaganje sredstvima proizvodnje. Samo takvim raspolaganjem može se osigurati da svatko neposredno koristi onaj dio dohotka koji svojim radom stvara.

Samoupravno sporazumijevanje udruženih proizvođača o raspodjeli novostvorene vrijednosti ne svodi se na proizvoljnu konvenciju. Rad kao mjerilo vrijednosti ovdje se pojavljuje istovremeno i kao mjerilo njene raspodjele. A rad je objektivno dana veličina koja se može egzaktno mjeriti radnim vremenom. Raspodjela prema radu predstavlja, u stvari, oblik neposrednog ispoljavanja zakona vrijednosti. Količina rada koju udruženi radnik uloži u stvaranje društveno korisnog proizvoda neposredno određuje njegov udio u ostvarenom dohotku.[1]

Vrijednost proizvoda u svim oblicima proizvodnje određena je količinom rada koja je u njega uložena, a količina rada mjeri se vremenom njegovog trajanja — radnim vremenom.[2] Međutim, zbog različitih radnih sposobnosti i različitog intenziteta rada, pojedini radnici za isto vrijeme daju različitu količinu rada. Osim toga, različiti objektivni uvjeti rada utječu da se različite količine rada daju i s istim radnim sposobnostima i intenzitetom. Iz istih razloga i jedan isti radnik daje nejednake količine rada u različito vrijeme i u različitim uvjetima.

Zbog toga se za mjeru količine rada ne može uzimati individualno utrošeno, nego **potrebno** vrijeme, koje za pretpostavku ima prosječnu radnu sposobnost, prosječan intenzitet rada i prosječne odnosno za određeni posao normalne objektivne uvjete rada. S obzirom na to, potrebno vrijeme predstavlja, u stvari, **društveno** potrebno radno vrijeme.[3] To je vrijeme za koje se pod nepromijenjenim objektivnim uvjetima u istoj vremenskoj jedinici uvijek daje isti rezultat rada. Ono se samo slučajno može poklapati s individualno utrošenim radnim vremenom.

Međutim, ljudski rad nije jednoobrazan. Jedan je jednostavniji, drugi složeniji. Sat rada drvosječe nije isto što i sat rada kirurga. Zbog toga se za jedinicu mjere mora uzeti jedinica najjednostavnijeg rada, koji ne zahtijeva

---

[1] U „Kapitalu" Marx ističe da je u uvjetima društvenog vlasništva „udeo svakog proizvođača u životnim namirnicama određen njegovim radnim vremenom", koje služi kao „mera za individualni udeo proizvođača u zajedničkom radu, a otuda i u onom delu zajedničkog proizvoda koji on ima da potroši individualno" (Isto, str. 73).

[2] „Upotrebna vrednost, ili dobro, ima dakle vrednost samo zato što je u njoj (odnosno u njemu) opredmećen, ili materijalizovan, apstraktan ljudski rad ... Sama količina rada meri se njegovim vremenskim trajanjem, a radno vreme opet ima svoje merilo u određenim delovima vremena, kao što su čas, dan, itd." (Isto, str. 31).

[3] „Veličinu vrednosti neke upotrebne vrednosti određuje samo količina društveno potrebnog radnog vremena, ili radno vreme društveno potrebno za njenu izradu". A „društveno potrebno radno vreme je ono radno vreme koje se iziskuje da se, uz postojeće normalne uslove proizvodnje i uz prosečni stupanj umešnosti i intenzivnosti rada, izradi bilo koja upotrebna vrednost" (Isto).

nikakvo stručno osposobljavanje, niti prethodno uvježbavanje. To podrazumijeva da se svi oblici složenog rada izražavaju pomoću jednostavnog (prostog) nekvalificiranog rada.[4]

Svaki rad može se pomoću koeficijenta složenosti izraziti kao multiplicirani prosti rad. Ako se prosti rad označi sa Pr, koeficijent složenosti sa K, a složeni rad sa Sr, onda je:

$$Sr = K \cdot Pr, \text{ a } K = \frac{Sr}{Pr}$$

U slučaju kad je $K=2$, onda je $Sr=2\,Pr$, što znači da jedna jedinica složenog rada vrijedi kao 2 jedinice prostog rada, na primjer 1 sat složenog kao 2 sata prostog rada.

Kad je poznat koeficijent složenosti, količina rada utvrđuje se tako što se koeficijent množi potrebnim radnim vremenom. Ako se količina rada označi sa R, a potrebno radno vrijeme sa T, onda je:

$$R = K \cdot T.$$

Na primjer, za $K=2$ i $T=3$ sata, R je $= 6$. Broj 6 označava količinu prostog rada koji je potreban da bi se pod normalnim uvjetima proizveo određeni proizvod. To je istovremeno **relativna** vrijednost danog proizvoda.

Relativna vrijednost svakog proizvoda označava, prema tome, količinu prostog rada koja je društveno potrebna za njegovo stvaranje. Svođenjem složenog rada na prost rad čine se sumjerljivim svi proizvodi ljudskog rada. To upravo omogućuje njihovu ekvivalentnu razmjenu. Proizvod A i proizvod B, koji imaju različite upotrebne vrijednosti, mogu se međusobno razmijeniti samo zahvaljujući tome što su njihove relativne vrijednosti iste, to jest što u sebi sadržavaju jednake količine društveno potrebnog rada.

U uvjetima socijalističke proizvodnje društveno potrebno vrijeme ili vrijednost proizvoda bitno se drugačije određuje nego u kapitalizmu. Pri kapitalističkom načinu proizvodnje društveno potrebno vrijeme određuje se spontano, nezavisno i od radnika i od kapitalista. U socijalizmu, međutim, udruženi proizvođači to vrijeme sami utvrđuju na osnovi određenih objektivnih determinanti.

Zbog isključivosti interesa, kapitalisti ne priznaju jedan drugome društveno potrebno vrijeme. Gdje vlada zakon konkurencije, svatko nastoji da njegovo vrijeme proizvodnje bude kraće od vremena ostalih proizvođača i da se pod tim uvjetom obavlja i razmjena proizvoda. To je sasvim razumljivo jer pri takvoj razmjeni svatko čije je vrijeme proizvodnje ispod prosjeka, obvezno dobiva na račun onih koji proizvode s natprosječnim vremenom.

Zato se društveno potrebno vrijeme ovdje javlja samo u apstraktnom obliku, kao opći prosjek pojedinačnih vremena. To uvjetuje da se i razmjena ekvivalenata vrši samo u prosjeku. Tko je, zbog povoljnijih uvjeta, proizveo

---

[4] „Da bi se prometne vrednosti roba merile radnim vremenom koje je sadržano u njima, moraju se razne vrste rada svesti na bezrazličan, prost rad, ukratko na rad koji je kvalitativno isti i stoga se razlikuje samo kvantitativno.” Složen rad se „rastvara u sastavljen prost rad, prost rad na višoj potenciji, tako da je, na primer, jedan dan složenog rada jednak trima danima prostog rada” (K. Marks, Prilog kritici političke ekonomije, „Kultura”, 1956, str. 18).

robu s manje rada, dobit će razmjenom robu u kojoj je sadržano više rada, i obratno. Za manju vrijednost dobiva se, dakle, veća vrijednost, a za veću manja.

Budući da su u socijalizmu sredstva proizvodnje društvena, nitko ne može na temelju povoljnijih društvenih uvjeta prisvajati tuđi rad. Zato se ovdje mora priznavati stvarna količina rada koja je sadržana u određenom proizvodu, to jest društveno potrebno vrijeme koje je utrošeno u njegovu proizvodnju. A kako se društveno potrebno vrijeme određuje normalnim uvjetima rada, ono je uvijek manje pri povoljnijim, a veće pri nepovoljnijim uvjetima. Za dobivanje iste količine metala, na primjer, potrebno je manje vremena kad je njegov postotak u rudi veći nego kad je manji. Zato se svim proizvođačima metala mora priznati stvarni rad koji su zavisno od objektivnih uvjeta proizvodnje morali uložiti.

Priznavanje uloženog rada jedino i omogućuje njegovu neposrednu razmjenu, koja se uvijek vrši kao razmjena ekvivalentnih veličina u tom smislu da se za određenu količinu rada u jednom obliku dobiva ista količina rada u drugom obliku. Takva razmjena podrazumijeva da se različitim primjercima jedne iste vrste proizvoda priznaju različite vrijednosti ako su proizvedeni pod nejednakim uvjetima i ako zbog toga sadržavaju nejednake količine rada. Bez toga bi raspodjela prema radu, a s njom i društveno vlasništvo pali u vodu.

Neposredno ispoljavanje zakona vrijednosti u uvjetima socijalističke proizvodnje upravo se i ogleda u tome što se razmjena različitih proizvoda ljudskog rada u svakom konkretnom slučaju obavlja kao razmjena ekvivalentnih vrijednosti. Zbog toga se nejednakosti u veličini dohotka ostvarenog po jedinici proizvoda zasnivaju samo na razlikama u subjektivnim činiocima proizvodnje — radnim sposobnostima i intenzitetu rada, a to znači na razlikama u stvarno uloženoj količini rada.

Budući da se kao mjera vrijednosti proizvoda priznaje društveno potrebno a ne individualno radno vrijeme, svatko je zainteresiran da za isto vrijeme proizvede što više, ili da isti proizvod proizvede za što kraće vrijeme, jer na taj način u jedinici vremena ostvaruje veći dohodak. Bitna razlika u odnosu prema kapitalizmu je u tome što je sada svaki proizvođač zainteresiran da i ostali proizvođači rade produktivnije, jer je ukupna društvena proizvodnja zajednička, zbog čega ostvareni dohodak ne zavisi samo od individualnih nego i od zajedničkih rezultata rada.

Umjesto konkurencije, u socijalizmu **zajedništvo** postaje osnovna pokretačka snaga proizvodnje i ukupnog društvenog progresa. Budući da je proizvodnja zajednička, i ostvareni dohodak je zajednički. U njegovoj raspodjeli svatko sudjeluje prema doprinosu koji je svojim radom dao stvaranju i plasmanu zajedničkog proizvoda.

Rad koji se ulaže u stvaranje i plasman zajedničkog proizvoda pojavljuje se, po pravilu, u dva oblika: kao živi ili tekući i kao opredmećeni ili minuli rad. Ako se proizvod rada označi sa Pr, živi rad sa Žr, a opredmećeni rad sa Or, vrijednosna struktura svakog proizvoda može se izraziti slijedećom formulom:

$$Pr = Žr + Or$$

U slučaju kad je Žr = 70, a Or = 30, vrijednost proizvoda jest:

$$Pr = 70 + 30 = 100.$$

Shodno tome, i u strukturi ostvarenog prihoda 70% čini novostvorena, a 30% prenesena vrijednost.

Zbrajanje živog i opredmećenog rada moguće je zahvaljujući tome što se oba svode na zajednički nazivnik — prosti rad, koji, u stvari, predstavlja njihov zajednički prapočetak. Složeni živi rad nastao je evolucijom prostog rada, a opredmećeni rad nastaje opredmećenjem živog rada. Otuda se oba mogu, pomoću društveno potrebnog radnog vremena, izraziti u jedinicama prostoga živog rada. Ako vrijednost 100 u navedenom primjeru označava sate prostog rada, od toga je 70 sati živog, a 30 sati opredmećenog rada. Između jednih i drugih sati nema nikakve razlike. I u monetarnom obliku oni su izraženi istim monetarnim jedinicama. Zbog toga se u ostvarenom prihodu ne prepoznaje novostvorena vrijednost. Ona se može samo izračunati kad se prenesena vrijednost odbije od ukupnog prihoda.

U raspodjeli zajedničkog prihoda svatko sudjeluje razmjerno količini uloženog živog i opredmećenog rada. Za određivanje toga udjela nije, prema tome, bitna apsolutna veličina uloženog rada, nego relativni udio u ukupnoj količini rada potrebnoj za stvaranje zajedničkog proizvoda. Kad je utvrđen relativni udio u ukupnoj količini rada, apsolutna veličina udjela u zajedničkom prihodu automatski se mijenja prema kretanju ukupnog prihoda. Pri konstantnom relativnom udjelu od 10%, na primjer, apsolutna veličina udjela u ukupnom zajedničkom prihodu od 100 dinara iznosit će 10, a u prihodu od 150 dinara, 15 dinara.

Udio u zajedničkom prihodu razmjeran je, prema tome, udjelu u zajedničkom radu, što se može izraziti proporcijom:

$P_1 : P_z = R_1 : R_z$, iz koje proistječe da je $P_1 = \dfrac{P_z \cdot R_1}{R_z}$, gdje P_1 označava udio

u zajedničkom prihodu, P_z zajednički prihod, R_1 udio u zajedničkom radu, odnosno radni doprinos, i R_z zajednički rad. Ako je $P_z = 1000$, $R_1 = 10$, a $R_z = 100$, P_1 će biti 100. Kako zajednički prihod predstavlja veličinu koja se dobiva realizacijom zajedničkog proizvoda, za određivanje udjela pojedinih sudionika u njegovom raspoređivanju potrebno je samo utvrditi količinu rada koja se ulaže u zajednički proizvod i u njegove pojedine dijelove.

Relativni odnosi u raspodjeli zajedničkog prihoda određeni su, kao i sama vrijednost zajedničkog proizvoda, društveno potrebnim, a ne individualno utrošenim radnim vremenom. Količina živog i opredmećenog rada koja se pri raspodjeli priznaje svakom sudioniku u stvaranju zajedničkog proizvoda jest, prema tome, u nepromijenjenim objektivnim uvjetima standardna. Otuda su i relativni odnosi u raspodjeli zajedničkog prihoda relativno postojani i mijenjaju se samo kad se promijene objektivni uvjeti rada.

Tako određeni odnosi osiguravaju da proizvođač koji radi produktivnije za isto radno vrijeme ostvaruje veći dohodak, i obratno. Budući da se vrši ekvivalentna razmjena rada, povećanje dohotka se ne ostvaruje na račun ostalih proizvođača nego na osnovi povećane proizvodnje. Ako A isti posao obavi za dvostruko kraće vrijeme nego B, on će ostvariti i dvostruko veći dohodak, ali ne tako što će prisvojiti dohodak B, već što će za isto vrijeme uraditi dvostruko više. Kad A preostalu polovicu vremena ne bi radio ništa, on bi ostvario isti dohodak kao i B iako je posao obavio dvostruko brže.

Zbog toga udruženi proizvođač nema interesa da ostali proizvođači proizvode sporije. Kako je u pitanju zajednički proizvod, on je, naprotiv, zainteresiran da svi rade produktivnije jer svako zaostajanje samo šteti zajedničkom interesu. Otuda konkurencija nužno ustupa mjesto odnosima međusobne suradnje i uzajamnog pomaganja, koji vode savladavanju razlika u uvjetima proizvodnje stvorenih konkurencijom.

Na takvim odnosima temelji se i samoupravni način korištenja društvene akumulacije. Kako je dohodak koji se ostvaruje društvenim sredstvima rezultat ukupnog društvenog rada, svatko je zainteresiran da se sredstva za razvoj materijalne osnove rada usmjeravaju tamo gdje su najpotrebnija i gdje će davati najveće efekte. To upravo osigurava da umjesto posebnih centara ekonomske i političke moći sami proizvođači racionalno usmjeravaju sredstva proširene reprodukcije.

Cjelokupna reprodukcija društvenog vlasništva zasniva se na samoupravnom udruživanju rada. A kako se ljudski rad pojavljuje u dva karakteristična oblika (kao živi i opredmećeni), njegovo se udruživanje najčešće ispoljava kao udruživanje rada (živog) i sredstava. U svakoj osnovnoj organizaciji udruženog rada ostvaruje se isti princip koji vlada u cijelom društvu — da udruženi radnici svoj osobni živi rad međusobno udružuju spajajući ga istovremeno sa već udruženim opredmećenim radom. Isti princip ostvaruje se i u zajedničkom radu više osnovnih organizacija.

Kako, međutim, radnici svake osnovne organizacije neposredno raspolažu samo onim dijelom društvenih sredstava koji su u vrijednosnom smislu sami stvorili, moguće je i da oni s radom radnika drugih organizacija udružuju samo sredstva. Dohodak koji se na taj način ostvari, također je zajednički kao i u slučaju kad svaka organizacija udružuje istovremeno i rad i sredstva. Razlika je samo u strukturi njegove raspodjele. Dok u raspodjeli zajedničkog prihoda svaka organizacija sudjeluje i po osnovi tekućeg i po osnovi minulog rada, jer je udružila i jedan i drugi, ovdje se udio u raspodjeli ostvaruje samo po jednoj osnovi, ali također po osnovi udruživanja.

Ovdje u punoj mjeri dolazi do izražaja proturječnost društvenog vlasništva. Štaviše, na prvi se pogled čini da organizacija koja udružuje sredstva eksploatira organizaciju koja udružuje živi rad. Privid nastaje zbog stanovite pojavne sličnosti s kapitalizmom. I kapitalist u proces proizvodnje ulaže samo sredstva (kapital), a kao rezultat dobiva njihovo povećanje. Sličnost je velika osobito s kamatonosnim kapitalom.

Međutim, sredstva kapitalista rezultat su prisvajanja tuđeg rada, dok su sredstva udruženog radnika rezultat njegovog vlastitog rada. I dohodak koji se dobiva oplođavanjem kapitala prelazi u privatno vlasništvo kapitalista, dok dohodak dobiven samoupravnim udruživanjem i korištenjem društvenih sredstava ide na povećanje društvenog vlasništva. Jedan dio prisvojenog dohotka kapitalist neposredno troši za podmirenje svojih životnih potreba. Sredstva koja udruženi radnik ulaže u proširenu reprodukciju dio su dohotka izdvojenog za akumulaciju. Normalno je da i udio u zajedničkom dohotku koji se ostvaruje po osnovi udruživanja tih sredstava ide na njihovo povećanje, to jest na razvoj materijalne osnove rada.

Pretvaranje dijela zajedničkog dohotka stečenog na temelju udruživanja sredstava u osobne dohotke ne bi samo značilo prisvajanje i egzistiranje na račun tuđeg rada nego bi istovremeno ugrožavalo reproduktivnu sposobnost osnovne organizacije. To postaje očiglednije ako se pretpostavi da osnovna organizacija nije udružila sredstva nego da ih je sama koristila. Da bi osigurala proširenu reprodukciju, ona jedan dio ostvarenog dohotka mora izdvojiti u akumulaciju, dakle mora povećati uložena sredstva. To isto ona mora učiniti i s naknadom od udruženih sredstava. Kad bi je raspodijelila na osobne dohotke, postupila bi slično kao da sav dohodak koji sama ostvari, pretvori u sredstva za osobne dohotke. U slučaju da samo dio naknade raspodijeli na osobne dohotke, postupak bi bio isti kao kad osobne dohotke poveća na račun akumulacije.

Udruženi proizvođači mogu, dakle, životna sredstva stjecati isključivo vlastitim radom. A kako je za reprodukciju tih sredstava prijeko potrebna i reprodukcija sredstava proizvodnje, oni dio ostvarenog dohotka moraju neprekidno akumulirati da bi se ukupna reprodukcija ostvarivala u proširenom obliku. Međutim, kad radnici određene organizacije iz bilo kojeg razloga ne koriste akumulirana sredstva, oni ih ne mogu sami ni povećavati. Zbog toga je prirodno da slobodna sredstva udružuju s radom drugih radnika i da na taj način osiguraju njihovo povećavanje.

Može se primijetiti da oni u tom slučaju koriste tuđi rad za povećavanje „svojih" sredstava. Ali i radnici koji udružuju živi rad koriste opredmećeni rad radnika koji udružuju sredstva. Radi se, dakle, o uzajamnom odnosno zajedničkom korištenju rada i jednih i drugih. A to upravo i govori o društvenom karakteru rada i sredstava reprodukcije.

Iako se naknada za korištenje udruženih sredstava ne raspodjeljuje na osobne dohotke, oni ipak predstavljaju osnovni motiv udruživanja jer je povećavanje akumulacije nužna pretpostavka povećavanja ukupnog dohotka, a time i osobnih dohodaka. Iz interesa za povećanje osobnog dohotka proistječe interes za povećanje ukupnog dohotka, iz ovoga interes za povećanje akumulacije, a iz njega interes za maksimalno korištenje raspoloživih sredstava. I kako se opredmećeni rad može povećavati samo spajanjem sa živim radom, radnici određene organizacije uvijek će težiti da sredstva koja ne mogu sami koristiti udružuju s radom radnika drugih organizacija.

Budući da su zainteresirani za maksimalno korištenje raspoloživih sredstava, udruženi radnici će nastojati da ih plasiraju tamo gdje će davati najveće efekte, odnosno gdje će spajanjem sa živim radom stvarati najveći dohodak. Interes za što većom produktivnošću rada i ovdje se pojavljuje kao **zajednički** interes organizacija koje udružuju rad i sredstva jer što je veći ostvareni dohodak, bit će veći i njihov udio u njegovoj raspodjeli.

I u tome je jedna od bitnih razlika između reprodukcije privatnog i društvenog vlasništva. Kapitalist prodaje korištenje svoga kapitala. Visina naknade koju dobiva u obliku kamata, određena je stanjem na tržištu, i mora se platiti nezavisno od visine profita koji će se ostvariti upotrebom kapitala. Visina kamata određuje se isključivo prema veličini kapitala, kao što se cijena svake robe određuje prema njenoj vrijednosti nezavisno od toga kako će biti upotrijebljena.

Visina naknade u slučaju samoupravnog udruživanja određuje se, međutim, i prema veličini udruženih sredstava i prema visini dohotka što se ostvari njihovom upotrebom. Ona, u stvari, odražava doprinos koji se ostvarivanju zajedničkog dohotka daje minulim radom, i zbog toga se mijenja zavisno od kretanja ukupnog dohotka. Ako dohodak nije ostvaren, naknade neće biti bez obzira na visinu uloženih sredstava.

Ova razlika proistječe upravo iz razlike u karakteru vlasništva. Privatnog vlasnika ne interesira kako će se reproducirati ukupno društveno bogatstvo.

On brine samo o reprodukciji vlastitog vlasništva. Kapitalista ni najmanje ne pogađa poslovni neuspjeh partnera kojem je dao kapital na uslugu ako mu je povrat uloženih sredstava s ugovorenim kamatama zagarantovan. Nasuprot tome, kako cjelokupna sredstva socijalističke reprodukcije pripadaju svim udruženim radnicima, svakome od njih i svima zajedno stalo je do toga da se ta sredstva u cjelini maksimalno koriste. Kada su sredstva zajednička, onda postaje zajednički i interes za njihovo korištenje. Za racionalnu upotrebu samoupravno udruženih sredstava odgovorni su i oni koji ih udružuju i oni koji ih neposredno koriste.

Razvoj samoupravnog udruživanja rada kao autentičnog oblika reprodukcije društvenog vlasništva historijski je proces koji vodi potpunom ukidanju tržišne privrede i stvaranju slobodne općedruštvente asocijacije rada. Budući da su nosioci ovog procesa sami udruženi radnici, prirodno je da se on širi od najuže proizvodne jedinice k sve širim reprodukcionim cjelinama. Udruživanja rada ne može biti bez udruživanja samih radnika, a šire samoupravne asocijacije mogu se stvarati samo neposrednim povezivanjem užih asocijacija.

Postojanje užih samoupravnih asocijacija rada već samo po sebi potiče na njihovo povezivanje u šire asocijacije jer one ne mogu egzistirati izolirano. Da bi izgradili samoupravni sistem društvene reprodukcije, radnici se moraju najprije udružiti i samoupravno organizirati u najužim reprodukcionim cjelinama. U osnovnoj organizaciji udruženog rada koji tako osnivaju, oni međusobne odnose mogu autonomno urediti na principu raspodjele prema radu, ali će odmah doći u sukob sa starim principima raspodjele između samih osnovnih organizacija. Da bi se održala unutar osnovnih organizacija raspodjela prema radu mora se proširiti i na njihove međusobne odnose, najprije u užim, a zatim i u širim reprodukcionim cjelinama.

Raspodjela prema radu ima za pretpostavku zajednički rad, čiji je rezultat zajednički proizvod, pa prema tome, i zajednički dohodak. Zajednički proizvod može, međutim, predstavljati i najjednostavniji dio nekog mehanizma čijom se izradom bavi jedna osnovna organizacija, i ukupni društveni proizvod na kojem radi cjelokupno zaposleno stanovništvo. Od zajedničkog rada na prvom, do zajedničkog rada na drugom veoma je dug put, koji se ne može prijeći bez borbe između starog i novog oblika reprodukcije.

Pretvaranjem ukupnog društvenog proizvoda u zajednički proizvod prevladavaju se naslijeđene društvene razlike između proizvodnog i neproizvodnog rada. Svi oblici društveno korisnog rada dovode se u neposrednu vezu s ukupnim društvenim proizvodom jer svaki na svoj način doprinosi njegovom stvaranju. Na toj osnovi izjednačava se i društveno-ekonomski položaj proizvodnih i neproizvodnih radnika, koji svoju ulogu u društvenoj reprodukciji ostvaruju na jedinstven način. Razvoj sredstava proizvodnje vodi istovremeno prevladavanju razlika i u samom karakteru proizvodnog i neproizvodnog rada, pa takva podjela kao i podjela na proizvodne i neproizvodne radnike sve više gubi svoj smisao.

Samoupravno udruživanje i neposredna razmjena rada kao perspektiva razvoja socijalizma, sve više će prelaziti međudržavne granice. Zajedništvo rada i raspodjele prema radu jedini su realni put internacionalizacije društvenog vlasništva. To je istovremeno put trajnog ukidanja međunarodne eksploatacije i prevladavanja naslijeđenih razlika između razvijenih i nerazvijenih zemalja. Reprodukcija društvenog vlasništva sve će se više ostvarivati međunarodnim udruživanjem rada i stvaranjem zajedničkog proizvoda u svjetskim razmjerima.

Raspodjelom prema radu među organizacijama uvjetovana je i raspodjela prema radu među pojedincima. Da bi pojedinac u društvenom dohotku sudjelovao razmjerno radu koji je uložio u stvaranje društvenog proizvoda, mora u tom dohotku prema svom doprinosu sudjelovati i njegova organizacija. Ako je dohodak organizacije manji od njenog doprinosa, bit će okrnjeni i osobni dohoci njenih radnika ne pokrije li se razlika na račun akumulacije. I obrnuto, kad je dohodak organizacije veći od njenog doprinosa, i osobni dohoci će premašivati individualni doprinos radnika ako se ekstradohodak ne izdvoji u akumulaciju. To najbolje pokazuje koliko je osobni dohodak sudbonosno vezan za način stjecanja dohotka.

III

RASPODJELA SREDSTAVA ZA OSOBNE DOHOTKE

Osnove i mjerila raspodjele

Kao dio društvenog dohotka, sredstva za osobne dohotke raspodjeljuju se na sudionike u njihovom stvaranju po istom principu kao što se ukupni dohodak raspodjeljuje na pojedine organizacije. Radni doprinos jedina je osnova po kojoj se raspodjela i na radne kolektive i na pojedince može vršiti samoupravnim sporazumijevanjem udruženih radnika. Po tome se stjecanje osobnog dohotka bitno razlikuje od svih prijašnjih oblika stjecanja sredstava za život.

U kapitalizmu je visina najamnine određena cijenom radne snage, a cijena radne snage određena je kao i cijena svake robe, odnosom ponude i potražnje. Visina najamnine nema, prema tome, nikakve neposredne veze s količinom rada koju najamni radnik utroši u procesu proizvodnje. Osim toga, ni radnik ni kapitalist nemaju na nju kao pojedinci nikakvog utjecaja jer se cijena radne snage formira spontano i nezavisno od njihove volje. Ali i jedan i drugi moraju prihvatiti takvu cijenu, prvi da bi održao golu egzistenciju, drugi da bi osigurao reprodukciju kapitala.

Pa ipak, visina najamnine ne može pasti ispod određene granice koja osigurava minimum egzistencije najamnog radnika. U etatizmu se pri određivanju visine plaće i polazi neposredno od toga minimuma jer se napušta spontano određivanje cijene radne snage posredstvom tržišta. Zbog toga ni visina plaće nema neposredne veze s količinom uloženog rada, odnosno s doprinosom koji radnik kao pojedinac daje ostvarivanju nacionalnog dohotka.

Istina, plaća se diferencira prema kvalifikaciji odnosno stručnoj spremi i radnom iskustvu, a često i prema objektivnim uvjetima rada. Ali to su osnove i za diferencijaciju najamnine. Cijene kvalificirane i nekvalificirane radne snage se razlikuju kao što se razlikuju cijene različitih vrsta robe. Iskusniji radnici plaćaju se više od početnika, a i teži poslovi bolje su plaćeni od lakših. Razlika je samo u tome što se visina najamnine diferencira posredstvom tržišta, dok se razlike u plaćama utvrđuju administrativnim putem.

Bitna istovjetnost osnova po kojima se vrši diferencijacija plaće i najamnine pokazuje da i jedna i druga predstavljaju, u stvari, cijenu za upotrebnu vrijednost radne snage. Kako će se ta vrijednost iskoristiti, ne zavisi od radnika nego od poslodavca. A interes poslodavca jest da razlika između količine rada koju će izvući iz radne snage i cijene koju je za nju platio, bude što veća. To pokazuje da plaća koju radnik dobiva od države zadržava osnovna obilježja najamnine.

Budući da udruženi radnik nikome ne prodaje svoju radnu snagu, njena se cijena ne određuje ni tržišnom razmjenom, ni administrativnim putem, niti na bilo koji drugi način. Cijena radne snage, u stvari, ne postoji jer ne postoji ni sama radna snaga kao ekonomska kategorija. Zbog toga je količina uloženog rada jedina osnova po kojoj udruženi radnik može sudjelovati u raspodjeli sredstava za osobne dohotke.

Pri tome se podrazumijeva da ovaj rad mora biti uložen u stvaranje određene upotrebne vrijednosti, čijom je razmjenom i ostvaren dohodak od kojeg se jedan dio raspodjeljuje na osobne dohotke. Proizvod svake organizacije udruženog rada zajednički je proizvod njenih radnika. U njegovom stvaranju svaki radnik daje svoj udio koji se nalazi u određenom konstantnom odnosu kako prema ukupnoj količini uloženog rada tako i prema udjelu svakoga drugog radnika.

Ovim udjelom određen je i relativni udio u raspodjeli sredstava za osobne dohotke, bez obzira na veličinu ukupnog dohotka koji će se ostvariti razmjenom zajedničkog proizvoda i nezavisno od toga koji će se njegov dio raspodijeliti na osobne dohotke. Udio od $10^0/_0$ u ukupnoj količini rada uloženoj u zajednički proizvod povlači $10^0/_0$ udjela u bilo kojem iznosu sredstava izdvojenih za osobne dohotke. Od mase ovih sredstava zavise samo apsolutne veličine osobnih dohodaka pojedinih radnika, dok relativni odnosi među tim veličinama ostaju neizmjenjeni pri svakoj promjeni same mase.

Budući da predstavlja konstantnu veličinu, relativni udio u stvaranju zajedničkog proizvoda i može služiti kao opće mjerilo udjela u raspodjeli sredstava za osobne dohotke. Ova će se sredstva uvijek dijeliti u razmjeru prema radnom doprinosu, tako da se osobni dohodak pojedinca prema ukupnoj masi tih sredstava odnosi isto kao što se njegov osobni rad odnosi prema ukupnoj količini rada.

Ali relativni udio u stvaranju zajedničkog proizvoda ne određuje i samu visinu osobnog dohotka. Iz toga što radnik izrađuje dio zajedničkog proizvoda u koji ulaže na primjer deseti dio rada potrebnog za cijeli proizvod, ne može se ništa saznati o visini njegovog osobnog dohotka. Ona se može utvrditi tek kada je poznata i ukupna količina zajedničkog proizvoda odnosno veličina njegovom razmjenom ostvarenog dohotka i mase sredstava za osobne dohotke.

To su, međutim, sve promjenljive veličine koje nisu određene samo individualnim doprinosom. Količina zajedničkog proizvoda određena je doprinosom svih udruženih radnika koji rade na njegovom stvaranju, a veličina dohotka koja se ostvaruje njegovom razmjenom, još i produktivnošću ukupnog društvenog rada. Najzad, i masa sredstava za osobne dohotke ne zavisi samo od veličine ostvarenog dohotka nego i od niza drugih faktora koji utječu na njegovo raspoređivanje.

Zbog toga je i visina osobnog dohotka promjenljiva veličinu, koja se ne može unaprijed utvrđivati. Ona je nejednaka ne samo za različite radnike nego i za istog radnika u različitim obračunskim razdobljima. Visina osobnog dohotka mijenja se prema tome kako se mijenja utjecaj različitih faktora što je određuju.

Ti su faktori i objektivne i subjektivne prirode, mada je takva podjela relativna, jer je visina osobnog dohotka u krajnjoj liniji određena produktivnošću samog rada. Individualne razlike nastaju, prije svega, zbog razlika u radnim sposobnostima pojedinih radnika, kojima su pri jednakim ostalim uvjetima određene razlike u količini rada koju pojedinci daju. A razlike u radnim sposobnostima nisu određene samo prirodnim predispozicijama nego i društvenom podjelom rada, kojoj se pojedinci u razvijanju svojih sposobnosti moraju prilagođavati.

Za razliku od plaće i najamnine, visina osobnog dohotka nije neposredno određena radnim sposobnostima radnika. Radne sposobnosti su samo nužna pretpostavka rada, a kako će se one koristiti, zavisi od samog radnika. Raspodjela se ne obavlja prema osobnim kvalitetama radnika nego prema samom radu, nezavisno od toga tko iza njega stoji. A rad kao osnova raspodjele objektivna je realnost iza koje se ne vide, niti treba da se vide, subjektivna svojstva radnika.

Raspodjela sredstava za osobne dohotke vrši se, u stvari, prema opredmećenom radu, odnosno prema rezultatu rada a ne prema radnom procesu, jer je samo rezultat rada pravi pokazatelj stvarno utrošene količine korisnog rada. Razlika između radnog procesa i rezultata rada je u tome što prvi znači svrsishodno trošenje radne energije, dok drugi predstavlja već utrošeni odnosno opredmećeni rad. Otuda je dužina radnog procesa, pri jednakim objektivnim uvjetima, određena subjektivnim činiocima — radnim sposobnostima radnika i intenzitetom njegovog rada, dok je veličina rezultata rada određena količinom stvarno utrošenog rada. S obzirom na to, iza potpuno jednakih količina rada opredmećenih u istorodnim proizvodima mogu stajati radni procesi različite dužine, i obratno, procesi rada iste dužine mogu za rezultat imati sasvim različite količine opredmećenog rada.

Neposredno ispoljavanje zakona vrijednosti ogleda se, dakle, i u raspodjeli sredstava za osobne dohotke. Iako visina osobnog dohotka nije identična s količinom uloženog osobnog rada, ona je na njoj zasnovana. Time su iz raspodjele isključeni svi subjektivni činioci, što upravo omogućuje da njen neposredni subjekt postane sam udruženi radnik.

Budući da zakon vrijednosti svojim neposrednim ispoljavanjem vlada ukupnom reprodukcijom i distribucijom društvenog vlasništva, sredstva za osobne dohotke raspodjeljuju se na isti način kao što se uopće raspodjeljuje zajednički dohodak. Da bi se primijenilo opće mjerilo raspodjele, moraju se najprije utvrditi relativne vrijednosti zajedničkih proizvoda odnosno rezultata zajedničkog rada, po obrascu $R = K \cdot T$, gdje količina rada R označava istovremeno relativnu vrijednost proizvoda.

Po istom obrascu može se utvrditi i radni doprinos odnosno relativni udio svakog sudionika u stvaranju određenog zajedničkog proizvoda. S obzirom na razvijenu podjelu rada, moguće je da više radnika radi ne samo na različitim dijelovima nego i na jednom istom dijelu određenog proizvoda. Zbog toga se moraju utvrđivati relativne vrijednosti kako cijelog proizvoda tako i njegovih dijelova odnosno pojedinih operacija na izradi jednoga istog dijela.

Glavni problem u raspodjeli sredstava za osobne dohotke upravo se i svodi na utvrđivanje količine rada potrebne za izradu zajedničkog proizvoda i njegovih dijelova odnosno operacija koje obavljaju pojedini radnici. A kako je količina rada u osnovi određena stupnjem njegove složenosti i društveno potrebnim radnim vremenom, to je neophodno da se, prije svega, utvrde ovi činioci.

U praksi se složenost rada utvrđuje uglavnom na dva načina: analitičkom procjenom i na osnovi korelacije s vremenom potrebnim za stjecanje odgovarajućih radnih sposobnosti koje zahtijeva određeni posao. Iako se prva metoda čini pouzdanijom jer se složenost rada utvrđuje direktno, druga je ipak egzaktnija zato što disciplina koja bi egzaktnom naučnom analizom direktno utvrđivala složenost rada, ne postoji.

Analitičkom procjenom se na osnovi uspoređivanja određenih elemenata utvrđuju razlike u složenosti konkretnih poslova. Isti se element kod različitih poslova označava različitim intenzitetima, a zbrajanjem intenziteta svih elemenata određenog posla dobiva se stupanj njegove složenosti, koji se označava odgovarajućim brojem bodova ili koeficijentom složenosti.

Glavni nedostatak ove metode je u tome što se temelji na procjeni koja već sama po sebi implicira određenu proizvoljnost. Pri usporedbi istih elemenata kod različitih poslova vrši se, u stvari, proizvoljna gradacija, koja može voditi i znatnijim odstupanjima od stvarnih razlika u stupnju složenosti. Budući da je već po svom karakteru subjektivna, analitička procjena složenosti rada ne može predstavljati sasvim pouzdanu osnovu za samoupravno sporazumijevanje, koje zbog spomenute proizvoljnosti mora sadržavati i stanovitu dozu nagodbe.

Metoda korelacije s vremenom osposobljavanja za određeni posao je pouzdanija jer se oslanja na objektivno dane veličine. Između složenosti rada i vremena potrebnog da se radnik osposobi za njegovo kvalificirano obavljanje, postoji određena zakonita korelacija, tako da je za složeniji posao potrebno duže osposobljavanje. Zahvaljujući tome, stupanj složenosti rada može se posredno utvrditi na osnovi vremena osposobljavanja za prost (jednostavan) i složen rad. S obzirom na spomenutu korelaciju, količnik vremena osposobljavanja za složen, i vremena osposobljavanja za prost rad označava istovremeno koeficijent složenosti rada. Ako se vrijeme osposobljavanja za složen posao označi za Vs, a vrijeme osposobljavanja za prost rad sa Vp, koeficijent složenosti rada može se izračunati pomoću obrasca:

$$K = \frac{Vs}{Vp}$$

Vrijeme osposobljavanja za isti posao je, međutim, različito za različite radnike. Zbog toga se i ovdje za osnovu uzima društveno potrebno vrijeme, koje, u stvari, predstavlja prosjek individualnih vremena potrebnih različitim radnicima da se pod jednakim, odnosno normalnim društvenim uvjetima osposobe za samostalno i kvalificirano obavljanje istoga posla. To je vrijeme uglavnom društveno utvrđeno. Ono se sastoji od vremena predviđenog za redovno školovanje i stjecanje potrebne specijalizacije odnosno stanovitih dopunskih znanja koja zahtijeva određeni posao, i vremena samog rada potrebnog da se stekne odgovarajuće radno iskustvo. Ako ovo posljednje i nije društveno verificirano, ono se ispitivanjem može lako utvrditi.

Budući da je osnovna škola opći uvjet za obavljanje bilo kojeg rada društvenim sredstvima, vrijeme njenog trajanja predstavlja vrijeme osposobljavanja i za prost rad. To je i ukupno vrijeme osposobljavanja za takav rad koji ne zahtijeva nikakvo stručno osposobljavanje niti radno iskustvo. Ovo je vrijeme zajednički nazivnik svih vremena osposobljavanja kao što je prost rad zajednički nazivnik svih složenih radova. Ako je ukupno vrijeme osposobljavanja za neki složen posao, na primjer, 16 godina (8 godina osnovno obrazovanje + 6 godina stručno obrazovanje + 2 godine radno iskustvo), koeficijent složenosti toga posla jest:

$$K = \frac{16}{8} = 2.$$

Drugi osnovni problem za utvrđivanje radnog doprinosa predstavlja određivanje vremena trajanja radnog procesa. Kako se radi o društveno potrebnom radnom vremenu, ono mora odražavati postojeće normalne uvjete proizvodnje i prosječan stupanj umješnosti i intenzivnosti rada. Zbog izuzetnog značenja, ovo će pitanje biti posebno obrađeno u poglavlju o tehnologiji mjerenja rada.

Koeficijent složenosti i društveno potrebno vrijeme nisu, međutim, jedini elementi za utvrđivanje količine rada. Obrazac $P = K \cdot T$ za to je dovoljan samo kad su svi uvjeti jednaki: objektivni uvjeti rada normalni, utrošak opredmećenog rada standardan, a kvaliteta rezultata rada zadovoljavajuća. U svim slučajevima odstupanja od ovih uvjeta mora se vršiti odgovarajuća korekcija osnovnog obrasca.

Objektivni uvjeti rada mogu biti povoljniji ili nepovoljniji od normalnih uvjeta. Povoljniji uvjeti objektivno utječu na smanjenje, a nepovoljniji na povećanje potrebne količine rada. Zbog toga se ova odstupanja moraju izraziti odgovarajućom korekcijom osnovnog obrasca. To podrazumijeva da koeficijent uvjeta rada točno izražava odnos između količine rada koju zahtijevaju konkretni uvjeti i rada koji je potreban za obavljanje istoga posla pod normalnim uvjetima.

Utrošak opredmećenog rada određen je kvantitetom i kvalitetom proizvoda kao i samom tehnologijom proizvodnje. Na osnovi toga se i određuju standardi utroška sirovina, energije, pomoćnih materijala i oruđa rada. Odstupanja od tih standarda imaju dvojake posljedice. Ona utječu kako na materijalne troškove proizvodnje, tako i na utrošak živog rada. Radnik koji ne vodi brigu o racionalnom korištenju sredstava proizvodnje, troši manje živog rada od radnika koji štedi u tim sredstvima. I kako materijalne troškove po jedinici proizvoda pokrivaju podjednako, prvi će automatski prisvajati rad drugoga ako se razlika u korištenju materijalnih činilaca ne uzima u obzir. Zbog toga se osnovni obrazac mora korigirati i utroškom opredmećenog rada.

Svaki svrsishodan rad podrazumijeva određenu kvalitetu rezultata rada, koja čini osnovu njegove upotrebne vrijednosti. S obzirom na to, kvaliteta je nužna pretpostavka razmjene proizvoda, pa prema tome i ostvarivanja dohotka. Zbog toga bi se ona morala unaprijed odrediti kao nezamjenjivi uvjet udjela u raspodjeli. Stanovita odstupanja mogu se dopustiti samo u granicama koje ne dovode u pitanje osnovnu namjenu odnosno upotrebu proizvoda. Ako, međutim, ta odstupanja utječu na visinu ostvarenog dohotka, ona moraju predstavljati korekcijski faktor i za utvrđivanje visine osobnog dohotka. Bolja kvaliteta proizvoda zahtjeva veću količinu rada kao što se lošija postiže s manje rada. U odgovarajućem razmjeru morala bi se vršiti i korekcija osnovnog obrasca za utvrđivanje količine rada.

Da bi se mogle vršiti korekcije osnovnog obrasca, i korekcijski faktori se moraju izražavati u jedinicama prostog rada. Usporedbom stvarno utrošenog rada s radom koji zahtijevaju normalni uvjeti rada odnosno utvrđeni standardi opredmećenog rada i kvalitete rezultata rada dobivaju se odgovarajući koeficijenti kojima se osnovni obrazac proširuje. Ako se koeficijent uvjeta rada označi sa Ku, koeficijent utroška opredmećenog rada sa Ko, a koeficijent kvalitete rezultata rada sa Kk, onda će prošireni obrazac za utvrđivanje količine rada uložene u određeni proizvod glasiti:

$$P = K \cdot T \cdot Ku \cdot Ko \cdot Kk.$$

Kada su uvjeti rada normalni, a utrošak opredmećenog rada i kvaliteta rezultata rada standardni, odgovarajući koeficijenti će biti jednaki 1, pa će se obrazac količine rada praktično svesti na osnovne elemente. Koeficijenti će biti veći od 1 kada su uvjeti rada otežani i kad je kvaliteta rezultata rada iznad a utrošak opredmećenog rada ispod utvrđenih standarda, i obrnuto, oni će biti manji od 1 ako su uvjeti rada olakšavajući, kvaliteta ispod, a utrošak opredmećenog rada iznad standarda.

Minuli rad

Raspodjela sredstava za osobne dohotke ne temelji se, međutim, samo na doprinosu tekućim radom. Budući da su ta sredstva dio novostvorene vrijednosti, koja nastaje spajanjem tekućeg i minulog rada, ona se po obje ove osnove moraju i raspodjeljivati. Doprinos tekućim i doprinos minulim radom nedjeljive su osnove raspodjele ne samo ukupnog dohotka nego i sredstava za osobne dohotke.

Minuli rad je, u stvari, opredmećeni živi rad. I budući da se doprinosi koje pojedini radnici daju tekućim radom razlikuju, moraju se razlikovati i njihovi doprinosi minulim radom. Osim faktora koji određuju razlike u doprinosu tekućim radom, na veličinu doprinosa minulim radom utječe još i dužina ukupnog radnog vremena koje je radnik utrošio u toku svoga radnog vijeka. Doprinos radnika koji je pri kraju svoga radnog vijeka znatno je veći od doprinosa početnika.

Razlike u doprinosu minulim radom najneposrednije se ispoljavaju preko utjecaja sredstava proizvodnje na stvaranje nove vrijednosti. Razvijenija sredstva omogućuju da se ostvari veći dohodak, ali je u njima uvijek sadržan veći doprinos starijih radnika, koji su zbog dužeg rada više ulagali u njihov razvoj. Ako A i B rade zajednički na novom stroju koji omogućuje dvaput veću produktivnost od zamijenjenog starog, oni će, pod jednakim ostalim uvjetima, ostvarivati dvostruko veći dohodak, pa će tako moći udvostručiti i osobne dohotke. Daju li A i B podjednak doprinos ostvarivanju dohotka, i njihovi osobni dohoci bi morali biti jednaki.

Da se ovaj doprinos ne može mjeriti samo tekućim radom, najevidentnije pokazuje sljedeća pretpostavka. A može biti početnik, a B stari radnik, koji je svojim minulim radom sam omogućio nabavu novog stroja. Da B nije akumulirao, on bi zajednički rad sa A-om nastavio na starom stroju. Produktivnost i dohodak bi ostali neizmijenjeni, pa se ne bi mogao povećati ni osobni dohodak. Povećanje dohotka nastalo je, dakle, isključivom zaslugom B-a, zbog čega bi njegov udio u raspodjeli sredstava za osobne dohotke morao biti veći od udjela A-a. U suprotnom, A bi automatski prisvajao rad B-a.

Isti bi odnos bio i u slučaju da je doprinos A-a minulim radom samo manji od doprinosa B-a, a visina osobnog dohotka ista. Udio u raspodjeli sredstava za osobne dohotke mora zbog toga biti **razmjeran** stvarnom doprinosu.

Utjecaj doprinosa minulim radom ne ispoljava se, međutim, samo preko sredstava proizvodnje nego i preko ukupnih društvenih uvjeta rada. U te uvjete spadaju osobito i stupanj razvijenosti proizvodnih odnosno ukupnih društvenih odnosa, razina životnog standarda i zadovoljavanja zajedničkih potreba, razvijenost radnih sposobnosti, kulturna i općeobrazovna razina stanovništva. Zbog toga se doprinos minulim radom mora mjeriti ukupnim ulaganjima kako u razvoj materijalne osnove rada tako i u zadovoljavanje zajedničkih odnosno općedruštvenih potreba.

Budući da na visinu dohotka svake organizacije udruženog rada utječu ukupni društveni uvjeti, koji su rezultat minulog rada svih udruženih radnika, kriteriji raspodjele moraju biti za sve jednaki. Stanoviti preduvjeti ove jednakosti dani su već u platnom sistemu kroz jedinstven utjecaj radnog staža na visinu plaće. Međutim, radni staž ne može biti mjerilo radnog doprinosa jer ne izražava individualne razlike u količini uloženog rada. U platnom sistemu on je opća pretpostavka radnog iskustva, koje je samo jedan od uvjeta rada. Povećavanje plaće putem periodskih povišica, na primjer, nema neposredne veze sa stvarnim rezultatima rada i određuje se prema kvalifikaciji kao i sama osnovica.

Pravo mjerilo doprinosa unapređivanju društvenih uvjeta rada može biti jedino sam rad kojim se oni i stvaraju. Što se više rada ulaže u razvoj tih uvjeta, oni će biti povoljniji i omogućavat će brži porast produktivnosti i dohotka. Kako se ukupna količina rada uložena u ovaj razvoj sastoji od pojedinačnih radova, oni će i predstavljati osnovu individualnog udjela u raspodjeli. Svatko će u raspodjeli po osnovi minulog rada sudjelovati razmjerno ukupnoj količini rada koju je u toku svoga proteklog radnog vijeka uložio u razvoj društvenih uvjeta rada.

Ova količina rada izražena je u sredstvima koja je pojedinac od zasnivanja radnog odnosa izdvajao za razvoj materijalne osnove rada i zadovoljavanje zajedničkih odnosno općedruštvenih potreba. Ona je na taj način sadržana u ukupnim društvenim sredstvima kojima udruženi radnici zajednički raspolažu. Što je veći udio pojedinca u reprodukciji tih sredstava, to je veći njegov društveni doprinos minulim radom.

Kad je poznata veličina sredstava koja su pojedini radnici uložili u razvoj društvenih uvjeta rada, mogu se utvrditi njihovi relativni doprinosi minulim radom, na osnovi kojih treba da bude određen i udio u raspodjeli sredstava za osobne dohotke. Ako je A minulim radom dao dvaput veći doprinos od B-a, njemu po toj osnovi pripada i dvaput veći osobni dohodak.

Problem je, međutim, u određivanju apsolutne veličine osobnog dohotka koji se stječe po toj osnovi. Budući da minuli rad ne stvara sam po sebi nikakvu vrijednost, ni osobni dohodak se ne može ostvariti samo na osnovi ulaganja u razvoj društvenih uvjeta rada. Zbog toga je minuli rad kao osnova stjecanja osobnog dohotka neodvojiv od tekućeg rada. Ako se živim radom ne aktiviraju društvena sredstva, sav prethodni rad koji je u njih uložen predstavljat će mrtvi kapital. Nove vrijednosti neće biti, pa neće biti ni sredstava za život.

Zbog toga se sredstva za osobne dohotke po osnovi minulog rada mogu stjecati samo iz dohotka koji su radnici zajedničkim radom sami ostvarili. To podrazumijeva da je i njihova veličina određena veličinom ostvarenog dohotka i proporcijama njegove raspodjele. Zato posebno izdvajanje ovih sredstava iz ostvarenog dohotka nema praktično nikakvog značenja. Ono, u svakom slučaju, ne bi smjelo ići na račun akumulacije. Doprinos minulim radom može predstavljati osnovu raspodjele samo u okviru proporcija koje osiguravaju najbrži mogući porast sredstava proizvodnje i sredstava za život.

Osnova udjela u raspodjeli sredstava za osobne dohotke može se odrediti tako da se masa sredstava koju radnik u toku proteklog radnog vijeka uloži u razvoj društvenih uvjeta rada uvijek dijeli brojem periodičnih obračuna koje sadržava cijeli društveno utvrđeni radni vijek. Kako je taj vijek za sve isti, broj periodičnih obračuna koje on sadržava predstavlja konstantnu veličinu. Ako je dužina radnog vijeka 40 godina, broj godišnjih obračuna je 40, a mjesečnih 480.

Da bi se mogla dovesti u vezu s doprinosom tekućim radom, tako dobivena osnova mora se izraziti u jedinicama prostog rada. Obrazac za utvrđivanje količine uloženog rada se na taj način proširuje minulim radom pa glasi:

$$R = K \cdot T \cdot Ku \cdot Ko \cdot Kk + Mr$$

Minuli rad Mr izražava se u jedinicama prostog rada tako što se veličina naprijed spomenute osnove dijeli veličinom osobnog dohotka po jedinici prostog rada iz prethodnog obračunskog razdoblja.

Količina tekućeg rada povećava se tako za određenu količinu minulog rada. Kako je veličina osobnog dohotka po jedinici prostog rada određena veličinom ukupnog dohotka i proporcijama njegove raspodjele, to će i dio koji se stječe po osnovi minulog rada varirati u zavisnosti od ovih faktora. Kad je veća masa sredstava za osobne dohotke, bit će veći i dio po osnovi minulog rada, i obratno.

Inventivni rad

Inventivni rad ne predstavlja konstantnu osnovu raspodjele jer se njegovi rezultati pojavljuju povremeno, i to samo kao doprinos jednog broja radnika. S razvojem socijalističkih odnosa i sredstava proizvodnje, inventivna aktivnost se, međutim, sve više širi i postaje sve značajniji faktor u podizanju produktivnosti i ostvarivanju dohotka. Zbog toga raste njena uloga i u raspodjeli sredstava za osobne dohotke.

Problem utvrđivanja doprinosa inventivnim radom proistječe iz njegove specifičnosti. Za rezultat se uvijek dobiva nov proizvod koji nema utvrđene standarde društveno potrebnog radnog vremena. Razlike u individualnim sposobnostima ovdje, međutim, dolaze do još većeg izražaja nego kod običnih proizvoda. Za isti izum radnicima nejednakih sposobnosti bilo bi potrebno sasvim različito vrijeme. Ali do prosjeka se ne može doći jer svaki izum predstavlja unikat, koji je proizvod samo jednog radnika ili jedne grupe autora.

Pa ipak, inventivna aktivnost predstavlja svrsishodan rad, koji se može mjeriti samo radnim vremenom. S druge strane, i doprinos ovom aktivnošću izražava se samo kroz društveno koristan proizvod koji zadovoljava određenu društvenu potrebu. Da bi se i ovdje primijenio princip raspodjele prema radu, ovi elementi moraju predstavljati polaznu osnovu za stjecanje osobnog dohotka.

Budući da je svaki izum potpuno nov proizvod, njegova društvena korisnost mora se posebno ispitivati. Ekonomski pokazatelji ove korisnosti izraženi su osobito u porastu produktivnosti i dohotka. Oni i moraju činiti polaznu osnovu za određivanje udjela u raspodjeli sredstava za osobne dohotke. Ako primjena izuma ne utječe na povećanje dohotka, sredstva za osobne dohotke po toj osnovi nemaju se odakle osigurati.

Ali nijedan izum nije rezultat samo neposredno uloženog rada nego i prethodno akumuliranih saznanja i iskustva u određenoj djelatnosti. Progresivne promjene u nauci i tehnici uvijek se zasnivaju na prethodnim dostignućima. Zbog toga zasluga za te promjene ne pripada isključivo njihovim akterima. One nastaju kao rezultat intelektualnih napora koji se u progres ulažu u cijeloj historiji ljudskog društva.

Prema tome, ni ekonomski efekti primjene jednog izuma ne mogu pripadati samo njegovom autoru. To se praktično i ne događa, ali se udio autora u tim efektima najčešće određuje samo prema njihovoj veličini. Doprinos autora određen je, međutim, količinom uloženog rada kao i kod svakog proizvoda.

Prije svega, razina samih dostignuća koja prethode različitim izumima s istim ekonomskim efektima može biti veoma različita. Što je ta razina niža, doprinos autora je veći, i obratno. Otuda bi se zanemarivanjem prethodnih dostignuća raspodjela prema radu praktično isključivala. To upravo pokazuje da je nužno utvrditi koliko je rada stvarno uloženo u određeni izum.

Specifičnost je u tome što se količina uloženog rada mora posebno utvrđivati za svaki izum. Ali i ovdje se mora oslanjati na određene pokazatelje društveno potrebnog vremena, koji se mogu približno odrediti kao prosječno vrijeme za srodne izume. Klasifikacija izuma morala bi se vršiti prema svim parametrima koji bitno utječu na dužinu potrebnog vremena rada.

Inventivni rad ima nesumnjivo najviši stupanj složenosti, ali i ovdje postoje velike razlike između pojedinih vrsta izuma. Složenost bi, u stvari, morala predstavljati glavni parametar za klasifikaciju izuma, koji bitno utječe i na dužinu potrebnog vremena rada. A stupanj složenosti inventivnog rada u neposrednoj je korelaciji sa stupnjem progresivnosti izuma kao svog proizvoda. Što je izum progresivniji u smislu stvarnog unapređivanja nauke i tehnike, to je sam rad kojim se do njega dolazi složeniji. Tako se osigurava da stvarni doprinos razvoju nauke i tehnike, a ne samo neposredni ekonomski efekti, predstavlja jednu od osnovu raspodjele.

Korekcije po osnovi uvjeta rada, utroška sredstava i kvalitete moraju se, međutim, za svaki izum posebno utvrđivati jer ovi činioci mogu sasvim različito utjecati na količinu uloženog rada. Ovdje valja vršiti stručnu procjenu uvjeta pod kojima je određeni izum stvaran i veličine sredstava koja su se pri tome morala utrošiti. Pod kvalitetom izuma može se razumijevati stupanj njegove pripremljenosti za praktičnu upotrebu, pri čemu bi za osnovu trebalo uzimati potpunu pripremljenost.

Utvrđivanje i obračun osobnog dohotka

Da bi se obračunali osobni dohoci, neophodne su dvije osnovne veličine: broj ostvarenih jedinica prostog rada za svakog radnika i masa sredstava koja se raspodjeljuje na osobne dohotke. Iz ovih se veličina dobiva ukupni broj jedinica rada ostvarenih u osnovnoj organizaciji gdje se vrši obračun i veličina osobnog dohotka po jedinici rada.

Kad je poznata veličina osobnog dohotka po jedinici rada, visina osobnog dohotka za svakog radnika može se utvrditi pomoću obrasca za količinu rada. Količina tekućeg rada sadržanog u jedinici proizvoda utvrđuje se pomoću obrasca $R = K \cdot T \cdot Ku \cdot Ko \cdot Kk$. Kad je radnik uradio više jedinica istog proizvoda, onda se ovaj obrazac proširuje brojem ostvarenih jedinica, tako da glasi: $R = K \cdot T \cdot Ku \cdot Ko \cdot Kk \cdot Jp$. Ako je radnik radio na više vrsta proizvoda, količina ukupnog tekućeg rada dobija se zbrajanjem količina sadržanih u pojedinim proizvodima.

Tekućem radu se zatim dodaje minuli, i ako postoji, inventivni rad. Ukupna količina rada koju je pojedinac dao kao doprinos zajedničkom ostvarivanju dohotka, može se tako utvrditi pomoću obrasca $R = R_1 + R_2 + R_3 + \ldots \ldots + Mr + Ir$, gdje R_1, R_2 i R_3 znači količine rada što su uložene u različite vrste proizvoda, a Ir količinu inventivnog rada. Inventivni rad koji je radnik uložio u određeni izum, može se, zavisno od njegovog uticaja na povećanje dohotka, rasporediti na više obračunskih razdoblja.

Količina rada izražava se u odgovarajućim jedinicama mjere — satima ili minutama, koje se mogu označiti bodovima ili poenima. Veličina osobnog dohotka po jedinici rada dobiva se kad se masa sredstava za osobne dohotke podijeli s ukupnim brojem jedinica rada svih radnika u osnovnoj organizaciji. Visina osobnog dohotka radnika jednaka je proizvodu ove veličine i ukupne količine rada koja se u obračunskom razdoblju uzima za osnovu raspodjele. Ona se, prema tome, može izračunati pomoću obrasca:

$Od = (R_1 + R_2 + R_3 + \ldots + Mr + Ir) \cdot Jo$, gdje Od znači visinu osobnog dohotka, a Jo veličinu osobnog dohotka po jedinici rada. Ako je radnik radio samo na jednoj vrsti proizvoda, ovaj se obrazac svodi na slijedeći oblik:

$$Od = (K \cdot T \cdot Ku \cdot Ko \cdot Kk \cdot Jp + Ir) \cdot Jo.$$

Budući da osnovu osobnog dohotka čine ostvareni rezultati rada, njegov obračun i isplata mogu se vršiti samo unatrag. Normalno je da se obračunsko razdoblje poklapa s vremenom u kojem se sumiraju poslovni rezultati odnosno s poslovnom godinom. To je razdoblje za koje se utvrđuju ukupni rezultati rada kako pojedinih organizacija, tako i cijele društvene zajednice. S obzirom na to da veličina dohotka, pa i visina osobnih dohodaka ne zavise samo od rada pojedinaca i pojedinih organizacija nego i od rezultata rada koje postiže cijelo društvo, ova podudarnost u sumiranju poslovnih rezultata je nužna za konačni obračun.

Isplata osobnih dohodaka u dužim vremenskim intervalima mogla bi, međutim, otežavati proces reprodukcije, a da bi se ona vršila češće, nužno je da se i obračuni izrađuju u kraćim intervalima. U svakom slučaju, isplata osobnih dohodaka mora pratiti dinamiku ostvarivanja dohotka jer u suprotnom također može dovoditi do poremećaja u reprodukciji. To istovremeno podrazumijeva da se obračunska razdoblja u osnovi podudaraju s ciklusima ostvarivanja dohotka osnovne organizacije. Kako, međutim, dohodak osnovne organizacije zavisi i od ukupnih društvenih rezultata rada, ovi obračuni mogu imati samo privremeni karakter, a isplata osobnih dohodaka koja se na osnovi njih vrši, karakter akontacije.

Osnovu za obračun osobnog dohotka mora predstavljati doprinos koji je radnik u obračunskom razdoblju dao ostvarivanju ukupnog dohotka. Za egzaktno utvrđivanje ovog doprinosa prijeko je potrebna evidencija ostvarenih rezultata rada. A kako su oni istovremeno i osnova za stejecanje dohotka, moguća je u osnovi jedinstvena evidencija radnih i poslovnih rezultata organizacije.

Utvrđivanje individualnog doprinosa je najjednostavnije kad je on neposredno izražen u određenom proizvodu. I kad na istom proizvodu radi više radnika obavljajući različite operacije, njihovi doprinosi u jedinici tog proizvoda su konstantni ako je podjela rada ustaljena. Tada je doprinos pojedinca kvantitativno izražen u određenom dijelu zajedničkog proizvoda.

Specifično je utvrđivanje doprinosa koji se ne izražava neposredno u jednom proizvodu nego u zajedničkim rezultatima rada i poslovanja organizacije ili radne jedinice. Takvi su osobito organizatorski, operativno-tehnički i uslužni poslovi. Ovdje se doprinos pojedinca može utvrditi samo na osnovi vremena potrebnog za uspješno obavljanje posla u toku cijelog obračunskog razdoblja. Ako je za obavljanje određenog organizatorskog posla u toku obračunskog razdoblja potrebno, na primjer, 100 sati rada, onda se ovo vrijeme mora uzeti za osnovicu obračuna pod uvjetom da je posao uspješno obavljen.

Doprinos se utvrđuje na osnovi svih činilaca kojima je određen. Sam način utvrđivanja je, međutim, različit zbog različitog karaktera ovih činilaca. Bitno je da se po svim elementima utvrđivanje doprinosa vrši na osnovi objektivnih pokazatelja i da se na taj način maksimalno isključe proizvoljnost i subjektivizam.

Budući da je osnovica doprinosa tekućim radom određena složenošću rada i društveno potrebnim vremenom, ona se samoupravnim sporazumom udruženih radnika može unaprijed utvrditi kao relativna vrijednost jedinice proizvoda. Pomoću obrasca $R = KT$ može se izraditi tabela relativnih vrijednosti svih poslova koji se obavljaju u određenoj obračunskoj jedinici (osnovnoj organizaciji udruženog rada ili radnoj zajednici). Ako se vrsta rada označi sa Vr, jedinica rezultata rada sa Jr, koeficijent složenosti posla sa K, društveno potrebno vrijeme za stvaranje jedinice rezultata rada sa T, a relativna vrijednost jedinice rezultata rada sa Rv, onda bi tabela relativnih vrijednosti imala ovaj izgled:

Vr	Jr	K	T	Rv
x	a	1	2	2
y	b	2	3	6
z	c	3	4	12

Pomoću ove tabele svaki radnik može na temelju evidencije radnog učinka utvrditi, u osnovi, i vlastiti doprinos i doprinose drugih radnika. To je upravo jedna od bitnih pretpostavki samoupravnog utvrđivanja radnog doprinosa, koje podrazumijeva potpuno ovladavanje radnika tehnologijom raspodjele. Kada svatko može sam utvrditi doprinos svakoga, onda je potpuno isključena mogućnost međusobnog nepovjerenja s kojim je samoupravno sporazumijevanje nespojivo.

Takvo je ovladavanje raspodjelom moguće samo ako je ona toliko objektivizirana da isključuje svaki voluntarizam. To pored objektivnih mjerila raspodjele pretpostavlja i takvu evidenciju rada koja će i po svojoj jednostavnosti i po svojoj javnosti biti dostupna svakom radniku. Svatko mora imati uvid u radni učinak svakoga i u zajednički učinak sviju.

Glavna determinanta jednostavnosti evidencije rada sastoji se u tome što se evidentira samo radni učinak, a ne i sam proces rada. Budući da se radni doprinos mjeri količinom uloženog rada odnosno društveno potrebnim radnim vremenom, za njegovo je utvrđivanje sasvim irelevantno ponašanje radnika u toku rada. Evidencija o tome što je tko uradio dovoljna je i bez uvida u to kako je tko radio.

Evidencija učinka ne može se, međutim, ograničiti samo na opseg izvršenog posla. Ona mora obuhvatiti i ostale pokazatelje relevantne za utvrđivanje radnog doprinosa kao što su kvaliteta proizvoda, utrošak opredmećenog rada i uvjeti rada. Ovi pokazatelji nisu od značenja samo za raspodjelu već i za unapređenje ekonomije rada, pa i njihovo praćenje ima višestruku funkciju.

Budući da je kvaliteta bitna odrednica upotrebljivosti i razmjenljivosti proizvoda, ona mora fungirati i kao bitna pretpostavka raspodjele. Primjerci proizvoda koji ne ispunjavaju određeni standard kvalitete, ne mogu se uzimati za osnovu raspodjele jer i ne donose dohodak. Stanovita odstupanja mogla bi se tolerirati samo kad su neizbježna, i to isključivo kad su tolerantna i za korisnika.

Verifikaciju standardnosti kvalitete ne može obavljati sam proizvođač jer ona praktično nema značenja ako korisnik nije prihvatio proizvod. Smisao kontrole koja se obavlja u proizvodnji sastoji se u proizvodnoj kontroli kvaliteta. Zbog toga se doprinos po osnovi kvalitete može pouzdano utvrđivati tek pošto je korisnik prihvatio proizvod.

Postoje li tolerantna odstupanja od utvrđenih standarda, odgovarajuće korekcije pri utvrđivanju doprinosa mogu se vršiti samo na osnovi stručne procjene. Proizvoljno ocjenjivanje kvalitete dovodilo bi do nepravilnosti u korekcijama, koje bi predstavljale izvor nesporazuma i sukobljavanja među radnicima. U svakom slučaju, korekcije koje se obavljaju zbog odstupanja od standarda kvalitete moraju biti u korelaciji s varijacijama do kojih iz istog razloga dolazi u samom dohotku.

Korekcije koje se pri utvrđivanju doprinosa obavljaju po osnovi utroška opredmećenog rada moraju također biti u korelaciji s odstupanjima od utvrđenih standarda. Povećani trošak koji određeni radnik ili grupa radnika naprave zbog neracionalnog korištenja sredstava proizvodnje ne može ići na teret ostalih radnika. Ali i svaka ušteda koja u potrošnji opredmećenog rada ne ide na štetu kvalitete treba da pripadne onome tko je i pridonio njezinom ostvarenju.

Da bi se mogle vršiti odgovarajuće korekcije, mora se na svakom proizvodu pratiti utrošak opredmećenog rada. To je praktično nemoguće bez ustaljene evidencije ulaznih i izlaznih informacija i bez usporedbe stvarnih s potrebnim troškovima. Razlika između stvarnih i potrebnih troškova predstavlja sasvim egzaktnu osnovu za odgovarajuće korekcije pri utvrđivanju doprinosa, koja potpuno isključuje mogućnost eventualnih sporova.

Utjecaj uvjeta rada na radni doprinos relativno je najteže utvrditi, pa su stoga egzaktni pokazatelji tim neophodniji. Iz tog razloga on se mora stručno ispitivati kad god konkretni uvjeti rada odstupaju od normalnih uvjeta. Rezultati ispitivanja treba da pokažu u kojoj mjeri ta odstupanja objektivno utječu na varijacije u količini potrebnog rada.

Utvrđivanje doprinosa inventivnim radom pogotovu zahtijeva stručno ispitivanje. Da bi se takav doprinos makar i približno odredio, potreban je velik broj pokazatelja o ekonomskim efektima, složenosti rada, utrošku vremena i sredstava, uvjetima rada i kvaliteti izuma. Većima ovih pokazatelja stječe se već u toku stvaranja i praktične provjere izuma.

Utvrđivanje doprinosa minulim radom svodi se praktično na računsku operaciju jer se temelji na pokazateljima o sredstvima koja je radnik uložio u reprodukciju društvenih uvjeta rada. Ovi pokazatelji morali bi predstavljati predmet tekuće evidencije svake osnovne organizacije udruženog rada. Budući da se radi o sredstvima koja je radnik ulagao od zasnivanja radnog odnosa, evidencija treba da prati njegovo kretanje iz organizacije u organizaciju. Pri utvrđivanju doprinosa moraju se uzimati u obzir ukupna sredstva koja je radnik uložio u toku proteklog radnog vijeka.

Utvrđivanje radnog doprinosa ne svodi se, međutim, samo na njegovo objektivno određivanje. Objektivno dana veličina doprinosa mora biti i samoupravno potvrđena od strane udruženih radnika. Radnici tu veličinu treba zajednički da prihvate i utvrde kao osnovu udjela u raspodjeli. Time oni, u stvari, donose samoupravnu odluku o raspodjeli, na kojoj se i temelji obračun osobnog dohotka.

Postupak odlučivanja morao bi biti takav da omogućuje neposredno sudjelovanje svakoga radnika jer je potrebno da proces utvrđivanja radnog doprinosa počinje od najužih grupa i završava na razini cijele organizacije. Individualni doprinosi tekućim radom moraju se najprije odrediti unutar svake grupe radnika koja zajednički radi na određenom proizvodu ili dijelu proizvoda. Na razini radne jedinice mogu se dalje utvrđivati doprinosi pojedinih grupa, a na razini cijele organizacije doprinosi radnih jedinica.

Kad je raspodjela prema radu objektivizirana i kad se vrši po jedinstvenim osnovama i mjerilima, isključena je mogućnost da takvim načinom odlučivanja dolazi do prisvajanja tuđeg rada. Ako samoupravno utvrđeni individualni doprinos svakog radnika točno izražava količinu rada koju je uložio u zajednički proizvod, onda ne može dolaziti ni do slučajnog prelijevanja dohotka. Zbroj individualnih količina rada pojedinih radnika mora biti jednak ukupnoj količini rada cijele organizacije.

Obračun osobnih dohodaka mora biti jedinstven za cijelu osnovnu organizaciju jer je ona ne samo jedinstvena radna cjelina nego i nedjeljivi subjekt ostvarivanja dohotka. Budući da je dohodak osnovne organizacije rezultat zajedničkog rada udruženih radnika, njihovi osobni dohoci moraju podjednako zavisiti od ukupnog dohotka. To praktično znači da je veličina osobnog dohotka po jedinici rada uvijek ista za sve radnike osnovne organizacije, bez obzira na to što i pod kojim uvjetima rade.

Tehnologija mjerenja rada

Da bi se mogla vršiti raspodjela prema radu, sam rad se mora mjeriti. Za svaki posao koji se obavlja u određenoj organizaciji nužno je utvrditi količinu rada što se mora utrošiti po jedinici proizvoda. Bez toga se ne mogu odrediti relativne vrijednosti pojedinih jedinica, pa samim tim ni relativni doprinos radnika u stvaranju zajedničkog proizvoda.

Mjerenje rada ne počinje, međutim, s raspodjelom prema radu. Ono je nastalo još u kapitalizmu, ali s potpuno drugačijim ciljem. Ova razlika bitno utječe na karakter pa i na samu tehnologiju mjerenja, zbog čega se naslijeđena iskustva mogu koristiti samo uz temeljito kritičko preispitivanje.

Nije slučajno što se mjerenje rada pojavilo u vrijeme ubrzane mehanizacije proizvodnje. Ono je predstavljalo značajnu pretpostavku za ublažavanje sukoba do kojeg je sve više dolazilo između razvoja tehnike i kapitalističkog produkcionog odnosa. Savršenija tehnika mogla je davati odgovarajuće efekte samo pod uvjetom da se za to stvori i određeni interes radnika. Klasičnim metodama prisile bilo je sve teže osigurati ne samo potrebnu rentabilnost nego i samo održavanje nove tehnike.

Tejlorizam, koji se u takvim uvjetima pojavio pod firmom „naučnog upravljanja", predstavljao je nesumnjivo efikasno sredstvo da se kapitalistički produkcioni odnos održi i pri razvijenoj tehnici proizvodnje. Dovođenjem visine najamnine u zavisnost od individualnog učinka, kod radnika je stvorena stanovita zainteresiranost za njegovo povećanje. A da bi se stimulacija na taj način mogla ostvarivati, radni učinak se morao mjeriti. Mjerenje rada upravo je i nastalo iz potrebe za mjerenjem radnog učinka.

Mjerenje rada ovdje, međutim, nije bilo u funkciji raspodjele prema radu. Takva raspodjela uostalom nije ni bila moguća jer je nespojiva s kapitalističkim produkcionim odnosom. Osnovni smisao tejlorizma jest da se u jedinici radnog vremna iz radnika iscijedi što više rada. Povećanje najamnine samo je sredstvo da se radnik na to privoli. Ono je, uostalom, uvijek manje od povećanja samog učinka, koje za osnovni cilj ima povećanje profita, a ne poboljšanje životne egzistencije radnika.

Shodno tome, tejlorizam počiva na normiranju radnog učinka, i to uz postavljanje maksimalnih zahtjeva. Norma se ne određuje prema prosječnom, već u pravilu, prema najsposobnijem radniku. Da bi dobio povećanje najamnine, radnik mora postizati natprosječne rezultate. Tejlorizam je na taj način uspio potaknuti iscrpljujuću konkurenciju među radnicima, od koje nije zavisila jedino visina najamnine nego i samo zaposlenje.

Time je, u biti, određena i tehnologija mjerenja rada u kapitalizmu. Mjerenjem rada treba da se odredi najkraće vrijeme za koje se može obaviti neki posao, odnosno maksimalni učinak koji je moguće ostvariti za određeno radno vrijeme. Zbog toga se proces rada svodi samo na prijeko potrebne pokrete, koji pretpostavljaju maksimalne radne sposobnosti odnosno potpuno ovladavanje tehnologijom rada.

Ovdje, dakle, nije riječ o društveno potrebnom vremenu kojim je objektivno određena vrijednost proizvoda. U odnosima konkurencije kapitalistu društveno potrebno vrijeme ne odgovara kao osnova radne norme. Da bi se održao, on mora neprekidno težiti da njegovo vrijeme proizvodnje bude manje od vremena ostalih proizvođača. Ova težnja izražava se upravo u nastojanju da se maksimalizira radna norma i da se iz radnika izvuče što više rada.

Težnja za maksimalizacijom radne norme nastavlja se i u uvjetima etatističkog načina proizvodnje. Zahtjevi za realnošću normi ostali su praktično neostvareni jer su se sukobljavali s ambicijama administracije da se bez znatnijeg povećanja plaća postigne što veći učinak. Otuda je iza svakog osjetnijeg prebačaja normi slijedilo njihovo povećavanje, što je neizbježno vodilo zaoštravanju odnosa između radnika i administracije.

Radna norma tipičan je izraz najamnog odnosa. To je, u stvari, radni zadatak koji poslodavac postavlja pred radnika i koji ovaj mora izvršiti da bi odradio određenu najamninu. Ovdje se ne radi ni o kakvom sporazumu između radnika i poslodavca nego o svojevrsnom obliku prisile, koji u biti zadržava klasna obilježja. Razlika je samo u tome što se klasna prisila ovdje već počinje ispoljavati kao vlastita negacija. Međutim, potencijalna stimulativnost norme ipak predstavlja samo sredstvo kojim se posredno osigurava pokoravanje volji poslodavca.

Budući da se s uvođenjem društvenog vlasništva najamni odnos ukida, samim tim ukida se i normiranje radnog učinka od strane poslodavca. Visina osobnog dohotka određuje se prema veličini radnog učinka, a koliki će učinak pojedinac dati, to pri jednakim društvenim uvjetima rada zavisi prije svega od njegovih radnih sposobnosti. Time se u cijelosti ostvaruje socijalistički princip, po kojem svatko treba ne samo da dobiva prema radu nego i da daje prema sposobnostima.

Norma nikako ne može izraziti taj princip čak i kad bi se normiranje vršilo samoupravnim sporazumijevanjem udruženih radnika. Ona pred sve radnike postavlja jednake zahtjeve, bez obzira na razlike u njihovim individualnim sposobnostima. Ako se određuje prema maksimalnim sposobnostima, norma je za većinu radnika praktično neostvariva, dok bi njeno određivanje prema minimalnim sposobnostima omogućavalo da je većina redovno prebacuje. Ni u slučaju normiranja prema prosječnim sposobnostima, norma ne bi izražavala mogućnosti većine radnika. Da bi se to postiglo, bilo bi nužno ne samo da se norma određuje pojedinačno za svakog radnika nego i da se svakoga dana mijenja zavisno od toga kako se mijenjaju faktori što utječu na radne sposobnosti, uključujući i trenutno raspoloženje radnika. Ali time bi normiranje praktično izgubilo svoj smisao.

Pri raspodjeli prema radu normiranje praktično i nema nikakvog smisla. U najamnim odnosima norma se pojavljuje kao vanjski poticaj na veći radni učinak. Nasuprot tome, u slobodno udruženom radu veći učinak je rezultat slobodne odluke samoga radnika. Svatko radi koliko može i u raspodjeli dohotka sudjeluje prema tome koliko je doprinio njegovom stvaranju. Sloboda rada upravo se i sastoji u tome da svatko radi koliko sam želi.

Međutim, ako prestaje biti ograničena voljom poslodavca, sloboda rada u socijalizmu još ostaje ograničena prirodnom nuždom da se, radi reprodukcije života, mora raditi više nego što zahtjeva sam osjećaj potrebe za radom. Ova nužda djeluje kao unutarnji nagon za održanjem, iz kojeg i proistječe interes za većim učinkom. Proturječnost između rada kao nužde i rada kao zadovoljstva razrješava se sada osobnom odlukom samoga radnika.

Zbog toga smisao mjerenja rada u socijalizmu nije da se odredi veličina učinka koju radnik mora dati, nego da se utvrdi njegov udio u stvaranju zajedničkog proizvoda koji je dao po vlastitoj volji i prema vlastitim mogućnostima. To bitno određuje i razliku u tehnologiji mjerenja. Dok poslodavac pronalazi takvu tehnologiju kojom će osigurati maksimalizaciju norme, za raspodjelu prema radu sasvim je irelevantno koja će se količina rada uzeti za jedinicu mjere.

Radni doprinos mogao bi se mjeriti bilo kojom količinom rada. Za utvrđivanje relativnog odnosa između različitih količina rada koje se ulažu u zajednički proizvod, sasvim je svejedno da li će se za jedinicu mjere uzeti rad najjačeg, prosječnog ili najslabijeg intenziteta. Važno je samo da se mjeri uvijek istom mjerom. Ako je za isti posao kad se radi s najslabijim intenzitetom potrebno, na primjer, deseterostruko veće vrijeme nego kad se radi s najjačim intenzitetom, onda bi u slučaju da se mjerenje vrši radom najslabijeg intenziteta, jedinica mjere bila deset puta manja nego kad bi se mjerilo radom najjačeg intenziteta. A to je isto kao kad se dužina mjeri decimetrom umjesto metrom.

Pa ipak, mjerenje doprinosa se iz praktičnih razloga mora vršiti radom prosječnog intenziteta. Prije svega, prosječni se intenzitet, za razliku od najjačeg i najslabijeg, može egzaktno utvrđivati, što je nužan uvjet za njegovo objektiviziranje kao mjerila. Osim toga i odstupanja od prosjeka znatno su manja nego odstupanja od ekstrema, zbog čega je rad prosječnog intenziteta najprihvatljiviji kao mjera doprinosa.

Intenzitet rada označava količinu živog rada, odnosno količinu radne energije koju radnik utroši u jedinici vremena. Veći intenzitet rada znači, prema tome, veći, a manji intenzitet, manji utrošak radne energije. To pokazuje da se u istoj jedinici vremena mogu utrošiti različite količine živog rada, zbog čega se govori o različitom stupnju njegovog intenziteta.

Budući da intenzitet rada označava količinu radne energije utrošene u jedinici vremena, sasvim je razumljivo da on zavisi od sposobnosti radnika da taj utrošak ostvari. A ova sposobnost nije određena samo količinom energije kojom radnik raspolaže nego i motivacijom da je u procesu rada troši. Tejlorizam je nastojao da takvu motivaciju stvori time što je povećanje najamnine vezivao za radni učinak, ali uvijek u mjeri koja je osiguravala da od povećanog učinka kapitalist dobije znatno više nego radnik.

Veći utrošak radne energije daje, po pravilu, i veći radni učinak, koji je proporcionalan intenzitetu rada. Zavisno od stupnja intenziteta utrošenog rada, ostvaruje se u istoj jedinici vremena različit učinak. Zahvaljujući tome, intenzitet rada se pod određenim uvjetima može mjeriti količinom proizvoda odnosno brojem ostvarenih jedinica rezultata rada.

U stvari, rad prosječnog intenziteta služi kao mjera vrijednosti rezultata rada. Relativna vrijednost jedinice rezultata rada izražava se količinom rada prosječnog intenziteta. Zato natprosječni intenzitet daje veći, a potprosječni manji radni učinak. Ako je, na primjer, u jedinici mjere nekog proizvoda sadržan 1 sat rada prosječnog intenziteta, udvostručenjem intenziteta dobile bi se za isto vrijeme dvije takve jedinice.

S obzirom na to, razlike u intenzitetu rada mogu se izraziti i različitim individualnim vremenima koja pojedini radnici utroše u isti proizvod. Prosjek individualnih vremena označava, u stvari, prosječni intenzitet rada. Ako su, na primjer, individualna vremena različitih radnika 2, 3 i 4 sata, prosječno vrijeme je 3 sata, a ono kao mjera prosječnog rada određuje relativnu vrijednost proizvoda.

S istim intenzitetom rada postižu se, međutim, različiti rezultati ako je različit stupanj umješnosti radnika. Umješniji radnici s istim utroškom radne energije proizvode više od ostalih radnika. Razina produktivnosti iste količine rada varira prema stupnju radne umješnosti. Zbog toga prosječni intenzitet rada može služiti kao mjera vrijednosti samo pod uvjetom prosječne umješnosti.

Prosječna umješnost utvrđuje se na sličan način kao i prosječni intenzitet rada. Radnici različite umješnosti proizvode određeni proizvod s istim intenzitetom za različito vrijeme. Ako su individualna vremena 2, 3 i 4 sata, prosječno vrijeme od 3 sata izražava prosječni stupanj umješnosti, koji se uzima za pretpostavku prosječnog intenziteta rada kao mjere vrijednosti.

S obzirom na istovjetnost postupka, utvrđivanje prosječne umješnosti i prosječnog intenziteta rada može se vršiti istovremeno. U tom slučaju uzorak na kojem se utvrđuje prosječni intenzitet rada mora obuhvatiti radnike koji se razlikuju kako po stupnju intenzivnosti rada tako i po stupnju umješnosti. Ovo je utoliko lakše postići što intenzivnost rada i umješnost nisu u međusobnoj korelaciji. Umješniji radnici mogu raditi i brže i sporije od neumješnijih.

Međutim, količina rada koju treba uložiti u jedinicu proizvoda ne zavisi samo od umješnosti radnika nego i od objektivnih uvjeta rada, osobito od razvijenosti tehnike i tehnologije. Pri povoljnijim uvjetima isti radnik s istim utroškom živog rada daje veći učinak. Zbog toga se prosječni intenzitet rada mora utvrđivati i pod jednakim objektivnim uvjetima, koji se u postojećim društvenim okolnostima mogu smatrati normalnim.

Normalni uvjeti rada su, u stvari, preovladavajući objektivni uvjeti. Pri njima se uz prosječnu umješnost radnika troši približno jednaka količina rada po jedinici proizvoda. Kako odstupanja od takvih uvjeta dovode do smanjenja ili povećanja potrebne količine rada, te varijacije moraju se posebno utvrđivati, što se za sva relativno trajna odstupanja može unaprijed učiniti.

Objektivni uvjeti rada se, i pojedinačno i u globalu, neprekidno mijenjaju. To čini da uvjeti koji su jednom vrijedili kao normalni postaju nenormalni, i obratno. Dugoročni trend ovih promjena vodi stalnom poboljšavanju objektivnih uvjeta, koji utječu na smanjivanje potrebnog rada po jedinici proizvoda. Zbog toga jednom utvrđeni normativi potrebnog radnog vremena ne mogu vrijediti neograničeno. Oni se, zavisno od promjena u objektivnim uvjetima rada, također moraju mijenjati.

Pod potrebnim radnim vremenom treba razumjeti cjelokupno vrijeme trajanja radnog procesa, od pripremne do završne faze. Nužno je, međutim, da se radni proces precizno definira, tako da se isključe moguće suvišne operacije koje po svojem sadržaju ne predstavljaju svrsishodan rad. U takve operacije svakako nc spadaju priprema i zaključivanje procesa neposrednog stvaranja upotrebne vrijednosti (izrade proizvoda) jer su to, u stvari, nužne faze radnog procesa. Ali kako se priprema i zaključivanje procesa neposrednog stvaranja proizvoda često obavljaju za cijelu seriju, vrijeme njihovog trajanja mora se dijeliti brojem jedinica proizvoda izbačenih u jednoj seriji.

U procesu rada redovno dolazi do prekida koji su uvjetovani fiziološkim potrebama radnika. Pri određivanju radnih normi ovi se prekidi moraju uzimati u obzir jer se određuje učinak koji radnik mora ostvariti u toku radnog dana, tjedna ili mjeseca. Pri tome se za sve radnike, a često i za sve poslove određuje ista dužina prekida bez obzira na stvarne potrebe. Istina, ova je istovjetnost često uvjetovana i tehnologijom rada, ali je ona svojstvena samoj prirodi normiranja, koje ne može uzimati u obzir raznovrsnost individualnih potreba i mogućnosti.

Za samo mjerenje rada prekidi radnog procesa su, međutim, potpuno irelevantni jer se za njihova trajanja ne obavlja nikakav rad. Oni se upravo i prave radi odmora i obavljanja ostalih fizioloških potreba radnika. Zato se vrijeme trajanja takvih prekida nikako ne može uključiti u potrebno **radno** vrijeme. S obzirom na to, oni nemaju nikakvog utjecaja ni na relativne odnose između količina rada sadržanih u jedinicama različitih proizvoda.

Zbog toga ni za samu raspodjelu prema radu nema značenja dužina prekida do kojih dolazi u toku trajanja radnog procesa. Takva raspodjela ne samo što omogućuje nego i pretpostavlja da ovi prekidi različito traju, zavisno od karaktera rada i individualnih potreba radnika. Doprinos prema mogućnostima podrazumijeva, pored ostalog, i uzimanje u obzir razlika u mogućnostima kontinuiranog naprezanja radnika, pa prema tome i potrebe njegovog odmaranja u procesu rada. Različito vrijeme za predah potrebno je kako različitim radnicima na istom poslu, tako i istom radniku na različitim poslovima. Ako ne remeti tehnologiju i organizaciju rada, takva različitost može samo doprinositi povećanju radnog učinka, ali se tehnologija i organizacija rada upravo i razvijaju u pravcu koji sve više omogućuje diferencirano prilagođavanje dinamike radnog procesa stvarnim sposobnostima radnika.

Ako se isključe prekidi, radni se proces sastoji od manjeg ili većeg broja radnih operacija koje su određenim kontinuitetom povezane u jedinstvenu cjelinu. Proces neposrednog stvaranja upotrebne vrijednosti dio je radnog procesa sastavljenog od operacija koje se obavljaju na samom predmetu rada. To je, u stvari, osnovni dio radnog procesa jer su ostali dijelovi (pripremni i završni) u njegovoj funkciji.

Vrijeme trajanja radnog procesa ne podudara se, međutim, s vremenom trajanja radnih operacija. Između radnih operacija nalaze se tehnološki prijelazi s različitim vremenom trajanja. Pri prelasku s jedne operacije na drugu protekne određeno vrijeme, koje ne znači prekid radnog procesa jer se u njemu obavljaju određeni svrsishodni pokreti bez kojih se ne može pristupiti novoj operaciji. Ovi pokreti podrazumijevaju svrsishodno trošenje radne energije, zbog čega se nikako ne mogu isključiti iz radnog procesa.

Radni proces sastavljen je, prema tome, od dviju vrsta elemenata: radnih operacija i međuoperacija. Otuda se i radno vrijeme sastoji od vremena trajanja radnih operacija i vremena trajanja međuoperacija, što bi se moglo izraziti formulom: $T = To + Tm$. Vrijeme trajanja međuoperacija može se tehnološki skraćivati kao što se skraćuje i vreme samih operacija, ali se praktično ne može ukinuti.

Radne operacije mogu se u jedinstveni proces rada povezivati na dva načina: sukcesivno i simultano. U prvom slučaju one se nastavljaju jedna na drugu, dok se u drugom slučaju preklapaju u tom smislu što se, djelomično ili u cjelini, obavljaju istovremeno. A ukoliko se vrši takvo preklapanje pojedinih operacija koje zahtijeva multiplicirano naprezanje radnika, vrijeme trajanja svake operacije mora se prilikom mjerenja posebno računati. Ako je u tehnološkom procesu izvršena takva racionalizacija da se, na primjer, dvije operacije koje su ranije obavljane sukcesivno sada obavljaju istovremeno, a

62

ukupni utrošak radne energije radnika je ostao nepromijenjen, obračunsko vrijeme trajanja tih operacija ne može se smanjiti iako je tehnološko vrijeme skraćeno.

Pri normiranju se, međutim, racionalizacije na račun opterećenja žive radne snage često izjednačavaju s racionalizacijama do kojih se dolazi usavršavanjem tehnike. To je jedna od metoda istjerivanja natprosječnih normi, koja osigurava da se za istu najamninu iz radnika iscijedi što više rada. Kad se naime sukcesivne operacije pretvore u simultane, intenzitet rada automatski se multiplicira.

Sličan efekt postiže se i zanemarivanjem međuoperacija. Tome osobito pogoduje metoda unaprijed određenih vremena, koja se sastoji u kombiniranju standardnih vremena za pojedine operacije i elemente rada od kojih se sastoje same operacije. Pri kombiniranju često se zanemaruju ne samo međuoperacije nego i prijelazni intervali između pojedinih pokreta u sastavu iste operacije, koji su kod različitih poslova različite dužine, te se i ne mogu standardizirati kao zajednički elementi. Tako se vrijeme trajanja radnog procesa umjetno skraćuje, čime se norma automatski podiže iznad prosjeka.

Da bi se utvrdilo stvarno vrijeme trajanja radnog procesa, on se mora snimati u svom prirodnom kontinuitetu. To ne znači da i samo snimanje mora biti kontinuirano i da se ne mogu koristiti različite metode i sredstva da se dođe do ukupnog vremena. Važno je samo da se obuhvate svi elementi radnog procesa u njihovom normalnom trajanju.

Ako se proizvodi serijski, najbolje je da se snima trajanje radnog procesa cijele serije jer i u samoj seriji dinamika rada može biti različita. U tom slučaju radno vrijeme za jedinicu proizvoda dobiva se kad se dužina radnog procesa serije podijeli brojem jedinica u seriji. Ako se priprema i zaključivanje radnog procesa odnose samo na seriju koja se snima, oni se pri utvrđivanju vremena za jedinicu proizvoda ne moraju izdvajati iz radnog procesa jer se vrijeme njihovog trajanja i pri dijeljenju globalnog vremena serije podjednako raspodjeljuje na pojedine jedinice.

Za razliku od serijske proizvodnje, kod upotrebnih vrijednosti gdje se stvaranje jedinice rezultata rada vrši u odvojenim fazama, i snimanje se mora vršiti po fazama. Tada se vrijeme za jedinicu rezultata rada dobiva zbrajanjem vremena pojedinih faza. Ovdje često svaka faza ima svoj pripremni i završni dio, tako da se u tom pogledu sama za sebe pojavljuje kao cjelovit radni proces.

Da bi se dobilo društveno potrebno vrijeme, mora se obavljati snimanje po svim modalitetima iz odabranog uzorka. Ono se izračunava kao prosjek individualnih vremena za pojedine modalitete. Ako se vremena pojedinih modaliteta označe sa Ta, Tb, Tc, itd. a ukupni broj modaliteta sa n, onda se društveno potrebno vrijeme T za određenu jedinicu rezultata rada može izračunati pomoću obrasca:

$$T = \frac{Ta + Tb + Tc + \ldots}{n}$$

Tako dobiveno vrijeme označava relativnu vrijednost svih primjeraka dotičnog proizvoda koji su proizvedeni pod približno jednakim objektivnim uvjetima, bez obzira na to kolika su u njih utrošena individualna vremena. Prosječno vrijeme od 3 sata, na primjer, označava relativnu vrijednost primjerka u koji je utrošeno 4 sata isto kao i primjerka čija je proizvodnja trajala 2 sata. U oba primjerka uložena je, u stvari, ista količina **prosječnog** rada u trajanju od 3 sata.

Prosječno vrijeme za koje se proizvede jedinica proizvoda može se označiti kao **normativ živog rada.** Pri raspodjeli prema radu ono ne predstavlja vrijeme za koje se mora obaviti posao, nego služi isključivo za određivanje radnog doprinosa. Jer ovdje svatko radi prema svojim mogućnostima, a u raspodjeli sudjeluje zavisno od količine uloženog rada, koja se mjeri prosječnim radnim vremenom.

Određivanju radnog doprinosa služe i **normativi opredmećenog rada.** U toku radnog procesa troše se oruđa za rad, sirovine, energija, pomoćne materije i druga sredstva proizvodnje. Ako su ostali uvjeti jednaki, njihov utrošak varira prema individualnim sposobnostima radnika. Umješniji radnici trošit će manje, a neumješniji više opredmećenog rada po jedinici proizvoda. Iz istog razloga kao kod mjerenja živog rada, i ovdje se za jedinicu mjere mora uzeti prosječni utrošak.

Na osnovi prosječnog utroška se i određuju normativi opredmećenog rada. Za svaku vrstu posla utvrđuje se količina sirovine, energije, pomoćnih materija, fizičkog rabaćenja oruđa za rad i drugih sredstava proizvodnje koja prosječni radnik mora utrošiti da bi stvorio odgovarajući proizvod. Tako se dobiva ukupna količina opredmećenog rada sadržanog u jedinici proizvoda.

To je, u stvari, minuli rad koji se tekućim radom prenosi na nov proizvod. Ako je utrošak veći od prosjeka, razlika se gubi unepovrat, a kad je manji, stvara se ušteda koja donosi povećanje dohotka. Dijeljenjem utrošenog rada potrebnim (prosječnim) utroškom dobiva se koeficijent utroška, kojim se korigira osnovni obrazac za utvrđivanje visine osobnog dohotka.

Na utrošak opredmećenog rada još i više nego na utrošak tekućeg rada utječu objektivni uvjeti, u koje spada i sam opredmećeni rad. Zbog toga se i normativi opredmećenog rada moraju diferencirati prema objektivnim uvjetima i prije svega prema vrsti i kvalitetu sirovina, energije i oruđa rada. Time se svi radnici objektivno stavljaju u položaj da prema svojim mogućnostima doprinose racionalnom korištenju opredmećenog rada.

Količina opredmećenog rada koja se mora utrošiti ne zavisi samo od kvantitete nego i od kvalitete proizvoda. Zbog toga se ona može egzaktno mjeriti tek kada je prethodno utvrđena kvaliteta, a kvaliteta zavisi od namjene proizvoda koja je određena potrebom korisnika. Potrebe su, u stvari, izvorno odredište i količine i kvalitete proizvoda koje ljudi svojim radom stvaraju. Njima je, u osnovi, određena količina i živog i opredmećenog rada koji se mora utrošiti u razne proizvode da bi se zadovoljile. Zbog toga mjerenje rada mora za pretpostavku imati neposredno ispitivanje potreba.

Između kvantitete i kvalitete proizvoda i količine živog i opredmećenog rada nužnog za njegovo stvaranje postoji određeno dijalektičko jedinstvo, od kojeg se mora polaziti pri određivanju jedinice proizvoda. Da bi se mogli utvrditi normativi živog i opredmećenog rada, jedinica proizvoda mora predstavljati jedinstvenu cjelinu u pogledu kvantitete i kvalitete, što je istovremeno i uvjet da posjeduje određenu upotrebnu vrijednost kojom se može zadovoljiti odgovarajuća proizvodna ili životna potreba.

Za utvrđivanje radnog doprinosa i za samu raspodjelu dohotka je nužno da jedinica proizvoda odnosno rezultata (bilo kojeg) rada bude potpuno definirana u pogledu kvantitete, kvalitete i količine uloženog rada. To podrazumijeva da su za svaku vrstu proizvoda i dijela proizvoda ili usluge određeni: a) kvalitativna svojstva koja mora posjedovati, tj. normativ kvalitete; b) normativ živog rada i c) normativ opredmećenog rada.

Normativi kvalitete, živog i opredmećenog rada osnova su za utvrđivanje odgovarajućih standarda, čije važenje ima određenu prostornu i vremensku dimenziju. Da bi se raspodjela prema radu dosljedno ostvarivala, prijeko su potrebni jedinstveni standardi ne samo za obračunsku jedinicu (osnovnu organizaciju udruženog rada) nego i za cijelu društvenu zajednicu. Količina rada što je potrebna da se pod jednakim uvjetima stvori jedinica proizvoda iste kvalitete, objektivno se i ne može razlikovati u različitim sredinama.

Kao što prostorno vrijede, u općedruštvenim razmjerima, standardi i vremenski treba trajno da vrijede sve dok se ne promijene objektivni uvjeti. Kao objektivna mjerila rada, oni se pri neizmijenjenim objektivnim uvjetima, u stvari, i ne mogu mijenjati. Moguće je samo preispitivanje njihove objektivnosti.

Objektivnost normativa rada osnovni je uvjet za njihovo pretvaranje u samoupravno dogovorene standarde. U samoupravno udruženom radu mjerila raspodjele ne mogu se nametati, jer je najamni odnos ukinut. Budući da se radnici sada samoupravno sporazumijevaju, do sporazuma može doći samo ako standardi predstavljaju objektivna mjerila kojima se svi radnici stavljaju u jednak položaj da u raspodjeli sudjeluju prema količini uloženog rada.

Standarde rada treba zajednički da usvajaju proizvođači i korisnici proizvoda. Kako su količina i kvaliteta proizvoda objektivno određeni potrebama potrošača, proizvođač o njima ne može jednostrano odlučivati. On to nikada nije ni činio osim kad je proizvodio za vlastite potrebe. Ali dok pri tržišnoj razmjeni mora proizvoditi robu koja se traži na tržištu, pri neposrednoj razmjeni rada proizvođač mora da se samoupravno dogovara s potrošačem.

Potrebnu količinu i kvalitetu proizvoda koje traži potrošač proizvođač može dati samo ako uloži odgovarajuću količinu rada. Za to on u cijeni proizvoda mora dobiti ekvivalentnu naknadu, ali takvu naknadu u obliku konkretnog rada uloženog u proizvod zahtijeva i potrošač. Takva se razmjena može ostvarivati samo ravnopravnim sporazumijevanjem proizvođača i potrošača. I jedan i drugi moraju biti sigurni da neposrednom razmjenom dobivaju ekvivalentnu vrijednost, što praktično nije bez objektivnih mjerila rada.

IV

KORIŠTENJE OSOBNOG DOHOTKA

Historijska geneza reprodukcije života

Cjelokupna aktivnost čovjeka sastoji se u biti u reprodukciji života. Sve što radi, čovjek, u krajnjoj liniji, radi s ciljem da osigura i unaprijedi vlastitu egzistenciju. Taj motiv čini pokretačku snagu cjelokupnog razvoja ljudskog društva. Ono što nije mogao postići kao pojedinac, čovjek je postizao u zajednici s drugim ljudima. To je najevidentnije izraženo u prvobitnoj zajednici, čija je aktivnost najneposrednije podređena održanju gole egzistencije.

Reprodukcija života osniva se na svojevrsnoj razmjeni materije. Da bi se održao u životu, čovjek kao i svako živo biće mora određene materije iz prirode uzimati u jednom i vraćati ih u drugom obliku. Specifičnost je u tome što on ove materije ne uzima u njihovom prirodnom obliku nego ih oblikuje prema vlastitim potrebama. Zbog toga je mogućnost reprodukcije čovjekova života bitno određena njegovim mogućnostima da reproducira potrebna životna sredstva.

Postoji, međutim, i obrnuta zavisnost. Da bi mogao stvarati, čovjek mora prije svega živjeti. I ne samo što način ljudskog života zavisi od mogućnosti stvaranja nego su i mogućnosti stvaranja određene načinom života. U razrješavanju ove proturječnosti protječe čitavo prijelazno razdoblje iz carstva nužnosti u carstvo ljudske slobode. Neograničenim mogućnostima stvaranja odgovarat će potpuno slobodni način življenja kao što je u početku gotovo potpuna odsutnost slobode življenja bila najneposrednije povezana s krajnje ograničenim mogućnostima stvaranja.

Reprodukcija ljudskog života izražena je u zadovoljavanju određenih životnih potreba, koje su dvojake prirode. Dok jedne označavaju fiziološko-nagonske prohtjeve bez kojih se živi organizam ne bi mogao održati, druge imaju intelektualno-voljni, to jest specifično ljudski karakter. Po načinu zadovoljavanja sve se, međutim, bitno razlikuju od potreba ostalih živih bića jer za pretpostavku imaju svrsishodan ljudski rad. Zbog toga rad kao opći uvjet reprodukcije životnih sredstava predstavlja istovremeno nužan uvjet reprodukcije samog života.

Produktivnošću rada određeni su stupanj i način zadovoljavanja životnih potreba. A kako produktivnost zavisi od razvijenosti proizvodnih snaga i produkcionih odnosa društva, historijska geneza reprodukcije života osnovana je na promjenama u društvenom karakteru rada. Proces unapređivanja ljudskog rada je po sebi temelj unapređivanja uvjeta ljudske egzistencije.

Reprodukcija ljudskog života je do nastanka socijalizma prošla dvije karakteristične faze. U uvjetima niske produktivnosti prvobitne zajednice, ona je imala uglavnom fiziološki karakter. Mogućnosti reprodukcije životnih sredstava kretale su se u granicama fizioloških potreba, zbog čega je duhovni život bio sasvim nerazvijen. Napredak se sastojao, prije svega, u sve potpunijem i raznovrsnijem zadovoljavanju samih fizioloških potreba.

Takav napredak bio je moguć zahvaljujući upravo tome što je čovjek svoja životna sredstva sve više sam stvarao. Svojim radom on je ta sredstva mogao proizvoditi i u većoj količini i u prikladnijem obliku nego što ih je pružala sama priroda. Na taj se način i zadovoljavanje fizioloških potreba sve više produhovljavalo. Pronalazak i početak korištenja vatre izazvao je revoluciju i u načinu same upotrebe životnih sredstava. Prelazak sa sirove na pečenu i kuhanu hranu nesumnjivo je jedan od najvećih historijskih događaja za čovjeka.

Ali sve dok se reprodukcija životnih sredstava kretala u granicama fizioloških potreba, i njihovo zadovoljavanje se kretalo u granicama određenog životnog minimuma. To je u uvjetima zajedničkog pribavljanja životnih sredstava utjecalo na odgovarajuću jednakost u zadovoljavanju životnih potreba. Pojedinac se mogao održati samo u zajednici, a zajednica se sastojala od pojedinaca. Zbog toga se podmirivanje životnih potreba ispoljavalo istovremeno i kao individualni i kao zajednički interes. Iako u začetku, ovdje se već nazirala podudarnost osobnog i društvenog interesa.

Jednakost je ovdje, međutim, predstavljala prirodnu nuždu. Budući da su životna sredstva jedva dosezala i za podmirenje fiziološkog minimuma, ona su se prema tom minimumu morala i dijeliti kako bi se svi održali u životu. Jednakost se sastojala upravo u tome što je svakome osiguravan nužni minimum egzistencije, iznad kojeg ništa nije preticalo što bi omogućavalo da se takva jednakost naruši.

Čim se počeo stvarati određeni višak iznad fiziološkog minimuma, stvoreni su uvjeti da se zadovoljavanje životnih potreba proširi i na duhovnu sferu. Ali zbog svoje ograničenosti, taj je višak mogao podmiriti samo prohtijeve manjeg broja ljudi. Otuda je i nastala borba za njegovo prisvajanje. Tko je njime raspolagao, imao je mogućnosti za optimalno zadovoljavanje ne samo fizioloških nego i duhovnih potreba.

Budući da je cjelokupni višak proizvoda prisvajala vladajuća klasa, proizvođač je i dalje ostao na fiziološkom minimumu egzistencije. Izobilje neznatne manjine osiguravano je tako na račun golog egzistiranja ogromne većine društva. Klasna polarizacija koja je s nastankom privatnog vlasništva stvorena u proizvodnji životnih sredstava, imala je za rezultat odgovarajuću polarizaciju u njihovoj potrošnji, a time i u cjelokupnom načinu života. Životarenje većine koja radi postalo je uvjet uživanja manjine koja gospodari rezultatima rada.

Socijalizam vodi ukidanju ove polarizacije. Temelji nejednakosti u zadovoljavanju životnih potreba počinju se objektivno potkopavati već u kapitalizmu. Razvoj tehnike i tehnologije proizvodnje sve više zahtijeva takvo osposobljavanje proizvođača koje zadovoljavanje životnih potreba nužno proširuje na duhovnu sferu. Da bi rukovao složenim aparatima, radnik mora ne samo stjecati odgovarajuća znanja već zadovoljavati i mnoge druge duhovne potrebe, čime se automatski podiže neophodni minimum njegove egzistencije.

Ukidanjem podjele na proizvođače i upravljače socijalizam uspostavlja temelje društvene jednakosti uključujući i jednakost u zadovoljavanju životnih potreba. Ali ovdje se više ne radi o jednakosti na razini fiziološkog minimuma egzistencije, nego o slobodnom zadovoljavanju ukupnih potreba svestrano razvijene ličnosti. Sasvim je razumljivo da se ovakva jednakost ne može uspostaviti odjednom, zbog čega socijalizam i predstavlja cijelu epohu koja označava postupno savladavanje društvenih nejednakosti. Potpuna jednakost nije, prema tome, odlika već historijski cilj socijalizma kao društvenog procesa.

Klasno društvo nije, međutim, značilo apsolutnu negaciju jednakosti. Njegovu odliku čini nejednakost među samim klasama, a ne i među pripadnicima iste klase. Budući da se život pripadnika potlačene klase održavao na fiziološkom minimumu, on se nije ni mogao mnogo razlikovati. Otuda je u nerazvijenim kapitalističkim zemljama nakon obaranja klasnog poretka bilo relativno lako uspostaviti takozvani administrativni komunizam. Do velikih razlika nije moglo dolaziti ni unutar vladajuće klase. Kapitalist je, na primjer, bankrotirao čim je konkurentna sposobnost njegovog kapitala padala ispod određenog minimuma kao što je plemić bukvalno odbacivan od svog staleža kad se po načinu života spuštao ispod određene razine.

To samo potvrđuje da je tendencija za ujednačavanjem uvjeta egzistencije u prirodi ljudske zajednice. Iako je značilo negaciju jednakosti koja je vladala u prvobitnoj zajednici, klasno društvo predstavlja nezaobilazni put do najvišeg stupnja društvene jednakosti u razvijenoj komunističkoj zajednici. Od jednakosti u bijedi do jednakosti u izobilju nije se moglo stići bez prisvajanja i koncentracije društvenog bogatstva u rukama manjeg dijela društva.

Zbog toga čitav razvoj klasnog društva protječe u znaku sukoba tendencija jednakosti i nejednakosti. Činjenica da se dominacija klasne nejednakosti ne može održati bez prisile nad društvom, samo svjedoči o njenoj nespojivosti s prirodom slobodne ljudske zajednice i slobodne reprodukcije ljudske egzistencije. Ali da bi se utjelovilo u vlastitu bit ljudsko društvo poput svakog živog organizma mora doživjeti porođajne grčeve. Ako je prvobitnu jednakost ljudske egzistencije nametnula priroda, prisila pod kojom se održava klasna nejednakost predstavlja tvorevinu samog društva. Klasni sukobi zaista se mogu označiti kao svojevrsni porođajni grčevi kojima se ljudsko društvo samo istrzalo iz utrobe prirode.

Ukidanjem klasnih nejednakosti socijalizam postupno ukida društvene nejednakosti uopće. Sa stvaranjem izobilja životnih sredstava postaje suvišan aparat društvene prisile koji je u uvjetima relativne oskudice tih sredstava bdio nad njihovom raspodjelom. S raspodjelom prema radu se osnova za diferencijaciju uvjeta života sve više svodi na individualne razlike u radnim sposobnostima dok sa stvaranjem izobilja životnih sredstava ne iščezne svaka razlika u mogućnostima zadovoljavanja životnih potreba.

U početku su ljudi gotovo sve životne potrebe zadovoljavali zajednički kao što su zajednički i dolazili do životnih sredstava. Takvo zajedništvo nije, međutim, predstavljalo rezultat slobodne volje ljudi, nego je proistjecalo iz prirodne nužde kojoj su se slijepo pokoravali. Sam način pribavljanja životnih sredstava objektivno nije omogućavao da se životne potrebe zadovoljavaju individualno. Otuda nije bilo mjesta ni za individualno raspolaganje tim sredstvima.

Čim je počelo individualno osiguravanje životnih sredstava, stvorene su osnovne pretpostavke i za individualno zadovoljavanje životnih potreba. Takav način života karakterizira cijelo klasno društvo. Od trenutka kada je on postao moguć, nastala je opća borba za individualnu raspodjelu društvenog bogatstva i za individualno prisvajanje životnih sredstava. Svatko je nastojao da za sebe osigura što povoljnije uvjete života nezavisno od toga koliko je pridonio njihovom stvaranju i nezavisno od uvjeta života drugih ljudi.

Individualni način osiguravanja i korištenja životnih sredstava čini da klasno društvo egzistira kao skup osamljenih i egocentričnih individua, koje samo neka vanjska sila drži na okupu. I samo zajedništvo klasnih interesa ovdje se pojavljuje kao nešto što je izvana nametnuto od strane protivničke klase. Ono što stvarno vezuje pripadnike iste klase i nije nekakvo zajedničko zadovoljavanje životnih potreba, nego zajednička borba za promjenu ili očuvanje postojećeg društvenog položaja. Sile koje ljude čine zavisnim jedne od drugih zaista djeluju nevidljivo kao da nisu proizvod njihovog vlastitog djelovanja.

Socijalizam u svakom pogledu označava proces prevladavanja individualnog načina života. Ukoliko se razvija zajednički način proizvodnje životnih sredstava, utoliko i zajedničko zadovoljavanje životnih potreba postaje sve neophodnije. Ova neophodnost se, međutim, ovdje ne ispoljava kao nužda koja je ljudima izvana nametnuta, nego kao njihova unutarnja potreba. Radi se, u stvari, o promjeni samoga karaktera ljudskih potreba u smislu njihove sve veće socijalizacije, tako da zajedničko zadovoljavanje postaje njihovo imanentno obilježje.

U početku nastajanja ljudske zajednice nije bilo nikakvog posredovanja u zadovoljavanju životnih potreba. Svaka horda je upotrebljavala ona životna sredstva do kojih je sama dolazila. Za nekakvu razmjenu upotrebnih dobara nije bilo ni mogućnosti ni potrebe jer je svatko iz prirode pribavljao samo ono što je za njega bilo neposredno upotrebljivo.

Nasuprot tome, razmjena upotrebnih dobara postala je nužna čim se počeo stvarati višak proizvoda, s čime je neizbježno došla i društvena podjela rada. Kao sredstvo razmjene, novac je postepeno postajao glavno sredstvo posredovanja u pribavljanju životnih sredstava. Da bi ga se dokopali, ljudi su upotrebne vrijednosti sve manje proizvodili za sebe, a sve više za druge jer su pomoću novca mogli doći do bilo koje upotrebne vrijednosti. Novac je tako u svijetu robne proizvodnje postao glavno sredstvo egzistencije iako sam po sebi nema nikakve upotrebne vrijednosti.

Kao društveni proces koji postupno vodi ukidanju robne proizvodnje, socijalizam istovremeno znači i prevladavanje svakog posredovanja u zadovoljavanju životnih potreba. Razmjenu upotrebnih vrijednosti posredstvom novca sve više zamjenjuje neposredna razmjena rada, tako da se rad u jednom obliku direktno razmjenjuje za rad u drugom obliku. U uvjetima izobilja životnih sredstava nestaje, međutim, potreba za bilo kakvom razmjenom. Zadovoljavanje životnih potreba se ponovo vrši u neposrednom obliku, ali s mogućnostima potpuno slobodnog izbora životnih sredstava. Ako u početku posredovanje putem razmjene upotrebnih dobara još nije bilo moguće, sada je ono već postalo nepotrebno.

Karakter životnih potreba u socijalizmu i korištenje osobnog dohotka

Socijalizam se u pogledu reprodukcije života odlikuje, prije svega, time što ukida naslijeđene klasne razlike. Najznačajniju promjenu čini prevladavanje podvojenosti društva u zadovoljavanju fizioloških i duhovnih potreba. Reprodukcija proizvođača proširuje se i na zadovoljavanje duhovnih potreba, čime se automatski napušta fiziološki minimum egzistencije, koji je u klasnom društvu označavao donju granicu koštanja radne snage.

Međutim, da bi svi mogli zadovoljavati i fiziološke i duhovne potrebe, društvo mora biti sposobno da stvara odgovarajuću masu upotrebnih vrijednosti kojom će se osigurati njihovo podmirivanje. To što nije bilo takve sposobnosti, doprinosilo je da se i nakon ukidanja eksploatatorskih klasa ponovo reproducira društvena podvojenost u načinu života. Ulogu distributera životnih sredstava preuzimala je država, pa je višak iznad fiziološkog minimuma egzistencije odlazio prvenstveno na zadovoljavanje potreba birokracije.

To je imalo za posljedicu da su, s općedruštvenog stanovišta, stvarane određene anomalije u reprodukciji uvjeta egzistencije. Sredstva za podmirivanje duhovnih potreba koncentrirana su tamo gdje je bio koncentriran državni aparat, što je utjecalo i na određivanje prioriteta u reprodukciji životnih sredstava. Raskošna zdanja koja birokraciji služe da se po načinu života uzdigne na razinu vladajuće elite, podizana su prije objekata za podmirenje elementarnih potreba radnika.

Takve anomalije nisu moguće u jednom samoupravnom društvu gdje interes većine igra odlučujuću ulogu. Sasvim je sigurno da će se u uvjetima kada o reprodukciji života svi ravnopravno odlučuju, najprije zadovoljavati one potrebe koje su društveno najpreče i koje su prioritetne za sve ili bar za većinu društva. A redoslijed u zadovoljavanju životnih potreba nije puki izraz ljudske volje nego je objektivno determiniran, i to ne samo društvenim nego i biološkim faktorima.

Ciklus reprodukcije jedinke predstavlja svojevrsno ponavljanje reprodukcionog ciklusa vrste. Čovjek se kao misleće biće razvio iz nemislećeg bića. Da bi mogao misliti, on mora najprije zadovoljiti svoje fiziološke potrebe. U početku je cjelokupna, pa i duhovna aktivnost čovjeka bila podređena upravo zadovoljavanju ovih potreba. Kasnije je duhovno iživljavanje vladajuće klase bilo moguće ne samo zato što je ogromna većina društva egzistirala na razini fiziološkog minimuma nego i zato što je za takvo iživljavanje stvarala potrebne uvjete.

Zadovoljavanje fizioloških potreba proizvođača je u klasnom društvu bilo u funkciji zadovoljavanja potreba vlastodršca. Reprodukcija života prvog služila je reprodukciji života ovoga drugog. Rob, kmet i proleter su živjeli da bi mogli živjeti robovlasnik, feudalac i buržuj. Ironija historije ljudskog društva je u tome što su tako nehumani odnosi u njemu bili nužni upravo radi njegove humanizacije.

U socijalizmu se „višak" životnih sredstava iznad fiziološkog minimuma raspoređuje prema rezultatima rada na sve članove društvene zajednice. To upravo omogućuje da svi mogu zadovoljavati i fiziološke i duhovne potrebe. U tom pogledu se već u socijalizmu ostvaruje društvena jednakost. Nejednakost se, međutim, još zadržava utoliko ukoliko se zadržava nejednakost raspodjele prema radu. Kako su individualni rezultati rada različiti, različite su i mogućnosti zadovoljavanja životnih potreba.

Zadovoljavanje duhovnih potreba povlači za sobom odgovarajuće promjene i u zadovoljavanju fizioloških potreba. Ne samo što se način zadovoljavanja ovih potreba sve više produhovljava nego se i stupanj zadovoljavanja povećava. Zbog toga se u socijalizmu i same fiziološke potrebe proizvođača zadovoljavaju na razini iznad fiziološkog minimuma egzistencije.

Fiziološke potrebe nisu, međutim, bezgranične. Kao što postoji najniža, tako postoji i najviša granica njihovog zadovoljavanja, iznad koje također prestaje život. Fiziološka reprodukcija ljudskog organizma kreće se u granicama koje su biološki strogo određene. I djelovanje društvenih faktora može se prostirati samo u tim okvirima.

Rezultanta djelovanja društvenih faktora sasvim je različita u različitim fazama društvenog razvoja. U početku su svi živjeli na granici fiziološkog minimuma. Nasuprot proizvođaču, koji je uglavnom i ostao na toj razini, vlastodržac je u svom rasipništvu često išao u suprotnu krajnost trošeći znatno iznad normalnih potreba ljudskog organizma. Prekomjerna potrošnja motivirana potrebom za društvenim isticanjem čak je ugrožavala normalnu reprodukciju života, kao što je to na drugoj strani činilo nedovoljno podmirivanje osnovnih fizioloških potreba.

U socijalizmu se društvena afirmacija ličnosti sve više ostvaruje u duhovnom stvaralaštvu, koje postupno postaje osnovni smisao ljudske egzistencije. Stvaralački rad počinje se pretvarati u prvu životnu potrebu i najveće zadovoljstvo. Zbog toga duhovne potrebe postaju sve dominantnije u odnosu na fiziološke potrebe. Ako je u početku intelektualna aktivnost ljudi bila u funkciji podmirivanja njihovih fizioloških potreba, sada se taj odnos potpuno obrće jer je zadovoljavanje fizioloških potreba sve više u funkciji duhovne aktivnosti.

Ova promjena je presudna za opću socijalizaciju životnih potreba čovjeka. Duhovni život po svojoj biti ima društveni karakter, zbog čega se tek u socijalizmu počinje nesmetano razvijati. Najveću smetnju za njegov razvoj u klasnom društvu predstavljalo je upravo individualni način zadovoljavanja životnih potreba zasnovan na privatnom vlasništvu iako je težnja za povećanjem privatnog vlasništva istovremeno poticala duhovno stvaralaštvo.

Ukidanjem privatnog vlasništva ukida se, prema tome, osnovna zapreka za slobodnu socijalizaciju duhovnih potreba. Ali kako opće produhovljavanje ljudskog života zahvaća i sferu fiziološke reprodukcije, to socijalizaciji sve više podliježu i fiziološke potrebe. Toplinska energija i voda, na primjer, bez kojih se život čovjeka ne može ni zamisliti, sve se više osiguravaju zajedničkim snagama. Čak i kada bi svatko bio toliko bogat da sagradi vlastiti vodovod ili električnu centralu, to objektivno ne bi bilo moguće jer je na zemlji neusporedivo manje izvora vode i energije nego potrošača.

Socijalizacija životnih potreba nije, međutim, uvjetovana samo vanjskom nuždom već prije svega načinom njihovog zadovoljavanja i unutarnjom težnjom ljudi k zajedničkoj egzistenciji. Proces socijalizacije ljudskog života historijski upravo i teče od zajedništva diktiranog vanjskom nuždom k dobrovoljnom povezivanju ljudi. Sve veće ovladavanje čovjeka prirodom vodi ga takvom stanju egzistencije koje će u biti predstavljati kolektivnu igru ljudskog duha.

Socijalizam kao društveni proces označava neposredni prijelaz u takvo stanje. Socijalizacija životnih potreba nužan je izraz podruštvljavanja reprodukcije samih uvjeta života. Zbog toga individualno zadovoljavanje životnih potreba sve više ustupa mjesto njihovom zajedničkom zadovoljavanju. Zavisno od toga i osobni dohodak se po načinu upotrebe dijeli na dva dijela: jedan koji služi za individualnu i drugi koji ide na zajedničku potrošnju.

Uobičajeno je da se po načinu zadovoljavanja životne potrebe dijele na „osobne” i „zajedničke”. Međutim, sve životne potrebe ljudi su po sadržaju njihove osobne potrebe, pa i one koje zadovoljavaju zajednički, jer izražavaju težnju za reprodukcijom njihove osobne egzistencije. Pod „osobnim” potrebama razumijevaju se, u stvari, potrebe koje se zadovoljavaju individualno, pa bi bilo ispravnije kad bi se one tako i nazivale. Ali i termini „individualne” i „zajedničke” potrebe mogu se, radi kratkoće izražavanja, upotrebljavati samo uvjetno jer ne označavaju sadržaj, već način zadovoljavanja životnih potreba. Umjesto toga, moralo bi se, radi preciznosti, govoriti o individualnom i zajedničkom zadovoljavanju životnih (osobnih) potreba.

Budući da socijalizacija životnih potreba predstavlja zakonit historijski proces, i dvojaki način upotrebe osobnog dohotka je time nužno unaprijed određen. Najevidentniji dokaz takve predodređenosti jest činjenica da se u cilju razvoja proizvodnih snaga već u kapitalizmu jedan dio dohotka počinje upotrebljavati za općedruštvenu reprodukciju života. Da bi osigurao radnu snagu sposobnu da rukuje razvijenim sredstvima proizvodnje i proizvodi što više, i sam kapitalist je morao brinuti o nekim općim uvjetima njene reprodukcije.

U uvjetima državnog vlasništva ovu ulogu preuzela je na sebe država. U socijalističkim zemljama država je pokušala čak da preko noći izvrši opću socijalizaciju životnih potreba, ali stvarna socijalizacija nije bila moguća na osnovama državnog vlasništva. Administrativna raspodjela više je služila za to da se novostvorena vrijednost usmjeri u razvoj materijalne osnove rada nego da se unaprijedi život radnika.

Kako se socijalizacija životnih potreba nije mogla izvršiti administrativnim putem, povratak na individualni način njihovog zadovoljavanja bio je neminovan. U neposrednoj nadležnosti države ostao je samo jedan dio tih potreba, ali se njihovo zadovoljavanje ni sada nije moglo ostvarivati drugačije nego administrativnim putem. **Zajedničko** zadovoljavanje životnih potreba nikako se nije moglo uspostaviti na osnovama državnog vlasništva.

U uvjetima državnog vlasništva distribuciju životnih sredstava vrši sama država. Ona ne samo što neposredno određuje visinu i namjenu sredstava koja služe za općedruštvenu reprodukciju života nego indirektno unaprijed određuje i upotrebu sredstava za individualno zadovoljavanje životnih potreba. Neposrednim usmjeravanjem proizvodnje i razmjene životnih sredstava država odlučujuće utječe na mogućnosti zadovoljavanja ukupnih životnih potreba.

Budući da se uspostavljanjem društvenog vlasništva potrebe proizvodnje ponovo dovode u zavisnost od potreba života, umjesto države sam proizvođač postaje subjekt izražavanja i zadovoljavanja svojih potreba. U proizvodnji i raspodjeli, pa i određivanju same upotrebe životnih sredstava sada se polazi neposredno od životnih potreba proizvođača. Zbog toga je struktura proizvodnje i potrošnje tih sredstava sve više određena strukturom životnih potreba, nasuprot državnom obliku reprodukcije koji karakterizira obrnut odnos.

Društveno vlasništvo podrazumijeva da proizvođač i potrošač zajednički određuju asortiman, opseg, kvalitetu i cijenu proizvoda. Time se isključuje mogućnost proizvodnje koja ne odgovara stvarnim potrebama potrošača i posredstvom koje se sa strane dirigira reprodukcijom života. To je istovremeno put i za prevladavanje zakona ponude i potražnje, koji djeluje nezavisno od volje i proizvođača i potrošača. Tržišnu ponudu i potražnju, koje se ispoljavaju spontano, sve više zamjenjuje samoupravno sporazumijevanje proizvođača i potrošača, kojim se planski usmjerava proizvodnja i potrošnja upotrebnih dobara.

Shodno tome, i lični dohodak predstavlja plansku kategoriju. Njegova veličina određena je s jedne strane životnim potrebama radnika, a s druge strane potrebama i mogućnostima proizvodnje. I kako su mogućnosti proizvodnje ograničene u odnosu na životne potrebe, to je u istom pogledu ograničena i veličina osobnog dohotka. Ona nikad ne doseže da podmiri sve potrebe, ali to upravo potiče na neprekidno povećanje proizvodnje nezavisno od toga koliko se rad sam po sebi pojavljuje kao životna potreba.

Ograničenost osobnog dohotka nije u koliziji s dvojakim načinom njegove upotrebe. Ako se određene, životno neophodne potrebe ne mogu zadovoljavati drugačije nego zajednički, jedan dio osobnog dohotka se u tom cilju mora udruživati, bez obzira na njegovu veličinu. Osnovni motiv udruživanja jest u samom zadovoljavanju tih potreba, što upravo omogućuje da se ono vrši samoupravnim putem.

Neosnovane su, prema tome, sumnje da će ljudi sami udruživati sredstva za zajedničke potrebe, kojima se opravdava zadržavanje etatističkog načina njihove koncentracije. Dosadašnje iskustvo takve je sumnje u potpunosti demantiralo, što potvrđuju osobito slijedeće činjenice.

Prvo, samoupravno udruživanje rada i sredstava nastalo je kao samonikli oblik zajedničkog zadovoljavanja životnih potreba i vršeno je bez ikakvog pritiska ili dirigiranja sa strane. Ono se pojavilo upravo kao alternativa etatističkom načinu reprodukcije života, i to tamo gdje je ona bila najslabija. Mjesna zajednica kao oblik samoupravne reprodukcije najprije je zaživjela na seoskom i prigradskom području, to jest tamo gdje se država najmanje brinula o zajedničkim potrebama ljudi.

Drugo, najveći izvor samoupravnog zadovoljavanja zajedničkih potreba u početku su bili osobni rad i sredstva u osobnom vlasništvu građana. Radilo se, dakle, o sredstvima kojima su pojedinci potpuno slobodno raspolagali, nezavisno od toga da li su ih stekli individualnim ili zajedničkim radom. Proces udruživanja počeo je tako s potpuno suprotnog pola i od najudaljenije točke u odnosu prema zajedničkom raspolaganju životnim sredstvima.

Treće, za razliku od etatističkog načina koncentracije, samoupravno udruživanje sredstava vrši se gotovo bez ikakvog oslanjanja na državnu prisilu. Zainteresiranost da se zajednički zadovolje potrebe koje se ne mogu zadovoljiti individualno, čini praktično suvišnom svaku prisilu. To potvrđuje i činjenica da se samodoprinosi, i bez korištenja zakonskih sankcija mnogo urednije uplaćuju od poreza i doprinosa.

Samoupravno zadovoljavanje zajedničkih potreba nije, međutim, jedna od mogućih alternativa socijalističke reprodukcije života nego nužan oblik njenog ostvarivanja. Zbog toga se ono razvija kao negacija etatističke reprodukcije, što podrazumijeva ukidanje etatističke koncentracije sredstava za račun njihovog samoupravnog udruživanja. Samoupravna reprodukcija života ne može se razvijati usporedo s etatističkom reprodukcijom.

Raspolaganje osobnim dohotkom nespojivo je s etatističkim načinom reprodukcije života jer isključuje svako otuđivanje. Kako je bit osobnog dohotka u tome da njime osobno raspolaže onaj tko ga svojim radom i stvara, isključena je mogućnost da se državnim instrumentima vrši njegovo zahvaćanje. Ukoliko se to još čini, za toliko je osobni dohodak okrnjen jer dio koji se zahvaća nema karakter osobnog dohotka.

O upotrebi svog osobnog dohotka svatko, prema tome, osobno odlučuje. Od osobne odluke zavisi i koji će se dio osobnog dohotka udruživati za zajedničke potrebe, a sekundarnog je značenja da li će se to udruživanje vršiti prije ili poslije raspodjele na pojedince. Ako se o upotrebi ukupnog dohotka odlučuje osobnim izjašnjavanjem radnika, raspodjela na pojedince onoga njegovog dijela koji služi zadovoljavanju zajedničkih potreba praktično i nema nikakvog smisla. Sa stanovišta odlučivanja, i sama podjela osobnog dohotka po načinu upotrebe sve se više relativizira. Prije svega, zajedničko zadovoljavanje životnih potreba osniva se na slobodnom osobnom odlučivanju kao i individualno zadovoljavanje. Iako bitna razlika postoji jer se o prvom načinu zadovoljavanja odlučuje zajednički, a o drugom individualno, u oba slučaja odluke su determinirane stvarnim potrebama subjekata odlučivanja. Uz to, s preovladavanjem klasnih i socijalnih razlika podudarnost između individualnih i zajedničkih interesa postaje sve veća.

U isto vrijeme, i individualno zadovoljavanje životnih potreba sve se više oslanja na zajedničko odlučivanje o njegovim uvjetima. Samoupravno dogovaranje zainteresiranih subjekata o asortimanu, opsegu, kvaliteti i cijeni proizvoda i usluga proširuje se na sve životne potrebe uključujući i one koje se zadovoljavaju putem individualne upotrebe osobnog dohotka. Time se individualno zadovoljavanje životnih potreba znatno približava njihovom zajedničkom zadovoljavanju.

Pretvaranje individualne u zajedničku upotrebu osobnog dohotka vrši se i kroz sve veću socijalizaciju porodičnog života. Ako je u patrijarhalnom porodičnom domaćinstvu zasnovanom na privatnom vlasništvu cjelokupnim bogatstvom pa i životnim sredstvima praktično raspolagao starješina domaćinstva, sada u tom raspolaganju sve više sudjeluju svi članovi domaćinstva. Osobni dohodak koji svojim radom stječu pojedini članovi porodice pretvara se praktično u zajednički dohodak cijele porodice, kojim se zajednički zadovoljavaju životne potrebe svih njenih članova.

Ovaj proces unutarnje socijalizacije porodice odvija se pod snažnim utjecajem opće socijalizacije društva. Socijalizacija životnih potreba iz temelja potkopava naslijeđenu hijerarhiju patrijarhalne porodice jer stvara društvene i materijalne pretpostavke za samostalnu egzistenciju ne samo bračnih drugova nego i njihove djece. U takvim uvjetima porodica se može održavati i razvijati samo kao oblik socijalističkog zajedništva. Ali to je proces koji neminovno vodi njenom odumiranju.

Dvojaki način upotrebe osobnog dohotka nije, prema tome, izraz nekakve hibridne egzistencije. U njegovoj je osnovi društvenohistorijski proces pretvaranja individualnog u zajednički način života, koji istovremeno zahvaća sve životne potrebe. Socijalistički način života se i ne može razvijati drugačije nego kao proces opće socijalizacije. Razlike u načinu upotrebe osobnog dohotka proistječu iz dvojakog načina pretvaranja individualnog u zajedničko zadovoljavanje životnih potreba. Dok socijalizacija određenih potreba teče skokovito, kod drugih takve promjene nastaju postupno i gotovo neprimjetno.

Zbog toga i ne postoji apsolutna razlika između individualne i zajedničke upotrebe osobnog dohotka. Ne samo što se individualna upotreba oslanja na određeno zajedništvo i prelazi u određene oblike zajedničkog korištenja životnih sredstava nego se i zajednička upotreba zasniva na različitom individualnom udjelu u stvaranju zajedničkih sredstava i rezultira u nejednakom individualnom korištenju ovih sredstava. Jednu od karakteristika osobnog dohotka upravo i čini proturječnost njegove individualne i zajedničke upotrebe.

Proturječnost nije samo u tome što se individualna upotreba osniva na individualnom, a zajednička na zajedničkom određenju, već i u sasvim različitim mogućnostima zadovoljavanja životnih potreba. Dok mogućnosti individualnog zadovoljavanja zavise od količine osobnog dohotka koja pojedincu ostaje u njegovom individualnom raspolaganju, mogućnosti zajedničkog zadovoljavanja zavisne su od ukupne mase dohotka izdvojene za zajedničke potrebe. A kako je veličina dohotka uopće određena količinom uloženog rada, to znači da u krajnjoj liniji zadovoljavanje zajedničkih potreba zavisi od društvene, a individualnih od individualne produktivnosti rada.

Budući da je individualna produktivnost rada, pod jednakim objektivnim uvjetima, zavisna od radnih sposobnosti pojedinca, razlikama u ovim sposobnostima određene su i razlike u individualnoj reprodukciji života. Svatko živi onako kako i stvara, a stvara onoliko koliko može. Reprodukcija života svodi se na samoreprodukciju pojedinca. Na prvi se pogled čini da se time i nejednakosti među ljudima svode na one koje su im od prirode dane.

To je, međutim, samo djelomično točno. Nejednakosti u individualnoj reprodukciji života određene su prirodnim nejednakostima onoliko koliko one utječu na individualne rezultate rada. Radne sposobnosti ljudi, međutim, ne svode na njihove prirodne predispozicije. One se stječu samim radom, a tu društveni faktori imaju odlučujuću ulogu. Prije svega, društvena podjela rada ne omogućuje slobodan razvoj prirodnih predispozicija. U izboru zanimanja ljudi se, nezavisno od svojih sklonosti, moraju odlučivati za onaj posao za kojim u društvu postoji potreba. To bar za većinu objektivno umanjuje mogućnosti nesmetanog razvoja prirodnih predispozicija. Čak i u istom poslu razlike u razvijanju radnih sposobnosti nastaju zbog nejednakih uvjeta rada i stručnog osposobljavanja za rad.

Osim toga, pojedinac svoj dohodak najčešće i ne troši sam. Osobni dohodak zaposlenih članova porodice se u potrošnji preraspoređuje na sve članove domaćinstva. Time se razlike u individualnoj reprodukciji života još više povećavaju, utoliko prije što je natalitet porodica s nižim prihodom po pravilu veći. Budući da je natalitet najčešće u obrnutom razmjeru s položajem na ljestvici društvene podjele rada, niži osobni dohodak se u svojoj potrošnji preraspodjeljuje na veći broj potrošača.

Individualna upotreba osobnog dohotka vuče, dakle, na povećavanje razlika u reprodukciji života. Onaj koji ostvaruje veći dohodak, samim tim stječe povoljnije uvjete za vlastitu reprodukciju, i obratno. Utoliko je raspodjela prema radu nepravedna i nehumana. Njena humanost je, u stvari, relativna. Ona je humana utoliko što isključuje svaku eksploataciju, ali je istovremeno i nehumana jer uvažava razlike u radnim sposobnostima, koje su uvjetovane ne samo prirodnim nego i društvenim nejednakostima među ljudima.

Ali to je samo jedna strana raspodjele prema radu. Druga vuče u sasvim suprotnom smjeru. Interes koji takva raspodjela stvara kod radnika ne sastoji se u povećavanju razlika među ljudima, nego u povećavanju dohotka. A kako se dohodak ne može povećavati bez povećavanja zajedničkih rezultata udruženog rada, stvara se interes za poboljšavanjem uvjeta egzistencije svih radnika kao jedne od osnovnih pretpostavki veće produktivnosti zajedničkog rada.

Na ovom interesu zasnovana je socijalistička solidarnost, koja vuče prema sve većoj socijalizaciji ljudskog života i koja upravo čini osnovni princip njegove zajedničke reprodukcije. Ona se ostvaruje, prije svega, udruživanjem osobnog dohotka prema njegovoj veličini. Na taj način u stvaranju sredstava za zajedničke potrebe svatko sudjeluje prema svojim mogućnostima, to jest po istom principu po kojem i ostvaruje osobni dohodak.

Time se s razvijanjem zajedničke reprodukcije života sve više kompenziraju razlike što se pojavljuju u njegovoj individualnoj reprodukciji. Ovdje se već ostvaruje približna jednakost u tom smislu što u korištenju zajedničkih sredstava svatko sudjeluje prema svojim osobnim potrebama. Kao što se u porodici potrošnja dohotka koji ostvaruju njeni zaposleni članovi preraspodjeljuje na sve članove domaćinstva, tako se i potrošnja dohotka koji u društvu ostvaruje njegov radno aktivni dio preraspodjeljuje na cjelokupno stanovništvo.

Jednakost koja se ostvaruje zajedničkom reprodukcijom života nikako ne podrazumijeva jednaku potrošnju zajedničkih sredstava. Ona znači samo jednake mogućnosti zadovoljavanja životnih potreba, a kako su osobne potrebe različite, različit je i udio u potrošnji zajedničkih sredstava. Zdravstvene usluge, na primjer, pojedinci će koristiti zavisno od zdravstvenog stanja svog organizma kao što će se kulturnim dobrima služiti prema osobnim naklonostima.

Međutim, potpuna jednakost još ne postoji ni u pogledu mogućnosti zajedničke reprodukcije života. Kao što zajednička reprodukcija utječe na stanovitu socijalizaciju individualne reprodukcije, tako se u stanovitoj mjeri i sama individualizira pod utjecajem ove posljednje. Mogućnosti sudjelovanja u korištenju zajedničkih sredstava djelomično su određene i mogućnostima zadovoljavanja individualnih potreba. Razlike u individualnoj reprodukciji života odražavaju se i na njegovu društvenu reprodukciju. Pojedinci s nižim individualnim standardom po pravilu manje sudjeluju i u korištenju društvenog standarda. Istraživanje u jednom broju mjesnih zajednica pokazalo je da je korištenje zajedničkih usluga razmjerno visini porodičnog budžeta.

Razlike u individualnoj reprodukciji života ne prevladavaju se samo razvijanjem njegove društvene reprodukcije. Razvoj proizvodnih snaga i socijalističkih produkcionih odnosa, neposredno i preko prevladavanja društvene podjele rada, neprekidno utječe na smanjivanje razlika u radnim sposobnostima, a time i u osobnim dohocima radnika. On istovremeno proširuje mogućnosti zapošljavanja, što preko porodičnog budžeta također utječe na smanjivanje razlika u individualnom standardu.

Razvoj proizvodnih snaga i socijalističkih produkcionih odnosa utječe istovremno i na apsolutni rast životnog standarda i na smanjivanje razlika između pojedinaca i pojedinih slojeva društva. Smanjivanje razlika u individualnoj reprodukciji života ne vrši se na račun bilo čijeg standarda, nego relativno bržim rastom standarda onih koji zaostaju. Za socijalističku reprodukciju života karakteristično je da apsolutni rast životnog standarda vodi istovremeno njegovom ujednačavanju.

Apsolutni rast društvenog blagostanja je, u stvari, nužna pretpostavka za prevladavanje naslijeđenih razlika u reprodukciji ljudskog živoga. Ovaj se cilj ne može postići nikakvom preraspodjelom životnih sredstava ako su ona nedovoljna za podmirenje ukupnih životnih potreba ljudi. Za potpuno izjednačavanje društvenih uvjeta ljudske egzistencije potrebno je apsolutno izobilje životnih sredstava.

Način zajedničkog zadovoljavanja životnih potreba

Zajedničko zadovoljavanje životnih potreba jest negacija njihovog individualnog zadovoljavanja. Otuda se ovi oblici egzistencije bitno razlikuju po načinu ostvarivanja. Promjena u karakteru životnih potreba nužno uvjetuje i promjenu u načinu njihovog zadovoljavanja.

Kod individualnog zadovoljavanja životnih potreba glavni je subjekt pojedinac. Ovdje svatko sam za sebe odlučuje koje će potrebe i u kojoj mjeri zadovoljavati. Drugi pojedinci nisu za to zainteresirani jer svatko svoje potrebe može zadovoljavati nezavisno od drugih.

O zadovoljavanju individualnih potreba odlučuju, u stvari, pojedinci koji raspolažu životnim sredstvima. U patrijarhalnoj porodici starješina domaćinstva odlučuje praktično o potrebama svih članova porodice. U krajnjoj liniji, o individualnim potrebama u klasnom društvu uvijek posredno ili neposredno odlučuje vlasnik sredstava za proizvodnju, koji faktički raspolaže i životnim sredstvima.

Nasuprot individualnom, zajedničko zadovoljavanje životnih potreba ima za pretpostavku zajedničko raspolaganje proizvodnim i životnim sredstvima. Zbog toga je ovdje i odlučivanje zajedničko. Budući da je zajedničko zadovoljavanje životnih potreba nedjeljivo, pojedinci o njemu ne mogu odlučivati izolirano. Zainteresirani subjekti moraju se dogovarati o tome koje će potrebe i u kojoj mjeri zadovoljavati.

Nužnost dogovaranja proistječe otuda što zainteresirani subjekti samostalno raspolažu sredstvima koja udružuju za podmirivanje zajedničkih potreba. Udruživanje se ne može vršiti bez demokratskog dogovaranja o ciljevima i uvjetima njihovog ostvarivanja jer se subjekti udruživanja neće odlučivati na bezuvjetno i nenamjensko izdvajanje sredstava. Takvo izdvajanje može biti samo nametnuto, ali bi to već značilo otuđivanje, koje isključuje stvarno zajedništvo.

Zadovoljavanje potreba koje se na bazi otuđivanja vrši posredstvom države, još se ne može smatrati zajedničkim iako obuhvaća veći broj subjekata koji su u korištenju određenih životnih sredstava društveno izjednačeni. Sredstvima ovdje faktički raspolaže država, koja i odlučuje o vrsti i opsegu zadovoljavanja pojedinih potreba. Stoga pojedinci pri zadovoljavanju svojih potreba ne stupaju u međusobne odnose, nego u odnose s državom. Individualni način života, koji karakterizira društvo privatnog vlasništva, još u osnovi nije prevladan.

Zajedničko zadovoljavanje životnih potreba nastaje na temelju samostalnog raspolaganja proizvođača životnim sredstvima. Kada bi postojalo izobilje ovih sredstava, dogovaranje o njihovoj upotrebi bilo bi suvišno jer bi ih svatko koristio prema svojoj potrebi. Nužnost dogovaranja proistječe, u krajnjoj liniji, iz ograničenosti upotrebnih dobara u odnosu prema životnim potrebama. Zbog te ograničenosti, sve se potrebe ne mogu zadovoljiti istovremeno i u punoj mjeri.

Iz toga proistječe nužnost rangiranja različitih potreba prema stupnju životne neophodnosti i određivanja prioriteta u njihovom zadovoljavanju. Dok pri zadovoljavanju individualnih potreba to čine sami pojedinci, određivanje prioriteta u zadovoljavanju zajedničkih potreba stvar je samoupravnog dogovaranja svih zainteresiranih subjekata. Problem je tim složeniji što se ovdje moraju usklađivati interesi različitih subjekata i što mora postojati zajednička garancija o poštovanju dogovorenog redoslijeda u njihovom ostvarivanju.

Mogućnost zajedničkog određivanja prioriteta u zadovoljavanju životnih potreba zasniva se na određenim objektivnim podudarnostima u redoslijedu ostvarivanja različitih zajedničkih interesa. Stupanj neophodnosti kako individualnih tako i zajedničkih potreba objektivno je određen prirodnim i društvenim faktorima. Utvrđivanje prioriteta nije, prema tome, stvar proizvoljnog izbora. Da bi se osigurala (za uvjete ograničenih mogućnosti) normalna egzistencija, potrebno je da redoslijed u zadovoljavanju životnih potreba izražava određenu, objektivno uvjetovanu životnu logiku.

Pri slobodnom odlučivanju ljudi se, po pravilu, i rukovode tom logikom koja često djeluje snagom prirodnog nagona. Zadovoljavanje najnužnijih fizioloških potreba samo se po sebi nameće kao prioritetni uvjet egzistencije. Glad je, na primjer, jača od bilo koje duhovne potrebe. Da bi se mislilo, mora se prije svega živjeti iako je mišljenje bitna odlika ljudske egzistencije.

Određena logika postoji i u redoslijedu zadovoljavanja samih zajedničkih potreba. Prioritet, po pravilu, imaju potrebe koje su životno najnužnije. Izgradnja elektrovoda ili vodovoda, na primjer, preča je od izgradnje rekreativnog centra ili doma kulture, a osiguranje zdravstvene zaštite od organiziranja zabave. Ova logika potvrđuje se svagdje gdje se ljudi slobodno dogovaraju o prioritetima. Do odstupanja dolazi uglavnom kada o spomenutim potrebama odlučuju pojedinci ili uže grupe, ali tada i nema stvarnog zajedništva.

Samoupravno dogovaranje zainteresiranih subjekata upravo osigurava da se zadovoljavanje zajedničkih potreba odvija po određenoj životnoj logici. Potrebe koje su prioritetne po stupnju životne neophodnosti, prioritetne su za većinu ljudi. Otuda se samoupravnim odlučivanjem samo potvrđuje objektivno dana logika ljudske egzistencije. Ako pojedinci ponekad od nje i odstupaju, većina to nikada ne čini jer ona upravo označava pravila života većine.

Pri slobodnom opredjeljivanju i samoupravnom odlučivanju prioritet uvijek dobivaju potrebe koje označavaju interes svih ili bar većine ljudi. Većina igra odlučujuću ulogu u određivanju prioriteta ne samo raznorodnih nego i istorodnih potreba. Pri asfaltiranju ulica, na primjer, prioritet dobiva ona koja prolazi kroz centar naselja, pri izgradnji sportskih objekata oni koji služe masovnoj rekreaciji i slično.

Samoupravno utvrđivanje prioriteta osniva se na neposrednom izražavanju potreba svih zainteresiranih subjekata. Budući da su zajedničke potrebe, u stvari, osobne potrebe pojedinaca, one se moraju izražavati osobnim izjašnjavanjem. Zajedništvo se osniva na podudarnosti osobnih potreba koje se ne mogu individualno zadovoljavati. Kada te podudarnosti ne bi bilo, mogućnost zajedničkog zadovoljavanja životnih potreba bila bi potpuno isključena.

Smisao utvrđivanja prioriteta jest u izboru potreba koje se raspoloživim sredstvima mogu zadovoljiti. Prioritetnim se, prema tome, smatraju one potrebe koje su ušle u izbor za podmirenje odnosno za čije su zadovoljenje osigurana neophodna sredstva. To praktično znači da se s povećavanjem sredstava krug „prioritetnih" potreba neprekidno širi sve dok se stvaranjem izobilja sredstava ne učini suvišnom svaka selekcija.

Izbor prioritetnih potreba kvantitativno je, dakle, određen materijalnim mogućnostima njihovog zadovoljenja. Zbog toga se on ne može ni vršiti bez sagledavanja ovih mogućnosti. Kako su, međutim, materijalne mogućnosti izražene u visini osobnog dohotka, samoupravno utvrđivanje prioritetnih potreba mora se proširiti i na određivanje visine sredstava koja se mogu udružiti za njihovo podmirenje.

To pokazuje da je odlučivanje o zadovoljavanju zajedničkih potreba neodvojivo od ostvarivanja i raspodjele dohotka. Zbog toga je radi organiziranog usklađivanja potreba i mogućnosti nužno istovremeno planiranje proizvodnje i potrošnje životnih sredstava. Ako se individualna potrošnja i može vršiti spontano jer je, po pravilu, unaprijed limitirana veličinom osobnog dohotka namijenjenog individualnoj upotrebi, zajednička se potrošnja mora planirati jer se odvija istovremeno sa stvaranjem dohotka.

Budući da je potrošnja životnih sredstava unaprijed određena njihovom proizvodnjom, plansko usklađivanje potreba s mogućnostima najefikasnije se može ostvarivati na mjestu stvaranja dohotka, to jest u osnovnoj organizaciji udruženog rada. To znači da bi planiranje u osnovnoj organizaciji moralo predstavljati cjelovito iskazivanje stvaranja i upotrebe ostvarenog dohotka. Planom bi se morala predviđati ne samo globalna veličina osobnog dohotka i njegova raspodjela na individualnu i zajedničku potrošnju nego i konkretna namjena sredstava koja će služiti za podmirenje zajedničkih potreba.

Zajedničke potrebe se, međutim, ne zadovoljavaju samo na mjestu rada nego najvećim dijelom na mjestu stanovanja, gdje radnik i provodi najveći dio slobodnog vremena. Zbog toga se nijhovo zadovoljavanje ne može planirati samo u osnovnoj organizaciji udruženog rada. Samoupravno utvrđivanje prioriteta mora se, u stvari, vršiti na mjestu zadovoljavanja zajedničkih potreba jer se tu i ukrštaju i ostvaruju različiti interesi koji se tiču zajedničke reprodukcije života.

Otuda se i planiranje na mjestu rada mora oslanjati na uočavanje i gradiranje zajedničkih potreba na mjestu njihovog zadovoljavanja. S druge strane, planovi osnovnih organizacija i drugih asocijacija udruženog rada čine okvir u kojem se može kretati planiranje na mjestu zadovoljavanja zajedničkih potreba jer se njima predviđaju objektivne mogućnosti reprodukcije životnih sredstava. Takva sinhronizacija planiranja uvjet je da se ono efikasno ostvaruje kao instrument normalne reprodukcije života.

Planiranje zajedničkih potreba i materijalnih sredstava nužnih za njihovo zadovoljavanje je, međutim, samo jedan dio samoupravne aktivnosti na osiguranju zajedničke reprodukcije života. Zadovoljavanje zajedničkih potreba obično zahtijeva određene usluge, koje njihovi korisnici najčešće ne mogu sami obaviti, zbog čega moraju stupati u odnose s trećim, za to osposobljenim osobama. Time se broj subjekata koji igraju odlučujuću ulogu u reprodukciji zajedničkog života znatno proširuje.

Kod individualnog zadovoljavanja životnih potreba odnosi između korisnika i davalaca usluga mnogo su jednostavniji. U uvjetima naturalne privrede ovi odnosi još uglavnom i ne postoje jer svatko svoje potrebe sam zadovoljava. Korisnik je ovdje istovremeno i davalac usluge jer se životne potrebe zadovoljavaju po principu samoposluživanja.

S razgranavanjem društvene podjele rada pružanje usluga sve se više odvaja od njihovog korištenja. Usluga dobiva karakter robe, a korisnik i davalac usluge, kao svaki kupac i prodavalac, stupaju u kupoprodajne odnose. Korisnik izlazi na tržište s dijelom svog dohotka namijenjenim osobnoj potrošnji, gdje se kao kupac susreće s davaocem kao prodavaocem usluge. Tu se oni, nezavisno od svoje volje, moraju ponašati prema zakonitostima tržišta. Davalac mora svoju uslugu prodavati, a korisnik kupovati po cijeni koja je određena odnosom ponude i potražnje.

Takav odnos između korisnika i davaoca usluge zadržava se kod individualnog zadovoljavanja životnih potreba i u socijalizmu. Korisnik pojedinačno stupa u odnos s davaocem usluge, koju plaća iz svoga osobnog dohotka. Cijena usluge u osnovi se formira po principu tržišne razmjene, ali se tržišna razmjena ovdje sve više približava neposrednoj razmjeni rada jer korisnici i davaoci usluga sve organiziranije istupaju jedni prema drugima, čime se postupno prevladava stihijno djelovanje zakona vrijednosti.

Zajedničko zadovoljavanje životnih potreba i po načinu ostvarivanja negacija je individualnog zadovoljavanja. Korisnik ovdje, prije svega, kolektivno istupa prema davaocu usluge jer se ona zajednički koristi od strane pojedinaca. To već samo po sebi zahtijeva organizirano djelovanje iz razloga što se korisnici moraju prethodno između sebe sporazumjeti o tome koje će potrebe i kojim sredstvima zadovoljavati.

Tek pošto utvrde svoje potrebe i mogućnosti, korisnici stupaju u odnose s davaocima usluga, s kojima se neposredno dogovaraju o uvjetima razmjene. Među uvjete koji se moraju unaprijed utvrditi spadaju, prije svega, vrsta, opseg, kvaliteta, rokovi i cijena usluge. Budući da se uvjeti razmjene utvrđuju samoupravnim sporazumijevanjem, oni moraju izražavati obostrani odnosno zajednički interes korisnika i davaoca usluge.

U pogledu odlučivanja ovdje nastaju bitne promjene ne samo u odnosu prema individualnoj tržišnoj razmjeni već i u odnosu prema državnom posredovanju. Tržišni uvjeti razmjene određeni su, u osnovi, odnosom ponude i potražnje, i slobodan izbor pojedinca može se kretati samo u tom okviru. Kod državnog posredovanja zakon ponude i potražnje zamjenjuje volja države, koja se prema korisniku i davaocu usluga opet pojavljuje kao vanjska sila. Ni u jednom ni u drugom slučaju nema slobodnog sporazumijevanja između korisnika i davaoca.

Međutim, način odlučivanja samo izražava karakter razmjene, koji se u sva tri slučaja bitno razlikuje. Na tržištu se razmjena vrši tako da se relativna vrijednost usluge samo u prosjeku poklapa s njenom cijenom. Kod državnog posredovanja je slično, ali se društvena preraspodjela ovdje obavlja, po pravilu, voluntaristički, tako da se može znatno razlikovati od kretanja na slobodnom tržištu. U oba slučaja dohodak se prelijeva, tako da pri pojedinačnim transakcijama, po pravilu, gubi bilo korisnik bilo davalac usluge. U stvari, kad jedan dobiva, drugi obvezno gubi, i obratno.

Nasuprot tome, zajedničko zadovoljavanje životnih potreba osniva se na neposrednoj razmjeni rada, gdje cijena usluge u svakom pojedinačnom slučaju izražava njenu relativnu vrijednost, to jest količinu rada što je u nju uložena.

80

Time se osigurava da količina rada koju korisnik dobiva kroz uslugu odgovara količini rada koju daje kroz njenu cijenu. Na taj način i korisnik i davalac usluge uvijek dobivaju onoliko koliko i daju, samo u drugom obliku.

Ekvivalentna razmjena se, međutim, ovdje vrši samo između davaoca i **kolektivnog** korisnika usluge. Pojedinci korištenjem zajedničke usluge, po pravilu, ne dobivaju ekvivalentnu vrijednost za udružena sredstva jer u suprotnom ne bi bilo socijalističkog zajedništva u zadovoljavanju životnih potreba. Veličina sredstava koju pojedinci udružuju zavisna je od rezultata njihovog rada, dok je korištenje zajedničkih usluga uvjetovano njihovim potrebama.

Samoupravno sporazumijevanje korisnika i davalaca usluga jedino je i moguće na bazi neposredne razmjene rada. Gdje nema konkretne razmjene ekvivalenata, tu ne može biti ni sporazumijevanja jer ni korisnik ni davalac usluge neće prihvatiti da za veću količinu rada dobije manju. Zbog toga se količina rada koju u konkretnim društvenim uvjetima treba da sadržava određena usluga, mora sporazumom korisnika i davaoca unaprijed utvrđivati, na isti način kao što se utvrđuje količina rada u bilo kojem proizvodu ljudskog rada.

Sama cijena usluge ne može se, međutim, unaprijed odrediti upravo zbog toga što izražava njenu relativnu vrijednost. Budući da veličina ostvarenog dohotka zavisi od ukupne produktivnosti društvenog rada, cijena konkretne usluge može se utvrditi tek kada je poznata veličina ukupnog društvenog dohotka. Time se cijena dovodi u direktnu zavisnost od društvenog efekta usluge, što davaoca potiče na neprekidno podizanje njene upotrebe vrijednosti.

Budući da se pružanjem određene usluge daje konkretan doprinos ukupnim rezultatima društvenog rada, njena cijena odnosi se prema ukupnom društvenom prihodu kao što se količina rada koja je u nju uložena odnosi prema ukupnoj količini društvenog rada, što se može izraziti proporcijom

$Cu : Pd = Ru : Rd$, iz koje proistječe da je $Cu = \dfrac{Pd \cdot Ru}{Rd}$, gdje Cu označava

cijenu usluge, Pd ukupni društveni prihod, Ru rad potreban za obavljanje usluge i Rd ukupni društveni rad. Ukupni društveni prihod i ukupni društveni rad ovdje su uzeti u apstraktnom obliku. U konkretnoj primjeni to treba da budu prihod i rad samoupravne organizacije ili zajednice (radne odnosno složene organizacije, općine, republike idr.) za koju se određena usluga obavlja.

Iako količina rada koja je potrebna za obavljanje određene usluge predstavlja objektivnu veličinu, ona mora biti predmet samoupravnog sporazuma korisnika i davaoca, čime se isključuje mogućnost eventualne špekulacije. To podrazumijeva da se ona mjeri samoupravno dogovorenim standardima tekućeg i minulog rada. Ali da bi se osigurala ekvivalentna razmjena, korisnik i davalac se moraju unaprijed dogovarati i o kvaliteti usluge te o uvjetima pod kojima se ona obavlja.

Cijena usluge kod zajedničkog zadovoljavanja životnih potreba izražava, u stvari, doprinos davaoca stvaranju društvenog dohotka. Kroz takvu cijenu korisnik i davalac usluge dovode se u jednak društveno-ekonomski položaj jer doprinos društvenom dohotku izražavaju i sredstva korisnika. Neposrednom razmjenom rada osigurava se da i korisnik i davalac usluge za jednaki doprinos dobivaju jednaki dohodak.

Zbog toga neposredna razmjena rada i predstavlja autentičnu osnovu samoupravnog zadovoljavanja zajedničkih potreba. Korisnik i davalac zajednički utvrđuju relativnu vrijednost usluge na osnovi rada koji se u nju mora uložiti. Kroz naknadu koju korisnik daje za obavljenu uslugu, davalac dobiva ekvivalentnu vrijednost za uloženi rad. Davalac tako, u biti, zadržava svoj rad mijenjajući samo njegov oblik. S naknadom koju dobiva od korisnika usluge, on osigurava reprodukciju svoje egzistencije, a time i reprodukciju svoga rada. Na drugoj strani, i korisnik usluge svoj rad zadržava za sebe. Kroz uslugu davaoca on dobiva ekvivalentnu vrijednost za uložena sredstva, koja direktno ulazi u reprodukciju njegove egzistencije i kroz novostvorenu vrijednost se i sama reproducira.

Pretpostavimo da je za obavljanje određene usluge potrebno 10 radnih dana. Davalac usluge mora, dakle, raditi 10 dana da bi je obavio. Ali isto toliko mora raditi i korisnik usluge da bi osigurao njeno korištenje. Na prvi se pogled čini kao da usluga zahtijeva dvostruki rad, to jest 20 umjesto 10 dana. Ovaj privid nastaje zbog toga što usluga ima dvojaku — upotrebnu i prometnu vrijednost. Prva je relevantna za korisnika, druga za davaoca usluge. Kada bi korisnik sam zadovoljavao svoje potrebe, privida ne bi bilo jer bi za to bio dovoljan samo njegov rad.

Dvojaka vrijednost usluge izražava samo društvenu podjelu rada u kojoj svatko radi za drugoga. U uvjetima neposredne razmjene rada to pravilo, međutim, vrijedi samo u pogledu njegove upotrebne vrijednosti. Da bi se upotrebna vrijednost stvorila, potreban je rad njenog stvaraoca, a da bi se realizirala, neophodan je rad njenog korisnika. I jedan i drugi moraju predstavljati konkretno svrsishodan rad inače upotrebne vrijednosti neće biti.

Pri neposrednoj razmjeni jedino konkretni radovi posredstvom upotrebnih vrijednosti i mijenjaju mjesta, krećući se od stvaraoca prema korisniku, dok rad kao takav ostaje u posjedu svoga stvaraoca. I upravo zbog toga iza svake usluge koja služi zadovoljavanju zajedničkih potreba mora stajati dvojaki rad: jedan koji predstavlja uvjet njenog stvaranja, i drugi koji je pretpostavka njenog korištenja. Prvi bez drugoga, ali i drugi bez prvoga gubi svoj smisao. Usluga za davaoca nema nikakvog značenja bez korisnika sposobnog da mu nadoknadi uloženi rad, kao što ni korisniku ništa ne znači njegov rad bez sposobnosti davaoca da mu pruži uslugu kojom može zadovoljiti svoje potrebe.

I upotrebna i prometna vrijednost usluge stvara se radom njenog davaoca, koji se istovremeno pojavljuje i kao konkretni i kao apstraktni rad. Upotrebna vrijednost usluge je, međutim, za davaoca interesantna samo kao nosilac prometne vrijednosti. On je stvara radi toga da bi ostvario dohodak pomoću kojeg može doći do drugih upotrebnih vrijednosti nužnih za život. Nasuprot tome, za korisnika je prometna vrijednost usluge interesantna samo zato što mu omogućuje da dođe do njene upotrebne vrijednosti. Međutim, da bi to postigao, on prije svega mora raditi jer jedino svoj rad može razmijeniti za rad davaoca. Zbog te uvjetovanosti rad korisnika se i pojavljuje kao nužna pretpostavka stvaranja usluge iako je sam ne stvara.

Rad koji korisnici zajedničke usluge razmjenjuju za rad njenog davaoca uvijek je zajednički. Čim su sredstva za podmirenje zajedničkih potreba udružena, ona su postala zajednička, bez obzira na oblike udruživanja. A ta sredstva predstavljaju samo preobraženi rad udruženih korisnika, koji ga zajednički razmjenjuju za rad davalaca usluga. U njihovo ime nitko ne može istupati kao subjekt razmjene jer nitko izvan njih ne može raspolagati udruženim sredstvima.

Zajednička razmjena rada uvjet je zajedničkog korištenja usluge. Budući da se s radom davaoca ne razmjenjuju pojedinačni radovi nego ukupni rad korisnika, individualne razlike u veličini udruženih sredstava nemaju nikakvog utjecaja na korištenje usluge. Zajedničkom razmjenom se među udruženim korisnicima uspostavlja puna ravnopravnost u zadovoljavanju odgovarajućih potreba.

Takvi odnosi osiguravaju jednak položaj svih korisnika u pogledu korištenja zajedničkih usluga. Svatko u korištenju ovih usluga može sudjelovati nezavisno od visine sredstava s kojima participira u naknadi za njihovo obavljanje. Ovdje je već ostvaren takav stupanj slobode koji isključuje društvenu preraspodjelu, pa zbog toga i svako normativno ograničavanje upotrebe životnih sredstava. Zbog toga je suvišno i svako dogovaranje korisnika o stupnju pojedinačnog korištenja zajedničkih usluga. Time se već stvaraju začeci slobodne komunističke zajednice, u kojoj su prevladana sva društvena ograničenja reprodukcije ljudskog života.

Na putu opće socijalizacije ljudskog života moguće je i individualno i zajedničko odnosno poluindividualno poluzajedničko zadovoljavanje istih potreba. Određene potrebe mogu se, naime, samo djelomično zadovoljavati zajednički. Time se, međutim, karakter zajedništva i način njegovog ostvarivanja ništa ne mijenja osim što se ono kombinira s individualnim načinom života.

Ovdje se osobni dohodak, kao i kod različitih potreba, luči na dva dijela, od kojih se jedan udružuje a drugi individualno upotrebljava. Kako se, međutim, radi o istim potrebama, korištenje odgovarajućih usluga je poluzajedničko, što se neizbježno odražava na mogućnosti zadovoljavanja osobnih potreba. Društvene nejednakosti u pogledu mogućnosti korištenja usluga samo su djelomično prevladane jer korisnik i pojedinačno sudjeluje u cijeni usluge. Nejednakosti se mogu smanjivati i različitim individualnim udjelom u cijeni usluge, razmjernim veličini osobnog dohotka, ali što se u tome dalje ide, individualna participacija sve više gubi smisao.

U svakom slučaju, proces socijalizacije životnih potreba mora pratiti sve veća zamjena individualnog zajedničkim načinom njihovog zadovoljavanja. Međutim, sve dok taj proces traje, zajedničko zadovoljavanje životnih potreba mora se osnivati na zajedničkom planiranju i neposrednoj razmjeni rada, to jest na samoupravnom reguliranju reprodukcije ljudskog života, koja se još ne može odvijati bez određenih društvenih ograničenja. Tek će u komunističkom zajedništvu zasnovanom na izobilju životnih sredstava, potpuno iščeznuti ostaci klasne reprodukcije života.

V

OSOBNI DOHODAK I MEĐULJUDSKI ODNOSI

Praktična primjena principa osobnog dohotka unosi bitne promjene u odnose među ljudima. One nastaju i u procesu stvaranja i u procesu upotrebe osobnog dohotka. U njihovoj osnovi je proces podruštvljavanja svih područja ljudskog života, koji duboko zadire u životne interese, a time i u način komuniciranja među ljudima.

Odnosi u procesu stvaranja osobnog dohotka

Budući da se osobni dohodak stvara vlastitim radom, pitanje međuljudskih odnosa u procesu njegovog stvaranja svodi se u osnovi na pitanje odnosa u procesu rada. Ono što unosi bitne promjene u te odnose, jest sam način stjecanja ili raspodjele osobnog dohotka. Dubina promjena što nastaju u procesu transformacije klasnog društva ovdje je veća nego u bilo kojem području ljudskog života.

Ove promjene podsjećaju u stanovitom smislu na stanje u prvobitnoj zajednici, gdje su ljudi u procesu pribavljanja životnih sredstava bili sudbonosno vezani jedan za drugoga. Te veze su, međutim, bile više nagonske nego voljne. Ljudi još nisu bili dovoljno ni svjesni svoje međuzavisnosti koja im se neumitno nametala po sili same prirode.

Stvaranjem privatnog vlasništva ova neposredna međuzavisnost u procesu rada sve je više iščezavala. Čim je proizvođač u pribavljanju životnih sredstava postao zavisan od vlasnika sredstava za proizvodnju, zavisnost među samim proizvođačima je nestala. Proizvođači nisu u odnos s vlasnikom sredstava za proizvodnju stupali zajednički, nego pojedinačno. Time se upravo osiguravala podređena pozicija proizvođača, koju on kao pojedinac nije mogao izmijeniti.

U takvim uvjetima proizvođač nije zainteresiran za rad ostalih proizvođača kao što nije zainteresiran ni za rezultate vlastitog rada. Budući da se njegov rad otuđuje, on je zainteresiran da što manje radi, ali da što manje rade i ostali proizvođači koji mu konkuriraju kao što roba konkurira robi, jer se proizvođač u kapitalizmu upravo i nalazi u položaju robe.

Pri državnoadministrativnom načinu raspodjele odnosi se u biti ne mijenjaju. Radnik je ovdje okrenut državi kao poslodavcu, koji mu bez njegova sudjelovanja i nezavisno od njegove volje određuje visinu plaće. Da bi se raspodjela mogla vršiti centralistički, država je morala uvesti takve kriterije kao što su školska sprema odnosno kvalifikacija i radni staž. Time je interes radnika usmjeren prema kvalifikaciji, dok je rad i dalje ostao izvan domene njegove motivacije. A kako kvalifikacija pojedinog radnika nije neposredno uvjetovana kvalifikacijom ostalih radnika, još ne postoji ni njihova međusobna zavisnost u stjecanju životnih sredstava. Zbog toga nema ni stvarnog zajedništva u procesu rada. Radnik i u odnos s državom stupa samo pojedinačno.

Otuđivanje rada neizbježno utječe i na međusobno otuđivanje samih radnika. U procesu rada radnik je prema ostalim radnicima ili indiferentan ili u konkurentskom odnosu. Do udruživanja može doći samo u borbi za razotuđivanje, a stvarnog razotuđivanja ne može biti bez neposrednog udruživanja rada i raspodjele ostvarenog dohotka prema radnom doprinosu.

Neposrednim udruživanjem rada radnici stupaju u neposredne međusobne odnose. Budući da su umjesto poslodavaca subjekti svrsishodnog povezivanja rada sami radnici, u njihovim međusobnim odnosima nema više nikakvog posredovanja. Zato za normalno odvijanje radnog procesa, umjesto odnosa između poslodavca i radnika, postaje odlučujući odnos između samih radnika.

Interes poslodavca za svrsishodno povezivanje rada je u istjerivanju dobiti. Bez toga se on organizacijom rada ne bi ni bavio. Interes radnika da stupa u odnos s poslodavcem je u osiguranju sredstava za život. Kad bi to mogao sam postići, poslodavac ga ne bi interesirao. I kako su interesi jednog i drugog suprotni, njihov međusobni odnos nužno je antagonistički. Interes poslodavca jest da uza što manju najamninu izvuče što više rada, nasuprot radniku koji je zainteresiran da sa što manje rada ostvari što veću najamninu.

Za razliku od najamnog rada, neposredno udruživanje rada osniva se na jedinstvenom interesu. Taj interes je, prije svega, osobni dohodak radnika. A kako se osobni dohodak stvara zajedničkim radom društvenim sredstvima, i interes za njegovo ostvarivanje zajednički je interes udruženih radnika. U ovom je zajedništvu upravo glavni motiv i osnovna snaga neposrednog povezivanja radnika u procesu rada.

Zajedništvo dohotka u socijalizmu nije samo u tome što se njime zajednički raspolaže nego i u tome što se zajednički stvara. On ne izražava običan zbroj individualnih učinaka pojedinih radnika, nego njihov zajednički rezultat u kojem se individualni radovi međusobno toliko povezuju u jedinstvenu cjelinu da bi izdvajanjem iz nje potpuno izgubili svoj smisao ili se ne bi ni mogli obavljati. Za stvaranje zajedničkog dohotka nije, međutim, karakteristično to da ova povezanost postoji i da su je radnici svjesni, nego da je ona rezultat neposrednog povezivanja, odnosno da nastaje udruživanjem samih radnika, bez ičijeg posredovanja.

Da bi mogli stvarati životna sredstva, radnici sami zasnivaju međusobni radni odnos. Budući da su sredstva rada zajednička, svi u taj odnos stupaju pod približno jednakim društvenim uvjetima. To znači da pri zasnivanju radnog odnosa nitko ne stječe neki poseban položaj u organizaciji udruženog rada. Bez toga se organizacija udruženog rada ne bi mogla ni konstituirati kao samoupravna asocijacija.

Samo održanje takve organizacije moguće je, međutim, jedino pod uvjetom da u zajedničkom dohotku svatko sudjeluje prema svom doprinosu u njegovom stvaranju. Svako odstupanje od ovog principa značilo bi narušavanje ravnopravnosti, zbog kojeg bi neizbježno dolazilo do poremećaja u međuljudskim odnosima, a time i u funkcioniranju same organizacije. Raspodjela prema radu, u stvari, jedino je moguća osnova za održanje međusobnog radnog odnosa udruženih radnika.

Zajedničko stvaranje i raspodjela dohotka prema radnom doprinosu čini osnovu međusobne zavisnosti radnika u procesu rada. Budući da osobni dohodak pojedinca ne zavisi samo od individualnih nego i od zajedničkih rezultata rada, odnosno od ukupnog dohotka organizacije, svatko je zainteresiran ne samo za vlastiti učinak već i za učinke rada ostalih radnika. U svim slučajevima gdje je uvedena raspodjela prema radu, stvoren je opći interes radnika za normalno odvijanje radnog procesa na svim linijama i u svim dijelovima radne organizacije.

Interes za rad ostalih radnika objektivno je uvjetovan međuzavisnošću individualnih radova od kojih je sastavljen zajednički rad. Između dijelova zajedničkog rada postoji određena zavisnost u pogledu količine i kvaliteta, koja se mora poštovati da bi se proces rada normalno odvijao i da bi se ostvarivao dohodak koji odgovara uloženom radu. Da bi se, na primjer, normalno odvijala proizvodnja nekog proizvoda A, njegovi dijelovi B i C moraju se istovremno proizvoditi u određenom razmjeru. Ako se A sastoji od 2 primjerka B i 3 primjerka C, radnik koji proizvodi C mora proizvesti 3 primjerka za isto vrijeme za koje njegov suradnik proizvede 2 primjerka B. Pored toga, i kvaliteta B i C mora biti usklađena da bi se dobila određena kvaliteta proizvoda A.

Budući da osobni dohodak stječe prema radnom doprinosu, radnik koji proizvodi dio B je, prije svega, zainteresiran da sam proizvede što veći broj primjeraka. Kako se, međutim, dohodak ostvaruje samo razmjenom cijelog proizvoda A, on je istovremeno zainteresiran da se i dio C proizvodi s istom dinamikom. Ako bi u proizvodnji C došlo do zastoja, to bi se neizbježno odrazilo i na njegov osobni dohodak jer bi ukupni dohodak bio manji. U potpuno istom položaju je i radnik koji proizvodi dio C.

To pokazuje koliko su u procesu udruženog rada radnici neposredno vezani jedan za drugoga. B ne može bez C-a, kao što C ne može bez B-a. Da bi jedan ostvario osobni dohodak, mora i drugi ostvariti svoj. Iako nitko ne prisvaja tuđi rad, ipak vladaju takvi odnosi da svatko radi za sve i svi za svakoga. Rad jednoga uvjet je stjecanja dohotka drugoga, i obratno.

Zbog toga u procesu udruženog rada vladaju odnosi socijalističke solidarnosti i uzajamnog pomaganja, koji se nisu mogli razvijati u procesu najamnog rada. Iz izloženog je jasno da se ovi odnosi ne zasnivaju samo na moralnim normama nego prije svega na zajedničkom interesu udruženih radnika. U stvari, tek se neposrednim udruživanjem rada počinju stvarati materijalne pretpostavke za oživotvorenje vjekovnih težnji za međusobnim zbližavanjem ljudi, odnosno za prevladavanjem egocentričnog načina života karakterističnog za privatnovlasničke odnose.

Uvođenjem raspodjele prema radu u svim ispitivanim slučajevima dolazilo je do naglog porasta solidarnosti i uzajamnog pomaganja u procesu rada. Kad god su nastajali zastoji ili je dinamika rada bila usporena, radnici su pritical u pomoć ne samo najbližim suradnicima nego i drugim radnim jedinicama. Brzo je iščezavala uobičajena odbojnost prema prihvaćanju radnih zadataka izvan djelokruga „svoga radnog mjesta".

Odnosi solidarnosti i uzajamnog pomaganja ne razvijaju se samo između radnika iste organizacije nego i među radnicima različitih organizacija koje zajednički ostvaruju dohodak. U oba slučaja oni se zasnivaju na zajedničkom interesu, koji među različitim organizacijama uvjetuje sličnu međuzavist kao između radnika iste organizacije. Udruživanjem na principima zajedničkog ostvarivanja dohotka među organizacijama se istovremeno uspostavljao i relativno visok stupanj solidarnosti.

86

Sve to pokazuje da uvođenjem raspodjele prema radu nastaju revolucionarne promjene u humanizaciji međuljudskih odnosa. Takva raspodjela predstavlja autentični oblik razotuđivanja ljudskog rada, koje svoj socijalni izraz nalazi u međusobnom razotuđivanju radnika. Oslobođenje rada je upravo odlučujući uvjet oslobođenja samog radnika. A sloboda radnika nije u individualizmu, nego u zajedništvu. Stupanj stvarne slobode razmjeran je stupnju društvene moći, a moć pojedinca se u zajednici višestruko povećava.

Sloboda radnika proistječe iz slobode rada, koja se ne sastoji samo u njegovoj razotuđenosti nego i u podruštvljenosti. Udruženim radom može se i više i slobodnije stvarati. Podruštvljavanjem, koje je nužno uvjetovano razvojem produkcionih odnosa i tehničkim progresom, rad se sve više pretvara u svojevrsnu stvaralačku igru, koja za rezultat nema samo upotrebne vrijednosti nego i zadovoljstvo radnika.

Ali sve dok postoji društvena proturječnost između osnovnih životnih potreba i objektivnih mogućnosti njihovog zadovoljavanja, sloboda rada, kao i sloboda radnika, ne može se potpuno ostvarivati. Dok je u procesu najamnog rada radnik podređen poslodavcu, u procesu udruženog rada on je zavisan od ostalih radnika. Svaka zavisnost, pa i međusobna zavisnost radnika znači određeno ograničavanje slobode.

Ograničavanje slobode radnika u udruženom radu ogleda se u međusobnom ograničavanju. Sloboda svakog pojedinog radnika ograničena je slobodom ostalih radnika. Pojedinac ne može raditi ništa što bi narušavalo određenu slobodu drugih pojedinaca. Bez takvog ograničavanja, stvarne slobode ne bi bilo ni za koga.

Nužnost ograničavanja slobode u procesu udruženog rada proistječe otuda što ljudi radi podmirenja elementarnih životnih potreba moraju još uvijek raditi nezavisno od svoje duhovne potrebe za samim radom. Da bi se životna sredstva pravovremeno osiguravala, ona se moraju proizvoditi u određenom vremenu i na određenom prostoru, za što je nužna odgovarajuća organizacija rada, koja podrazumijeva čvrste međusobne obveze svih sudionika u procesu proizvodnje.

Neizvršavanje ovih obveza od strane pojedinih sudionika u procesu proizvodnje neminovno narušava slobodu rada ostalih sudionika. Ako proizvođač dijela B ne ispuni svoj plan proizvodnje, neizbježno će ugroziti interes radnika koji proizvodi dio C. Rad ovog posljednjeg neće se moći u cjelini potvrditi ni kroz razmjenu ni kroz upotrebu njegovog proizvoda. Utoliko će on predstavljati nesvrsishodan i društveno nekoristan rad.

Ako se izuzmu objektivni uzroci, do neizvršavanja radnih obaveza u procesu udruženog rada može uglavnom dolaziti zbog sukobljavanja zajedničkih i pojedinačnih odnosno općih i posebnih interesa. Najčešće je u pitanju sukob između trajnih i trenutačnih odnosno dugoročnih i kratkoročnih interesa. Istraživanja pokazuju da do narušavanja obveza od strane pojedinaca u najvećem broju slučajeva dolazi zbog obavljanja privatnih poslova, a od strane organizacija zbog trenutno bolje konjunkture na tržištu ili u odnosu s drugim partnerima.

U udruženom radu sukob interesa ima, međutim, sasvim drugačiji karakter nego što ga ima u najamnom radu. U procesu najamnog rada sukobljavaju se interesi poslodavca i radnika, dok se u procesu udruženog rada sukobljavaju interesi samih radnika. Tamo su nosioci suprotstavljenih interesa različiti, a ovdje isti subjekti. Neizvršavanjem radnih obveza radnik ne narušava samo interes drugih radnika nego i svoj vlastiti jer se to odražava na ukupne rezultate zajedničkog rada, čime se ugrožava zajednički interes.

Zbog toga se u udruženom radu sukob s drugim radnicima istovremeno ispoljava kao sukob sa samim sobom, što omogućuje da se on i razrješava drugačije nego što se razrješavaju sukobi u procesu najamnog rada. Subjekt razrješavanja sukoba ovdje je, prije svega, sam radnik koji dolazi u iskušenje da naruši zajednički interes. Budući da se ovaj interes sukobljava s njegovim pojedinačnim interesom, najprije od njegovog opredjeljenja zavisi koji će prevladati.

Mogućnost prevladavanja pojedinačnih interesa nad zajedničkim najčešće je sadržana u mogućnosti da se izvan organizacije udruženog rada ostvari veći dohodak ili da se oštede u živom i opredmećenom radu ostvare na račun lošije kvalitete proizvoda. U svakom timskom radu nepredviđeni izostanci s posla obično dovode do zastoja u cijelom radnom procesu, što se neizbježno odražava na zajednički učinak. Loša izrada pojedinih dijelova odražava se i na kvalitetu cijelog proizvoda, koji zbog toga postaje manje kurentan i donosi manji dohodak ili se uopće ne može plasirati.

U iskušenje da se naruši radna obveza može se uvijek doći kada to donosi više koristi nego štete. Kada zarada ne zavisi od rezultata rada, radnik za lošu kvalitetu proizvoda, zakašnjavanje, pa čak i za izostajanje s posla često i ne snosi nikakve posljedice. Budući da posljedice ne snose neposredno ni drugi radnici, ne postoji nikakav međusobni utjecaj da se radne obveze ne narušavaju, pa se ne stvara ni osjećaj međusobne odgovornosti. U takvim uvjetima narušavanje radnih obveza predstavlja čestu pojavu, koja se može suzbijati samo disciplinskim mjerama.

Raspodjela prema radu iz korijena mijenja odnos prema radnim obvezama. Ispitivanja vršena u pojedinim organizacijama udruženog rada pokazuju da su nanok uvođenja raspodjele prema radnom doprinosu izostanci s posla toliko smanjeni da su praktično svedeni na nužnu mjeru. Tome pored interesa za radni učinak, znatno doprinosi i osjećaj uzajamne odgovornosti radnika, koji nastaje kao nužan rezultat raspodjele prema radu.

Osjećaj uzajamne odgovornosti osigurava dominaciju zajedničkog interesa nad pojedinačnim interesima i u slučajevima kad bi narušavanje radnih obveza trenutno donijelo više koristi od njihovog izvršavanja. Naime, izvršavanje takvih obveza od strane svakog pojedinca predstavlja uvjet za njihovo izvršavanje od strane svih udruženih radnika. A neodgovoran odnos prema zajedničkom poslu od strane svih ili većine radnika, sigurno bi ugrozio zajednički interes, koji je u odnosu na pojedinačne interese, po pravilu, trajniji i prioritetniji.

Pa ipak, osiguranje normalnog odvijanja radnog procesa ne može se oslanjati samo na individualni odnos prema radnim obvezama. Zajednički interes mora se i kolektivnim mjerama osiguravati od eventualnih narušavanja. Shodno principu raspodjele prema radu, svatko treba sam da snosi posljedice vlastitih grešaka. Radi toga bi samoupravnim normama morala biti predviđena obvezna naknada štete koja se narušavanjem radnih obveza nanese radnom kolektivu.

Uzajamna odgovornost za izvršavanje radnih obveza ne izražava se samo u odnosu pojedinca prema pojedincu nego i u odnosu pojedinca prema kolektivu i kolektiva prema pojedincu. Kao što pojedinac mora biti odgovoran za ostvarivanje zajedničkog interesa, tako je nužna i odgovornost kolektiva za ostvarivanje pojedinačnih interesa u kojima je zajednički interes sadržan.

Ostvarivanje uzajamne odgovornosti u procesu rada pretpostavlja i ostvarivanje odgovarajuće konrole nad izvršavanjem radnih obveza. Za razliku od najamnog rada, gdje poslodavac kontrolira radnika, u udruženom radu ostvaruje se međusobna kontrola samih radnika. Budući da je u funkciji ostvarivanja zajedničkih interesa radnika, međusobna kontrola gubi karakteristična obilježja klasične kontrole i pretvara se u svojevrsnu samokontrolu, koja se ostvaruje međusobnim i zajedničkim uvidom u izvršavanje radnih obveza.

Da bi se osigurala uzajamna odgovornost u procesu rada, radnici moraju unaprijed utvrditi međusobne radne obveze. To podrazumijeva samoupravno normiranje radnih odnosa, kojim se određuju međusobni odnosi radnika u procesu rada. Radnici sami moraju ustanoviti takva pravila ponašanja koja će osigurati efikasno ostvarivanje njihovog zajedničkog interesa u stvaranju dohotka.

Samoupravne radne norme ne mogu se, međutim, utvrđivati samovoljno. Njihov je karakter objektivno determiniran načinom i mogućnostima proizvodnje, od čega se i mora polaziti pri samoupravnom normiranju. Iako je u udruženom radu sam radnik tvorac tehnologije rada, ona mu, sa svoje strane, postavlja određene okvire ponašanja, koje mora poštovati da bi ostvario dohodak.

Međusobno ograničavanje slobode radnika u procesu rada upravo je i unaprijed određeno ovim objektivnim ograničenjima. Radnici ne ograničavaju slobodu jedni drugima zato što to žele, nego što moraju. Zbog toga svatko ta ograničenja dogrovoljno prihvaća kao nužan uvjet egzistencije. Jer, da bi se živjelo, mora se raditi i pored ograničene slobode rada.

Uvođenje raspodjele prema radu označava najrevolucionarniju promjenu u procesu njegovog oslobađanja. Pored ukidanja eksploatacije, ukida se i podređen položaj radnika u procesu rada, koji je nužno uvjetovan odnosom eksploatacije. Ne samo što nestaje svaka subordinacija među pojedinim nosiocima radnog procesa nego postaju suvišne i sve disciplinske mjere koje radnika primoravaju da radi. Odnose subordinacije zamjenjuju odnosi ravnopravne suradnje. U svim slučajevima gdje je uvedena raspodjela prema radnom doprinosu, funkcije grigadira, šefova pogona, direktora i drugog rukovodećeg osoblja svele su se praktično na organiziranje radnog procesa jer je otpala potreba za postizanjem radne discipline. Šefovi su praktično prestajali šefovati.

Raspodjelom prema radu prevladavaju se i ograničenosti koje nameće klasično radno vrijeme. Strogo određeno radno vrijeme, koje zanemaruje potrebe i mogućnosti radnika, determinirano je, u biti, karakterom najamnog rada. Radnik se mora na radnom jestu nalaziti u određeno vrijeme prije svega zbog toga što to zahtijeva sam sistem eksploatacije njegovog rada. Nasuprot tome, u udruženom radu radno je vreme određeno prije svega potrebama i mogućnostima radnika. Zbog toga ono ovdje može biti fleksibilno u najvećoj mjeri koju dopušta tehnologija rada.

Iako ograničava slobodu rada, tehnologija nikada u tome nema presudnu ulogu. Ona se uostalom i sama modificira prema produkcionom odnosu koji vlada u procesu proizvodnje. U uvjetima najamnog rada tehnologija se maksimalno prilagođava potrebama njegove eksploatacije. U uvjetima udruženog rada ona se mora prilagođavati potrebama i mogućnostima radnika.

Ovo se prilgođavanje ni u najamnom ni u udruženom radu ne vrši na račun produktivnosti. Naprotiv, u oba slučaja ono pridonosi njenom povećavanju. U svim slučajevima gdje je uvedena raspodjela prema radu, fleksibilno radno vrijeme je usporedo s većom slobodom donijelo i veću produktivnost. Sloboda rada sama po sebi ne ograničava nego, naprotiv, potiče rast produktivnosti. Štoviše, ona je prvi i najvažniji uvjet svake produktivnosti jer da bi uopće mogao stvarati, čovjek mora posjedovati određenu slobodu stvaranja.

Zajedničko zadovoljavanje životnih potreba i međuljudski odnosi

Zajedničko zadovoljavanje životnih potreba, kao i zajedničko stvaranje dohotka, unosi bitne promjene u međuljudske odnose. Odnosi u procesu upotrebe životnih sredstava doživljavaju historijsku genezu kao i odnosi u procesu njihovog stvaranja. Između odnosa u procesu proizvodnje i odnosa u procesu potrošnje životnih dobara uvijek je postojala organska povezanost, zbog čega su se promjene u ukupnim društvenim odnosima odvijale kao jedinstven proces.

Iako ima pojavnih sličnosti s prakomunističkom potrošnjom, zajednička potrošnja u socijalizmu predstavlja potpuno novu kvalitetu. Zadovoljavanje životnih potreba u grupi kao i grupno pribavljanje životnih sredstava determinirano je isključivo prirodnom nuždom. Pojedinac nije uopće u mogućnosti da se odlučuje u kakve će odnose stupati s drugim ljudima. On se, u stvari, još i ne **odnosi** prema drugima jer su međuljudski odnosi dani nezavisno od njegove volje.

Individualizacija proizvodnje životnih sredstava imala je za rezultat i odgovarajuću individualizaciju njihove potrošnje. I kao što u procesu individualne proizvodnje proizvođači ne stupaju neposredno u međusobne odnose, oni u takve odnose ne stupaju ni u procesu životne potrošnje. Svatko je preokupiran samo zadovoljavanjem vlastitih potreba, a indiferentan je prema potrebama drugih, jer u životu ne postoji neposredna međuzavisnost ni kao prirodna nužda niti kao slobodno komuniciranje.

Prirodne sile kao faktor povezivanja ljudskih jedinki ovdje djeluju posredno preko otuđenih društvenih sila. Prirodno se čini kao da svatko živi sam za sebe, a u stvari je nevidljivim društvenim silama sudbonosno povezan s ostalim članovima društvene zajednice. Štaviše, društvena reprodukcija života ostvaruje se kroz opću, posrednu ili neposrednu borbu svakoga sa svakim. Bez takve borbe individualni način života praktično ne bi bio moguć. Shvaćanje da je „čovjek čovjeku vuk" moglo je nastati samo na privatno-vlasničkom tlu individualne reprodukcije života.

Ukoliko se u socijalizmu još zadržava individualno zadovoljavanje životnih potreba, zadržava se određeni individualizam i u međuljudskim odnosima. Potrošač životnih sredstava istupa prema drugim ljudima pojedinačno, i to uglavnom kao kupac njihovih proizvoda. Ma kako oni uredili međusobne odnose, određeni sukob interesa ostaje jer je jedna strana zainteresirana da što jeftinije kupi, a druga da što skuplje proda.

Određeni antagonizam zadržava se i među samim potrošačima iako ne stupaju u neposredne odnose. Budući da povećana potražnja za životnim sredstvima izaziva njihovo poskupljenje, svatko je zainteresiran da ostali manje troše, što praktično znači da lošije žive. I među potrošačima se na taj način zadržava konkurentski odnos, koji objektivno okreće jedne protiv drugih.

Državnom preraspodjelom životnih sredstava mijenja se samo oblik antagonizma koji nužno proistječe iz individualnog načina zadovoljavanja životnih potreba. Antagonizam između kupca i prodavaoca životnih sredstava prenosi se na odnos između potrošača i države, koja vrši preraspodjelu tih sredstava, dok se konkurentski odnos između samih potrošača pretvara u socijalni antagonizam između različitih dijelova stanovništva koji se državnom preraspodjelom stavljaju u neravnopravan položaj. Zavisno od toga, antagonizam se može javljati ne samo između birokracije i proizvođača nego i između proizvođača kao i u redovima same birokracije.

Antagonizam koji proistječe iz individualnog načina zadovoljavanja životnih potreba, može se prevladati samo prelaskom na zajedničko zadovoljavanje tih potreba, kojim se razvijaju potpuno novi međuljudski odnosi. Zajedništvo koje se razvija u procesu stvaranja osobnog dohotka nužno se proširuje i na sferu njegove zajedničke upotrebe. Antagonistički odnosi ustupaju mjesto odnosima socijalističke solidarnosti.

Socijalistička solidarnost bitno se razlikuje i od buržoaskog milosrđa i od birokratskog dušobrižništva jer podrazumijeva socijalističko zajedništvo. Ona se osniva na zajedničkom interesu i zbog toga izražava uzajamne odnose članova socijalističke zajednice. Socijalistička solidarnost sadržana je u odnosu svakoga prema svima i svih prema svakome. Ona, u stvari, leži u samoj prirodi socijalističkih odnosa.

Odnosi socijalističke solidarnosti i u procesu stvaranja i u procesu upotrebe osobnog dohotka nužno proistječu iz zajedničkog rada društvenim sredstvima. Budući da je u zajedničkom radu svatko zainteresiran za rezultate rada svih ostalih radnika, on je već zbog toga zainteresiran i za uvjete njihovog života. Što su životni uvjeti povoljniji, radne sposobnosti su veće, pa je, zahvaljujući tome, veći i doprinos zajedničkim rezultatima rada. To objašnjava zašto se s uvođenjem raspodjele prema radu radikalno mijenjao i odnos prema životnim uvjetima radnika.

Kad se u procesu stvaranja životnih sredstava svi radnici počnu ponašati kao jedinstveni radnik, oni se tako počinju ponašati i u procesu zadovoljavanja životnih potreba. Međusobna identifikacija u procesu rada proširuje se na cjelokupnu egzistenciju. Svatko za svakoga postaje njegovo drugo biće ne samo kao radnik nego kao čovjek uopće. Čovjek se ponovo počinje vezivati za čovjeka, ali ne više slijepim prirodnim silama nego svjesnim djelovanjem.

Neposredno povezivanje s drugim ljudima i u procesu rada i u procesu zadovoljavanja životnih potreba postaje u uvjetima društvenog vlasništva osobni interes svakoga pojedinca. Zainteresiranost za egzistenciju drugih nužno proistječe iz interesa za vlastitu egzistenciju. Budući da se životna sredstva zajednički stvaraju i budući da njihovo stvaranje zavisi od životnih uvjeta svih radnika, proistječe da je životna egzistencija svakoga pojedinog radnika uvjetovana egzistencijom svih ostalih radnika, i obratno. Ova uzajamna uvjetovanost upravo čini da se čovjek prema čovjeku počinje odnositi kao prema vlastitom biću.

Osobni dohodak i raspodjela prema radu djeluju na taj način kao faktor humanizacije međuljudskih odnosa. Da bi se ostvarivao veći osobni dohodak svakog pojedinca, nužno je stvarati humanije uvjete života svih radnika, što opet nije moguće bez povećavanja osobnog dohotka svakoga pojedinog radnika. Po tome se ostvarivanje osobnog dohotka bitno razlikuje od svih ostalih oblika stjecanja životnih sredstava.

Raspodjela prema radu, na osnovi koje se ostvaruje osobni dohodak, ne djeluje samo kao materijalni, nego i kao moralni poticaj. Ona se upravo pojavljuje kao faktor prevladavanja podvojenosti između moralnog i materijalnog stimuliranja, koje je u uvjetima etatizma izražavalo suprotstavljenost društvenog i osobnog interesa. Borba za osobni dohodak nije više u koliziji, nego u suglasnosti s društvenim interesom, čiji je nosilac sam udruženi radnik. Pojedinac se za veći osobni dohodak ne bori samo radi sebe nego i radi svih ostalih radnika.

Uostalom, jedan, i to sve veći dio osobnog dohotka odmah se udružuje za podmirenje zajedničkih potreba. Jedan od motiva takvog udruživanja svakako je u tome da se bržim porastom društvenog standarda ubrza povećanje radnih sposobnosti svih radnika, a time i povećanje osobnog dohotka. Ali to nije i jedini motiv. Budući da se životne potrebe ljudi već po svojoj prirodi sve više podruštvljavaju, svatko se za solidarno udruživanje osobnog dohotka odlučuje ne samo radi drugih nego i radi sebe. Svatko svakome postaje potreban ne samo zbog zajedničkog stvaranja dohotka već i zbog zajedničkog zadovoljavanja životnih potreba.

Zbog neophodnosti zajedničkog zadovoljavanja životnih potreba, pitanje solidarnog udruživanja sredstava prema visini ostvarenog dohotka praktično se ne postavlja. Ono se ne postavlja čak ni tamo gdje se dohodak ne ostvaruje zajedničkim radom. I u seoskim sredinama s pretežno individualnim poljoprivrednim proizvođačima prihvaćeno je kao normalno pravilo da za zajedničke potrebe svatko udružuje prema svojim mogućnostima. Podudarnost osobnog i društvenog interesa ovdje se često počinje ispoljavati prije u zajedničkoj upotrebi nego u zajedničkoj proizvodnji životnih sredstava.

Zajedničko zadovoljavanje životnih potreba nije samo rezultat podudarnosti osobnih i društvenih interesa nego i faktor njihove sve veće identifikacije, koja sama po sebi vodi ukidanju svih oblika otuđenosti društva od ljudske jedinke. Što se društveni interes više izjednačuje s osobnim interesima pojedinaca, sve su manje potrebe za društvenim zabranama putem pravnih, moralnih i drugih normi kojima se izvana ograničava ponašanje ljudi. Zbog toga proces socijalizacije životnih potreba ima za rezultat odumiranje i prava i morala kao oblika otuđenosti društva.

Izjednačavanjem osobnih i društvenih interesa sukobi među ljudima prerastaju u unutarnje sukobe svakoga pojedinca sa samim sobom. Vanjsko ograničavanje ljudske slobode pretvara se u samoograničavanje, koje se više ne sastoji u samoodricanju od povrede društvenih normi nego u samosvjesnom poštovanju prirodnih granica slobode, čije bi prekoračenje značilo istovremeno i ugrožavanje vlastite egzistencije. Kad egzistencija svakoga pojedinca postane neposredno uvjetovana egzistencijom drugih ljudi, onda zaista prestaje svaka opasnost od društvenih sukoba, za čije su razrješavanje potrebne posebne, od ljudi otuđene sile.

Zajedničko zadovoljavanje životnih potreba samo po sebi vodi neposrednom povezivanju i sve većem međusobnom komuniciranju ljudi, kojim se prevladava naslijeđeni egocentrizam karakterističan za individualni način egzistencije. Zbližavanje se vrši između pripadnika ne samo iste nego i sasvim različitih društvenih grupa. Time se ukidaju klasne, socijalne, nacionalne i sve druge barijere koje su među ljudima nastale u uvjetima individualne egzistencije.

Nestajanje klasnih i socijalnih razlika može se najbolje pratiti u mješovitim naseljima. U tom su pogledu tipična osobito prigradska naselja, u kojima osnovni ton razvijanju zajedničke egzistencije daje udruživanje radnika i seljaka. Razlike koje između radničke klase i seljaštva proistječu iz različitih oblika vlasništva, u odnosima zajedničkog zadovoljavanja životnih potreba potpuno se gube.

Ono što zbližava radnika i seljaka u zajedničkom naselju, jesu upravo njihove zajedničke potrebe. Ako se sredstva za te potrebe udružuju prema individualnim mogućnostima, onda različiti oblici njihovog stjecanja nisu u koliziji s njihovim zajedničkim korištenjem. Radniku ništa ne smeta što seljak svoj dohodak stječe individualnim radom kao što za seljaka nema značenja što je dohodak radnika rezultat zajedničkog rada. Zbog toga se pri udruživanju sredstava za zajedničke potrebe i ne pita za njihovo porijeklo.

Budući da su u korištenju zajedničkih sredstava svi članovi samoupravne zajednice ravnopravni, među njima se socijalističko zajedništvo uspostavlja nezavisno od njihove klasne i socijalne pripadnosti. U procesu zajedničkog zadovoljavanja životnih potreba takva pripadnost postaje za međuljudske odnose potpuno ireleventna. Ukoliko je zajedničko zadovoljavanje životnih potreba neophodno, potreba čovjeka za čovjekom praktično premošćava socijalne razlike. Ispitivanje koja su vršena u pojedinim naseljima pokazuju da se pri zajedničkom zadovoljavanju životnih potreba među pripadnicima različitih društvenih grupa ponekad uspostavljaju čak i čvršće veze nego između pripadnika iste grupe.

To vrijedi i za međunacionalne odnose. Nacionalne različitosti same po sebi ne dovode u pitanje zajedničko zadovoljavanje životnih potreba iako ono prouzrokuje radikalne promjene u međunacionalnim odnosima. Zbog povećanog komuniciranja pripadnika različitih grupacija, u naseljima s mješovitim nacionalnim sastavom već su prve aktivnosti na zajedničkom zadovoljavanju životnih potreba dovele do otvaranja čak i onih nacionalnih grupacija koje su po tradiciji živjele veoma zatvoreno.

U isto vrijeme, zajedničko zadovoljavanje životnih potreba samo po sebi osigurava uzajamno uvažavanje nacionalnih specifičnosti, koje postaje jedan od uvjeta zajedničke egzistencije. Poštovanje nacionalnog dostojanstva jednoga javlja se kao uvjet poštovanja nacionalnog dostojanstva drugoga, i obratno. Njegovanje takvog odnosa od zajedničkog je interesa, dok njegovo narušavanje nije ni u čijem interesu. Zbog toga s razvijanjem zajedničkog načina života postaje suvišno posredovanje i u reguliranju međunacionalnih odnosa.

Zajedničko zadovoljavanje životnih potreba sve više razbija i tradicionalnu zatvorenost porodice. Ovdje je još i najočiglednije kako mnoge funkcije koje je autonomno obavljala patrijarhalna porodica, sve više preuzima cijelo društvo. Time se zatvoreni porodični krug polako razara, zbog čega nestaju i naslijeđene razlike u bliskosti među ljudima. Familijarnost zasnovana na rođačkim vezama sve više prerasta u drugarsku bliskost svakoga sa svakim.

Ukidajući barijere koje je među ljudima stvorilo otuđivanje ljudskog rada, zajedničko zadovoljavanje životnih potreba djeluje kao faktor prevladavanja svih društvenih razlika. Ono utječe na ukidanje naslijeđenih razlika ne samo u načinu života nego i u načinu proizvodnje životnih sredstava. Ako svi ljudi žive na isti način, onda društvene razlike u načinu proizvodnje zaista gube svoj smisao, što mora utjecati na brže pretvaranje individualne proizvodnje u zajedničku.

Nestajanje društvenih razlika među ljudima predstavlja upravo osnovu za ukidanje svih oblika otuđenosti društva od čovjeka. Država, pravo, moral, religija i drugi oblici otuđenosti služe ne samo za podvrgavanje društva vladajućoj klasi nego i za ograničavanje slobode svakog pojedinca radi osiguranja određene društvene slobode za sve. Zbog toga se klasno društvo ne bi uopće moglo održati bez takvih oblika otuđenosti.

Ukidanje prava, morala i religije ne znači, međutim, ukidanje društvenih garancija ljudske slobode. Svi oblici otuđivanja društva od čovjeka i čovjeka od čovjeka proistječu, u krajnjoj liniji, iz otuđivanja ljudskog rada. Zbog toga oslobođenje ljudskog rada čini odlučujuću pretpostavku za oslobođenje čovjeka uopće. Bez oslobađanja rada socijalističko zajedništvo se ne bi uopće moglo razvijati jer ono upravo i predstavlja njegov neposredni izraz.

Pri zajedničkom načinu života s radom se događa sve obrnuto nego pri individualnoj egzistenciji. Tamo je pravilo da se prisvaja tuđi rad, a ovdje da svatko svojim radom slobodno raspolaže. Zbog toga pri individualnom načinu života vlada opći rat svih protiv svakog, dok su pri socijalističkom zajedništvu ljudi neprekidno upućeni na međusobno udruživanje. Kad se životna sredstva prisvajaju, onda je neizbježna borba da svatko za sebe prigrabi što veći dio. Ako, nasuprot tome, svatko sam raspolaže sredstvima koja je svojim radom stvorio, onda može dolaziti jedino do njihovog udruživanja.

Osnovni smisao svih zabrana eksploatatorskog društva nije u tome da onemoguće, već da osiguraju eksploataciju. One samo postavljaju granice do kojih se u eksploataciji može ići. Da bi se eksploatacija uopće održala, društvene norme pored eksploatatora moraju štititi i eksploatirane jer prvi bez drugih ne mogu postojati kao što ne može biti ni same eksploatacije.

Ako se prisvajanje tuđeg rada kao osnova svake eksploatacije ukida, postaju suvišne i društvene norme koje ga osiguravaju. Kad nema eksploatacije, ne postoje ni njene granice kao društveni okviri slobode eksploatatora i eksploatiranih. Umjesto da se određuje putem otuđenih društvenih normi, sloboda ponašanja ljudi u uvjetima slobodnog rada proistječe iz njihovih vlastitih opredjeljenja. Budući da ne prisvaja tuđi rad, čovjek ovdje ne može prisvajati ni tuđu slobodu. U uvjetima slobodnog rada pojedinci ne da neće smjeti, nego neće htjeti da zadiru u slobodu drugih ljudi jer bi time ugrozili i vlastitu slobodu. Sloboda svakoga pojedinog člana socijalističke zajednice pojavljuje se kao uvjet slobode svih ostalih članova, i obratno.

Ne radi se, dakle, o tome da će u društvu bez morala ljudi nemoralno živjeti, nego da će principi ljudske humanosti kao izraz vjekovnih težnji čovječanstva postati prirodni način života, koji će moral kao posebni oblik otuđene svijesti učiniti potpuno suvišnim. Kao poseban oblik svijesti, moral je mogao nastati i opstati samo u otuđenom društvu. Nemoral je njegov nerazdvojni antipod i njegovo društveno naličje čijim se ukidanjem automatski i sam ukida. To postaje mnogo jasnije kad se analizira društveni smisao pojedinih moralnih normi.

Zabrana krađe, na primjer, u svakom klasnom društvu predstavlja jednu od najznačajnijih društvenih normi, koje čine osnovni sadržaj ne samo prava nego i morala, pa i religije. A krađa nije ništa drugo nego oblik prisvajanja, čija zabrana ima smisla samo u društvu gdje takvo prisvajanje zaista postoji. Kad ljudi ne bi krali, zabrana krađe bila bi potpuno suvišna. Ali sve dok u društvu postoji mogućnost krađe, zabrana djeluje kao ograničavajući faktor kojim se takav način prisvajanja svodi u podnošljive okvire.

Zajedničkim zadovoljavanjem životnih potreba objektivno se ukida sama mogućnost prisvajanja putem krađe, zbog čega i njena zabrana postaje suvišna. Takvo prisvajanje pretpostavlja kako ograničenost životnih sredstava u odnosu prema ukupnim društvenim potrebama, tako i nejednake mogućnosti njihovog korištenja. S nestajanjem ovih pretpostavki nestaje i potreba za krađom. Krađa nečega čega ima u izobilju i što je svima podjednako dostupno zaista bi bila besmislena.

Prisvajanjem su motivirani i svi ostali oblici nemorala. Ubijstva, prijevare, laži i slična ponašanja koja se podvode pod kategoriju ljudskih poroka, samo su sredstva da se bez rada dođe do pribavljanja određene koristi. Zato se sa sigurnošću može očekivati da će s ukidanjem svih oblika prisvajanja biti ukinuti i svi poroci kojima se ugrožava integritet ljudske ličnosti. U uvjetima izobilja i ostvarene društvene jednakosti takvo ponašanje ljudi postat će sasvim besmisleno.

Budući da su individualni i zajednički način života suprotni, njih karakteriziraju i suprotno ponašanje ljudi. Prvi rađa egoista, drugi altruista. Egoizam po svojoj prirodi potiče sukobe među ljudima, nasuprot altruizmu, koji podrazumijeva suradnju i drugarstvo. Za egoista je drugi čovjek interesantan samo kao objekt iskorištavanja, dok je za altruista on ravnopravni subjekt, s kojim se dijeli zajednička sudbina.

Socijalistički altruizam nikako se ne svodi na samoodricanje i podnošenje osobnih žrtvi u korist drugoga. Budući da se razvija u uvjetima zajedničke egzistencije, njegovu osnovu čine zajednički interesi ljudi koji se slobodno udružuju radi međusobne suradnje i uzajamnog pomaganja. Drugi čovjek se ne javlja ni kao objekt ni kao subjekt iskorištavanja, nego kao neophodan sudionik u procesu životne reprodukcije.

U zajedničkom načinu života čovjek u tolikoj mjeri postaje potreban čovjeku da svatko u svakome vidi produženje vlastitog bića. Upravo zbog toga postaju suvišne posebne društvene sile koje ljude izvana potiču na razvijanje humanih odnosa. Umjesto takvih sila, sam zajednički život ljudi postaje pokretačka snaga vlastite humanizacije.

Zajedničko odlučivanje o osobnom dohotku

Odlučivanje o osobnom dohotku je dvojako: zajedničko i individualno. Ova dvojnost proistječe iz proturječnosti vlasničkog karaktera osobnog dohotka. Zajedničko raspolaganje osobnim dohotkom ostvaruje se zajedničkim, a individualno raspolaganje individualnim odlučivanjem. Karakter odlučivanja, uvijek, u stvari, i proistječe iz karaktera vlasništva.

Individualno odlučivanje o osobnom dohotku ne razlikuje se bitno od individualnog odlučivanja uopće. U odnosu prema odlučivanju o privatnom vlasništvu, ono je, međutim, dvostruko ograničeno. Prvo, individualno odlučivanje o osobnom dohotku svodi se samo na odlučivanje o njegovoj individualnoj upotrebi, i drugo, i u tom obliku ono je ograničeno s jedne strane zajedničkim odlučivanjem o društvenim uvjetima takve upotrebe, a s druge strane, sve ravnopravnijim porodičnim, dogovaranjem o zadovoljavanju životnih potreba.

Budući da se osobni dohodak stvara zajedničkim radom društvenim sredstvima, i odlučivanje o njemu mora u osnovi biti zajedničko. Ukoliko se proturječnost između zajedničkog stvaranja i individualnog raspolaganja osobnim dohotkom više prevladava, utoliko se više individualno odlučivanje o njemu zamjenjuje zajedničkim odlučivanjem.

U najširem smislu, zajedničko odlučivanje o osobnom dohotku jest odlučivanje o svim pitanjima društvene reprodukcije. U najneposrednijem obliku, ono je, međutim, vezano za tri ključna pitanja: za raspoređivanje dohotka i utvrđivanje mase sredstava za osobne dohotke; raspodjelu ovih sredstava na radne grupe i pojedince i udruživanje dijela dohotka za zajedničke potrebe. Ali odlučivanje o tim pitanjima direktno je povezano s odlučivanjem o stvaranju i upotrebi osobnog dohotka, od kojeg se praktično ne može odvojiti.

U zajedničkom odlučivanju o spomenutim pitanjima moraju osobno sudjelovati svi udruženi radnici koji dohodak stvaraju, i to iz dva osnovna razloga. Prvo, bez toga bi se raspolaganje osobnim dohotkom privatiziralo, bez obzira na to da li monopol u odlučivanju imaju pojedinci, uže ili šire grupe, čime bi se automatski ukinula njegova bitna obilježja. I drugo, svaki monopol u odlučivanju otvarao bi mogućnost za narušavanje zajedničkih interesa udruženih radnika i za otuđivanje osobnog dohotka od njegovih stvaralaca.

Raspoređivanje dohotka i utvrđivanje mase sredstava za osobne dohotke od zajedničkog je interesa za sve radnike, iz čega i proistječe nužnost da o tome svi odlučuju. Svako sužavanje takvog odlučivanja otvaralo bi mogućnost za narušavanje objektivnih pravilnosti u proporcijama raspodjele, bilo na štetu akumulacije ili na štetu osobnih dohodaka. Pod normalnim uvjetima stjecanja dohotka prema radu ove pravilnosti mogu se osigurati samo zajedničkim odlučivanjem svih udruženih radnika jer one objektivno izražavaju njihov zajednički interes.

I raspodjela osobnog dohotka prema radu nužno zahtijeva zajedničko odlučivanje svih udruženih radnika jer bi drugačiji način odlučivanja omogućavao narušavanje takve raspodjele. Svaki monopol na odlučivanje o raspodjeli čini samo po sebi dovoljan uvjet za prisvajanje tuđeg dohotka. Zajedničko odlučivanje svih udruženih radnika može, međutim, za rezultat imati samo takvu raspodjelu koja isključuje svako prisvajanje jer većina, bar u pravilu, ne može prisvajati dohodak manjine.

I zajedničko odlučivanje o samoupravnom udruživanju sredstava za zajedničke potrebe proistječe iz same prirode takvog udruživanja. Budući da dohotkom kao proizvodom zajedničkog rada svi raspolažu, do njegovog udruživanja može dolaziti samo ako o tome svi odlučuju. Svaki monopol na odlučivanje isključuje kako samoupravno udruživanje, tako i socijalističko zajedništvo u zadovoljavanju životnih potreba uopće.

Zajedničko odlučivanje o osobnom dohotku osniva se na principu pune ravnopravnosti svih subjekata odlučivanja. U donošenju odluka svi imaju podjednako pravo sudjelovanja nezavisno od radnog doprinosa koji daju samom stvaranju dohotka. Iako radnik A, na primjer, daje dvostruko veći doprinos od B-a, on time ne stječe i dvostruko veće pravo na odlučivanje. U tome je osnovna proturječnost između raspodjele prema radu i samoupravnog odlučivanja. Svaka neravnopravnost u odlučivanju omogućavala bi prisvajanje tuđeg dohotka.

Ravnopravnost u zajedničkom odlučivanju ne svodi se, međutim, na jednakost u izglasavanju odluka. Ona pretpostavlja izjednačavanje položaja subjekata odlučivanja i u procesu iniciranja, pripremanja i provođenja odluka. Svođenjem ravnopravnosti odlučivanja na jednakost u izglasavanju odluka, i samoupravno odlučivanje bi se praktično pretvaralo u formalnost jer u svakom odlučivanju presudan utjecaj ima onaj tko odlučujuće utječe na samo koncipiranje odluka.

U samoupravnom odlučivanju uopće, pa i o osobnom dohotku koncipiranje odluka stvar je svih zainteresiranih subjekata odnosno svih udruženih radnika. A kako se koncipiranje odluka sastoji, prije svega, u definiranju interesa i ciljeva koji se žele ostvariti, ono ima u prvom redu politički karakter. Koncept odluke sadržan je u političkom stavu kojim se predodređuje njen idejno-politički sadržaj.

Da bi stvarno odlučivali o osobnom dohotku, udruženi radnici moraju, dakle, sami kreirati politiku njegovog stvaranja, raspodjele i zajedničke upotrebe. Oni time postaju isključivi subjekt cjelokupnog društvenog dogovaranja i odlučivanja o osobnom dohotku. U ovoj sferi društvene reprodukcije politika se najneposrednije povezuje s odlučivanjem, s kojim čini jedinstvenu cjelinu i u sadržajnom i u metodološkom pogledu.

Samoupravljanje, u stvari, predstavlja organsku sintezu demokratskog odlučivanja i politike, kroz koju se demokracija sve više ostvaruje, a politika sve više depolitizira. Raspolaganje osobnim dohotkom, međutim, najevidentnije ukazuje na neophodnost i demokracije i politike sve do stvaranja općeg izobilja životnih sredstava. Sve dok postoje društvene proturječnosti između životnih potreba ljudi i ograničenih mogućnosti njihovog zadovoljavanja, postojat će i potreba za demokracijom i politikom kao oblicima njihovog razrješavanja.

Proturječnosti između životnih potreba i objektivnih mogućnosti njihovog zadovoljavanja najneposrednije se ispoljavaju upravo u sferi stvaranja, raspodjele i upotrebe osobnog dohotka, prije svega, kroz sukobljavanje individualnih i zajedničkih te trenutačnih i trajnih interesa. Budući da zajednički interes predstavlja svojevrsnu rezultantu različitih individualnih interesa, on se u njima pojavljuje kao njihova trajna komponenta, koje pojedinci nisu uvijek svjesni. Političko djelovanje i demokratsko odlučivanje su u funkciji potvrđivanja ove komponente, koje čini bitnu pretpostavku realizacije zajedničkog interesa.

Zbog toga što još ne postoji potpuno podudaranje između individualnih i zajedničkih interesa, akumulacija, raspodjela prema radu i zajedničko zadovoljavanje životnih potreba mogu dolaziti u sukob s nastojanjima da se po svaku cijenu ostvari što veći individualni dohodak. Do ovog sukoba može dolaziti kako zbog neshvaćanja zajedničkog interesa, tako i zbog njegovog stvarnog nepodudaranja s individualnim interesima. Stupanj ovog podudaranja može biti mali osobito u početku kada još postoje raznorodni izvori stjecanja dohotka osnovani i na državnom ili individualnom a ne samo na društvenom vlasništvu.

U masovnoj političkoj raspravi ispoljit će se svi postojeći interesi, bez obzira na njihov karakter. Takva rasprava upravo omogućuje da se otkrije klasna bit različitih interesa i zahtjeva koji se u cilju njihovog ostvarivanja postavljaju. Na taj se način dolazi do identifikacije zajedničkog interesa, koji je u manjoj ili većoj mjeri sadržan u svim ili bar u većini individualnih interesa. To je, u stvari, nužna pretpostavka da se zajednički interes demokratskim putem izrazi kroz politički stav, na osnovi kojeg će se pripremati i donositi samoupravne odluke o osobnom dohotku.

Budući da je zajednički interes proturječan individualnim interesima i da u njima nije uvijek eksplicitno izražen, neophodan je i naučnoistraživački rad u cilju njegove identifikacije. Naučnim ispitivanjima moraju se utvrđivati ne samo najadekvatnije proporcije i mjerila raspodjele dohotka nego i njegovo najsvrsishodnije udruživanje u oblasti proizvodnje i neposrednog zadovoljavanja životnih potreba. Time se stvara jedna od osnovnih pretpostavki samoupravnog sporazumijevanja, koje se ne može osnivati na improvizacijama.

Kada je identificiran zajednički interes, onda ostaje samo konfrontacija s interesima koji su mu stvarno divergentni. Ova vrsta konfrontacije bitno se razlikuje od one što nastaje iz nesporazuma zbog neshvaćanja zajedničkog interesa. Uklanjanjem nesporazuma automatski nestaje i konfrontacija među subjektima sporazumijevanja jer nema stvarne divergencije interesa.

Ako se, međutim, konfrontacija subjekata sporazumijevanja osniva na suprotnim interesima, ona se ne može prevladati sve dok se nosioci interesa suprotnih zajedničkom interesu ne odreknu svojih zahtjeva. Većina udruženih radnika ne može, na primjer, prihvatiti da se osobni dohoci povećavaju na račun akumulacije, da se njihova raspodjela vrši prema formalnim kriterijima, ili da individualna potrošnja raste na štetu zajedničkih potreba jer bi time bio ugrožen njihov zajednički interes.

Zbog toga je normalno da se takvi zahtjevi politički razobličuju i demokratskim izjašnjavanjem odbacuju. Interesi koji su suprotni zajedničkom interesu većine udruženih radnika ne mogu se pri demokratskom odlučivanju uopće ostvarivati. Po tome se i samoupravljanje u biti ispoljava kao oblik klasne diktature, koja je najpotrebnija upravo radi osiguranja socijalističke raspodjele novostvorene vrijednosti.

Osnovni smisao diktature proletarijata ovdje je u oslobođenju rada, koje za glavnu pretpostavku ima ukidanje svake eksploatacije i svakoga prisvajanja. U tome je i najhumanija strana takve diktature. Potčinjavanje volji većine, koje se ovdje vrši, nije u funkciji eksploatacije tuđeg rada, nego naprotiv, u funkciji njenog ukidanja. Diktatura na taj način dobiva sasvim suprotan smisao od svoga uobičajenog smisla stavljajući se u funkciju vlastite negacije.

Ravnopravnost odlučivanja o osobnom dohotku ne znači, prema tome, i jednakost u ostvarivanju svih interesa. U tome je i osnovna proturječnost između diktature proletarijata i samoupravnog demokratskog načina njenog ispoljavanja. Ostvaruju se samo interesi koji se osnivaju na principima socijalističke raspodjele. Sve težnje što su suprotne ovim principima moraju se potiskivati upravo radi osiguranja socijalističke jednakosti.

Ovo potiskivanje se, međutim, ne vrši izvana i od strane neke posebne društvene sile. Idejno-političkim djelovanjem i demokratskim odlučivanjem sami udruženi radnici suprotstavljaju se nesocijalističkim tendencijama raspolaganja dohotkom. Iskustvo pokazuje da javno mnjenje koje se pri tome formira ima mnogo veću snagu od vanjske prisile koju u interesu eksploatatorske klase primjenjuje država. Ako je državna prisila još i neophodna, ona se sada nalazi u rukama samih udruženih radnika, koji neposredno raspolažu instrumentima državnog nasilja.

Prenošenje odlučivanja s države na udružene radnike ne znači, međutim, njegovu dezintegraciju. Naprotiv, o stvarnoj društvenoj integraciji odlučivanja može se govoriti tek u samoupravnom društvu, gdje radnici sami raspolažu sredstvima i rezultatima svoga rada. Pri državnom vlasništvu problem integracije odlučivanja uopće se ne postavlja jer je ono faktički koncentrirano u samom vrhu državnog aparata. Ovdje se jedino pojavljuje problem odnosa između državnog odlučivanja i njegovog političkog usmjeravanja, koji se najjednostavnije rješava personalnom unijom partijskih i državnih organa.

Državno vlasništvo podrazumijeva da se o dohotku odlučuje u jednom centru, a da radnici koji ga stvaraju samo provode državne odluke. Budući da se takvo odlučivanje proteže sve do raspodjele na pojedince, ovdje se centralni problem sastoji u tome kako da se osigura provođenje državnih odluka. Otuda je i društveno-politička aktivnost umjesto identifikaciji zajedničkog interesa koji treba da se izrazi kroz samoupravne odluke, okrenuta u prvom redu realizaciji već donesenih odluka.

Pri centraliziranom državnom odlučivanju isključeno je svako dogovaranje radnika. Prije svega, radnik faktički i ne sudjeluje u samom donošenju odluka, a u njihovom provođenju on se pojavljuje samo kao pojedinac koji postupa po unaprijed utvrđenim direktivama. Na veličinu plaće koju svakog mjeseca dobiva u istom iznosu, on ne može ni na koji način utjecati kao što ne utječe ni na visinu sredstava što se izdvajaju za općedruštvene potrebe. U procesu državnog odlučivanja, radnik, prema tome, ne stupa ni u kakav neposredni kontakt s drugim radnikom. Sudbina njegove egzistencije u potpunoj je zavisnosti od državne administracije.

S uspostavljanjem društvenog vlasništva odnosi se iz temelja mijenjaju. Budući da sada svaki radnik samostalno raspolaže svojim radom, on već pri njegovom udruživanju stupa u neposredni odnos s drugim radnicima, s kojima se dogovara o uvjetima zajedničkog rada. Svako posredovanje u takvom dogovaranju gubi svoj smisao, zbog čega nestaje i potreba za državnim aparatom kao otuđenom društvenom silom.

Otuđenost državnog odlučivanja proistječe, u stvari, iz otuđivanja dohotka. Zbog toga se bez razotuđivanja dohotka ne može faktički razotuđivati ni samo odlučivanje. Ovladavanje radnika dohotkom kao rezultatom vlastitog rada, čini upravo osnovnu pretpostavku samoupravnog odlučivanja. Neposredno dogovaranje radnika, u stvari, prirodni je izraz takvog ovladavanja.

Neposredno dogovaranje uopće, pa i dogovaranje o osobnom dohotku, ima dva osnovna oblika: politički i samoupravni u užem smislu. Prvi se ostvaruje u oblicima političkog, drugi u oblicima samoupravnog organiziranja. I političko i samoupravno organiziranje moraju za polaznu osnovu imati upravo mogućnost neposrednog dogovaranja svih zainteresiranih subjekata.

Kao oblici političkog organiziranja, društveno-političke organizacije moraju se organizirati tako da svim članovima samoupravne zajednice omoguće neposredno sudjelovanje u političkom djelovanju, pa i u političkom usmjeravanju stvaranja, raspodjele i upotrebe dohotka i osobnih dohodaka. Jedan od najznačajnijih preduvjeta za to jest da se osnovni oblici političkog dogovaranja izgrađuju u osnovnim samoupravnim organizacijama i zajednicama, prije svega na mjestu rada i mjestu stanovanja gdje se dohodak stvara i gdje se zadovoljava najveći dio životnih potreba.

To pretpostavlja da su i osnovne samoupravne organizacije i zajednice konstituirane tako da omogućuju neposredno sudjelovanje svih zainteresiranih subjekata u samoupravnom dogovaranju. One moraju, prije svega, predstavljati određene radne i životne cjeline, gdje se u procesu rada i procesu zadovoljavanja životnih potreba odvija svakodnevno komuniciranje među ljudima.

Dogovaranje o osobnom dohotku mora se i udruštveno-političkim organizacijama i u oblicima samoupravnog organiziranja osnivati na osobnom izjašnjavanju zainteresiranih subjekata jer će u suprotnom dolaziti do otuđivanja i dohotka i odlučivanja. Budući da svojim osobnim dohotkom svatko samostalno raspolaže, o njegovoj sudbini nitko ne može odlučivati ni u čije ime. Zajedničko odlučivanje po svojoj prirodi podrazumijeva osobno izjašnjavanje svakoga tko u njemu sudjeluje.

Političko dogovaranje putem osobnog izjašnjavanja mora se organizirati na takvim skupovima društveno-političkih organizacija u čijem radu mogu aktivno sudjelovati svi članovi. Budući da podrazumijeva demokratsku raspravu, u kojoj se sučeljavanjem različitih mišljenja dolazi do zajedničkog stava, političko dogovaranje se nikako ne može provoditi putem izoliranog individualnog izjašnjavanja. Davanjem pojedinačnih izjava ne mogu se usklađivati različita mišljenja i izgrađivati jedinstveni politički stavovi.

Na individualno izjašnjavanje ne može se svesti ni samo samoupravno odlučivanje. Referendumu i pismenoj izjavi kao oblicima individualnog izjašnjavanja mora prethoditi rasprava na zborovima, gdje svi subjekti odlučivanja mogu osobno sudjelovati i u sastavljanju prijedloga samoupravnih odluka a ne samo u njihovom izglasavanju. I zborove je nužno organizirati tako da u njihovom radu svi aktivno sudjeluju.

Samoupravne odluke se, međutim, ne donose samo na zboru ili referendumu, kao što se ni politički stavovi ne zauzimaju samo na skupovima svih članova društveno-političkih organizacija. Naime, radnici u osnovnoj samoupravnoj organizaciji i zajednici ne odlučuju samo o dohotku koji svojim radom stvaraju nego s ostalim radnicima zajednički odlučuju o ukupnom društvenom dohotku. O društvenim uvjetima stvaranja, raspodjele i upotrebe dohotka odlučuju svi udruženi radnici.

Odluke o ovim uvjetima donose se u delegatskim tijelima, ali se i one osnivaju na osobnom izjašnjavanju udruženih radnika. Delegati se pri odlučivanju moraju rukovoditi smjernicama svojih delegatata, u kojima udruženi radnici neposredno izražavaju zajednička opredjeljenja. Delegatsko odlučivanje se na taj način pojavljuje kao oblik neposrednog odlučivanja, koje jedino i odgovara zajedničkom načinu raspolaganja sredstvima i rezultatima udruženog rada.

Delegatsko odlučivanje o zajedničkom dohotku podrazumijeva i delegatski način dogovaranja o politici njegovog stvaranja, raspodjele i upotrebe. I ovdje se mora polaziti od neposredno izraženih opredjeljenja članstva društveno-političkih organizacija. Proturječnosti općih i posebnih interesa u zajedničkom raspolaganju društvenim dohotkom mogu se razrješavati samo općedruštvenom akcijom u kojoj neposredno sudjeluju svi nosioci tih interesa.

Zajedničko odlučivanje o osobnom dohotku jedan je od najneposrednijih oblika socijalizacije ljudskog života. Potreba čovjeka za čovjekom nigdje nije u tolikoj mjeri izražena. Ljudi se obraćaju jedan drugome, više da bi osigurali i unaprijeđivali životnu egzistenciju nego radi običnog komuniciranja. Međusobno dogovaranje o stvaranju, raspodjeli i upotrebi osobnog dohotka postaje jedan od nezamjenljivih oblika njihovog zajedničkog života.

Međusobna upućenost ljudi jednih na druge najevidentnije se izražava u pokretanju inicijativa za zajedničko rješavanje egzistencijalnih pitanja. Takve inicijative dobivaju pravi smisao i postaju uobičajeni oblik međusobnog komuniciranja tek u uvjetima zajedničkog raspolaganja životnim sredstvima, kada zajedničko rješavanje egzistencijalnih pitanja postaje zaista moguće. U uvjetima privatnog, pa i državnog vlasništva, inicijative za rješavanje takvih pitanja imaju smisla samo ako su usmjerene prema centrima odlučivanja, ali se one ni tada ne ostvaruju ako ne odgovaraju onima koji stvarno odlučuju.

Pri zajedničkom raspolaganju životnim sredstvima inicijative za rješavanje egzistencijalnih pitanja usmjerene su prema svim subjektima kojih se ta pitanja tiču i imaju izgleda da se realiziraju uvijek kad izražavaju njihov zajednički interes. Ovdje se svatko nalazi ne samo u položaju inicijatora nego i u položaju subjekta koji odlučuje o sudbini pokrenutih inicijativa. To osigurava da se među zainteresiranim subjektima uspostavlja odnos uzajamnog uvažavanja i odgovornog pristupanja svim pokrenutim inicijativama. Da bi se uspostavila stvarna ravnopravnost u odlučivanju, svaka se inicijativa mora uzimati u razmatranje i prema njoj zauzimati zajednički stav zainteresiranih subjekata.

Uzajamno uvažavanje subjekata odlučivanja ne isključuje međusobnu kritiku, koja je pri demokratskom sučeljavanju različitih inicijativa neizbježna. U uvjetima privatnog, pa i državnog raspolaganja životnim sredstvima kritika je ili sasvim isključena, ili jednostrana u tom smislu da se upućuje samo od centara i prema centrima odlučivanja, pri čemu se ovaj drugi smjer često sputava. Između najvećeg broja subjekata o čijim se životnim potrebama odlučuje, kritika se ne razvija niti za to ima osnove.

Nasuprot tome, zajedničko odlučivanje podrazumijeva međusobnu kritiku svih zainteresiranih subjekata koji su istovremeno i subjekti odlučivanja. Funkcija ove kritike nije u produbljivanju nego, naprotiv, u prevladavanju mogućih sukoba. Ona se, prije svega, ne sastoji samo u negiranju već i u potvrđivanju pokrenutih inicijativa. A ukoliko postoje neslaganja, ona se prevladavaju pronalaženjem zajedničkih opredjeljenja osnovanih na zajedničkom interesu. Kritika se u takvoj funkciji pojavljuje kao način sporazumijevanja među ljudima.

Takva kritika isključuje svako obezvređivanje ljudske ličnosti. Neposredni predmet kritike nisu sami ljudi, nego konkretne inicijative i stavovi, bez obzira na to ko su njihovi nosioci. Kako se vrši sa stajališta zajedničkog interesa, kritika se i sama pokazuje kao zajednički interes subjekata odlučivanja. To je bitan uvjet da se ona i dobronamjerno upućuje i s razumijevanjem prihvaća.

S razvijanjem takve kritike stvaraju se otvorenost i uzajamno povjerenje kao značajni činioci međusobnog zbližavanja ljudi. Zajedničko odlučivanje o osobnom dohotku najsnažnije potiče ovakvo zbližavanje upravo zbog toga što je vezano za osiguranje osnovnih preduvjeta ljudske egzistencije. Zatvorenost, nesnošljivost, zavist i drugi oblici egocentričnog ponašanja ustupaju pred potrebom samoupravnog dogovaranja o uvjetima zajedničke egzistencije.

Zajedničkim odlučivanjem o osobnom dohotku najneposrednije se prevladava međuljudska podvojenost osnovana na privatnovlasničkim odnosima. Dijalog s drugima pretvara se u dijalog sa samim sobom, i obratno. To što u procesu odlučivanja proživljava cijela zajednica, proživljava za sebe i svaki njen član jer odlučivanje o zajedničkim potrebama istovremeno je odlučivanje i o vlastitim potrebama.

Iz toga proistječe odgovarajući odnos i prema provođenju zajedničkih odluka. One se u svijesti pojedinca reflektiraju kao neposredni izraz njegove vlastite volje, što ga motivira i na njihovo dobrovoljno provođenje. Budući da izražavaju zajednički interes, takve odluke same po sebi potiču na zajedničku akciju za njihovo ostvarivanje, u kojoj također dolazi do međusobnog povezivanja i uzajamnog utjecaja svih zainteresiranih subjekata.

Svijest o zajedništvu interesa koja se formira u procesu samoupravnog odlučivanja o stvaranju i upotrebi osobnog dohotka, utječe da samoupravne odluke provode i pojedinci čiji se individualni interesi trenutno sukobljavaju sa zajedničkim interesom. Primjeri iz prakse pokazuju da demokratski formirano javno mnjenje u takvim slučajevima djeluje mnogo efikasnije od prijetnje državnom prisilom. Ako je oslanjanje na državnu prisilu ipak neizbježno, ono sada mora biti u isključivoj funkciji realizacije samoupravnih odluka jer o osobnom dohotku ne može odlučivati nitko drugi do sami udruženi radnici.

S obzirom na to, i kontrolu provođenja samoupravnih odluka o osobnom dohotku mogu provoditi jedino udruženi radnici. Time se kontrola praktično pretvara u samokontrolu, koju svi vrše uzajamno jer su odnosi subordinacije ukinuti. Sada svatko postaje „kontrolor" ne samo tuđih nego i svojih vlastitih postupaka, dok na kraju kontrola kao odnos među ljudima potpuno ne iščezne.

Da bi ostvarivalo svoju funkciju u ovladavanju radnika društvenom reprodukcijom, samoupravno odlučivanje o osobnom dohotku mora se upravljati prema objektivnim ekonomskim zakonitostima. U tom slučaju ono isključuje svaki voluntarizam i proizvoljnosti koje mogu dovoditi do međusobnog sukobljavanja radnika. Nesporazumi mogu se pojavljivati osobito pri odlučivanju o raspodjeli osobnog dohotka. Samoupravnog sporazumijevanja, u stvari, i ne može biti bez striktnog poštovanja principa da u raspodjeli dohotka svatko sudjeluje prema doprinosu koji je svojim radom dao njegovom stvaranju.

Svakidašnji primjeri iz prakse to najbolje potvrđuju. Kad god se sredstva za osobne dohotke dijele na osnovi proizvoljne procjene radnog učinka ili ocjene izvršioca, neizbježno dolazi do nesporazuma i međusobnog sukobljavanja, bez obzira na to tko je subjekt ocjenjivanja (poslovođa, izabrana komisija ili cijeli kolektiv). Čak i kad je ocjena potpuno objektivna, nitko ne prihvaća kvalifikaciju da je slabiji radnik od ostalih. Takva kvalifikacija redovito se shvaća kao povreda osobnog integriteta.

Nasuprot tome, gdje god su primijenjena objektivizirana mjerila radnog doprinosa, nesporazumi odo raspodjele osobnog dohotka su nestali. Tada se odlučivanje o raspodjeli praktično sastoji u verifikaciji radnog učinka i obračuna osobnog dohotka. Jer kad postoje objektivizirana mjerila, svaki radnik može pratiti kretanje svoga učinka i uspoređivati ga s učinkom ostalih radnika.

VI

OSOBNI DOHODAK I PRODUKTIVNOST RADA

Odnos osobnog dohotka i produktivnosti može se promatrati u neposrednom i posrednom obliku. Neposredni odnos izražen je u neposrenoj zavisnosti visine osobnog dohotka od ostvarene produktivnosti rada, dok se posredni utjecaj osobnog dohotka na produktivnost vrši preko niza faktora, od kojih su najznačajniji: radne sposobnosti, naučno-tehnički progres i organizacija rada. Budući da ti faktori određuju razinu produktivnosti, a time i veličinu dohotka, raspodjelom prema radu stvara se neposredni interes svih radnika za njihovo unapređivanje.

Osobni dohodak kao motivacija produktivnosti

Osobnim dohotkom uspostavlja se neposredna zavisnost egzistencije radnika od rezultata njegovog rada. Takva vrsta zavisnosti pojavila se u začetnom obliku u prvobitnoj zajednici, a zatim je s prvim oblicima otuđivanja rada iščezla. Razina zadovoljavanja životnih potreba prvobitne zajednice bila je neposredno određena količinom životnih sredstava koja je ona uspijevala pribaviti. Ona je bivala viša što je ova količina bila veća, i obratno. Kako se, međutim, ova međuzavisnost održavala na granici fiziološkog minimuma, borba za veću količinu životnih sredstava nije proistjecala iz slobodne volje nego iz slijepog nagona za održanjem.

Interes proizvođača za podizanjem produktivnosti rada nije, međutim, stvoren ni onda kada se počeo stvarati određeni višak iznad općeg fiziološkog minimuma, ako se taj višak od njega otuđivao. Tako je u cijelom klasnom razdoblju u razvoju ljudskog društva proizvođač uglavnom ostao nezainteresiran za produktivnost rada, s kojom razina njegove životne egzistencije nije stajala u neposrednoj vezi. Dok je produktivnost rasla, život proizvođača ostajao je uglavnom na fiziološkom minimumu.

Raspodjelom prema radu životna razina proizvođača dovodi se u neposrednu zavisnost od produktivnosti jer veličinu osobnog dohotka objektivno određuje količina društveno valoriziranog rada. Što je veća količina ovog rada, bit će veći ukupni dohodak od kojeg neposredno zavisi i veličina osobnog dohotka. Rast osobnog dohotka, bar kao dugoročna tendencija, razmjeran je rastu produktivnosti rada. U svakom slučaju, osobni dohodak ne može dugoročno rasti ako ne raste produktivnost.

Iz ove uvjetovanosti proistječe interes radnika za neprekidnim povećavanjem produktivnosti rada. U tome se najevidentnije izražava revolucionarna uloga osobnog dohotka i socijalističke raspodjele u razvoju proizvodnih snaga društva. Već dosadašnja iskustva pokazuju da se u njima kriju neslućene mogućnosti za kontinuirani rast produktivnosti. U organizacijama koje raspodjelu prema radu dosljedno provode, godišnji porast produktivnosti rada kreće se između 15 i 20%, a ponegdje i preko 20%.

Neposredna veza između osobnog dohotka i produktivnosti rada može se analizirati na samom obrascu pomoću kojeg se utvrđuje visina osobnog dohotka. Ako se apstrahiraju minuli i inventivni rad (Mr i Ir) i pretpostavi da su uvjeti rada, utrošak opredmećenog rada i kvaliteta rezultata rada (Ku, Ko i Kk) normalni, obrazac $Od = (K \cdot T \cdot Ku \cdot Ko \cdot Kk \cdot Jr + Mr + Ir)$. Jo može se svesti na $Od = K \cdot T \cdot Jr \cdot Jo$, ili na $Od = Vr \cdot Jr \cdot Jo$, gdje Vr označava relativnu vrijednost jedinice rezultata rada, Jr broj tih jedinica, a Jo veličinu osobnog dohotka po jedinici rezultata rada. Ako su Vr i Jo konstantni, onda će se Od mijenjati prema tome kako se mijenja Jr.

Visina osobnog dohotka je, dakle, u direktnoj zavisnosti od broja ostvarenih jedinica rezultata rada. Što je broj jedinica rezultata rada u jedinici vremena veći, bit će veći osobni dohodak po jedinici vremena. To neposredno motivira radnika da za isto vrijeme ostvari što veći učinak, koji će mu donijeti i veći osobni dohodak.

Visina osobnog dohotka mjeri se kao i produktivnost rada, u jedinici vremena, pa se i statistički izražava kao mjesečni, tromjesečni ili godišnji dohodak. To je sasvim razumljivo jer se i osobne potrebe moraju zadovoljavati u određenom vremenu. Visina osobnog dohotka sama za sebe ne govori mnogo ako se ne dovede u vezu s vremenom u kojem zadovoljava ljudske potrebe. Otuda težnja da se za isto vrijeme ostvari što veći dohodak, koja upravo i potiče borbu za produktivnost rada.

Istina, veći radni učinak, pa zavisno od toga i veći osobni dohodak, može se ostvariti i s povećanim intenzitetom rada. Budući da se produktivnost ponekad brka s intenzitetom rada, zahtjevi za njenim podizanjem kvalificiraju se kao nehumani i suprotstavljaju principima socijalističkog morala. Povećana produktivnost daje, međutim, veći radni učinak s istom, a povećani intenzitet s većom količinom živog rada u jedinici vremena. Iako povećanje produktivnosti može biti praćeno povećanim intenzitetom rada, pravilo je upravo obrnuto — da povećavanje produktivnosti rada vodi smanjivanju njegovog intenziteta.

Zahtjevi za podizanje produktivnosti rada nisu, prema tome, nehumani ni u samom kapitalizmu ako ne vode otpuštanju radnika s posla. Nehumana strana tejlorizma nije u podizanju produktivnosti, nego u povećavanju intenziteta rada, koje vodi maksimalnom iscrpljivanju radnika. U uvjetima žestoke konkurencije kapitalist nije ni mogao birati sredstva da ostvari veći profit. Konkurencija na svjetskom tržištu primoravala je i socijalističke zemlje da nisku produktivnost kompenziraju povećanim intenzitetom rada.

Zbog relativno ograničenih mogućnosti za podizanje produktivnosti, težnja za povećanjem intenziteta rada ne može sasvim niti odjednom iščeznuti ni u socijalizmu. Ona, u stvari, predstavlja jedan od neminovnih izraza i proturječnosti između životnih potreba i ograničenih mogućnosti njihovog zadovoljavanja. U kapitalizmu takva težnja izražava interes kapitalista, a u socijalizmu interes samog radnika. I dok tamo dovodi do klasnog konflikta, ovdje se taj konflikt sve više ispoljava kao sukob radnika sa samim sobom. Granicu između životnih potreba i mogućnosti njihovog zadovoljavanja sada svjesno povlači sam radnik.

Uvjetovanost osobnog dohotka količinom uloženog rada može radnika poticati da intenzitet svog rada sam podiže iznad normalnih granica i tako se iscrpljuje. I time se pokušava dokazati nehumanost raspodjele prema radu. Pri tome se ne uočava da korijeni nehumanosti leže već u ograničenim mogućnostima zadovoljavanja osnovnih životnih potreba i da raspodjela prema radu označava veliku historijsku prekretnicu na putu prevladavanja te ograničenosti. I dok se ranije nehumanost ispoljavala u odnosu čovjeka prema čovjeku, sada se ona povlači u intimnu sferu odnosa čovjeka prema samom sebi, gdje konačno i nestaje.

Intenzitet ljudskog rada ima određenu fiziološku granicu koju ne može prijeći, a kreće li se iznad normalnog opterećenja ljudskog organizma, on neizbježno utječe na skraćenje radnog vijeka. Svijest o tome utjecat će da se pažnja radnika sve više usredotočuje na podizanje produktivnosti umjesto na povećavanje intenziteta rada. Za razliku od intenziteta rada, mogućnosti za podizanje produktivnosti praktično su neograničene.

Broj jedinica rezultata rada može se s istim ili čak i manjim utroškom živog rada povećavati podizanjem produktivnosti rada. Pravi interes radnika upravo i jest u tome da neprekidno smanjuje količinu živog rada po jedinici proizvoda i da tako sa što manje rada stvara što više. To je i jedini pravi put oslobađanja rada i stvaranja izobilja životnih sredstava, bez kojeg se ne može ostvariti konačni historijski cilj radničke klase.

Pravi put za neprekidno povećavanje osobnog dohotka sastoji se, dakle, u podizanju produktivnosti rada. Da bi poboljšavao uvjete egzistencije, radnik svoju pažnju mora, zbog toga, usredotočiti na jačanje faktora produktivnosti. Umjesto iscrpljivanja na poslu, on svoje stvaralačke snage mora usmjeriti, prije svega, na razvijanje nauke i tehnike, organizacije rada i vlastitih sposobnosti.

Budući da je rad udružnog radnika društven, visina njegovog osobnog dohotka zavisi kako od njegove individualne, tako i od ukupne društvene produktivnosti. Zavisnost od društvene produktivnosti je dvojaka. Prije svega, i sama individualna produktivnost povećava se u zavisnosti od povećavanja društvene produktivnosti. Ta je zavisnost utoliko veća što je rad više podruštvljen i što su sredstva proizvodnje razvijenija. Usavršavanje jednog stroja koji opslužuje grupa radnika, najčešće dovodi do povećanja produktivnosti cijelog tima. Kad se usavrši tehnologija radnog procesa, istovremeno se povećava produktivnost svih radnika koji su u njemu angažirani, a inovacija se ubrzo širi od jedne organizacije do druge. Produktivnost jednog radnika često se objektivno ne može povećati, a da se istovremeno ne poveća produktivnost drugih radnika.

Drugi oblik zavisnosti osobnog dohotka od društvene produktivnosti vezan je za društvenu valorizaciju rada. Dio zajedničkog proizvoda ne može se valorizirati ako nisu proizvedeni ostali dijelovi. Što vrijedi za dio proizvoda, vrijedi i za cijeli proizvod u odnosu prema ukupnoj masi proizvoda koji služe zadovoljavanju životnih ili proizvodnih potreba. Pri ograničenim mogućnostima zadovoljavanja ljudskih potreba jedan proizvod može se valorizirati samo ako se razmijeni za proizvod druge vrste.

U obrascu $Od = Vr \cdot Jr \cdot Jo$ zavisnost osobnog dohotka od društvene produktivnosti izražava se u njegovoj visini po jedinici rezultata rada (Jo). Kad je broj jedinica rezultata rada (Jr) konstantan, visina osobnog dohotka (Od) će se mijenjati razmjerno mijenjanju njegove visine po jedinici rezultata rada (Jo). Kad se Jr i Jo mijenjaju istovremeno, moguće su različite varijante. Od može ostati nepromijenjeno ako se Jr i Jo promijene podjednako, ali u suprotnim smjerovima, to jest ako se Jr poveća isto toliko koliko se Jo smanji, i obratno. Moguće je da se Od smanji čak i kad se Jr poveća ako se Jo smanji u većoj mjeri.

Interes je, prema tome, svakoga udruženog radnika da se neprekidno povećava ne samo njegova individualna nego i ukupna društvena produktivnost. Taj interes osigurava da radnici udruženim snagama i zajednički unapređuju faktore produktivnosti. Nauka, tehnika, organizacija rada, pa i same radne sposobnosti radnika ne mogu se na visokom stupnju svoga razvoja ni unapređivati drugačije nego zajedničkim angažiranjem udruženih radnika.

Ali zajednički interes za podizanje produktivnosti još ne isključuje mogućnost da se osobni dohodak ostvaruje nezavisno od povećanja produktivnosti, pa čak i na njegovu štetu. Ograničene mogućnosti zadovoljavanja životnih potreba same po sebi uvjetuju težnju za neograničenim povećavanjem osobnog dohotka po svaku cijenu. Mogućnost da se takve težnje ostvaruju na štetu produktivnosti, pruža i neracionalno korištenje opredmećenog rada ako se njegovo racionalno korištenje ne uključuje u osnove raspodjele.

Zbog toga se osobni dohodak mora dovesti u zavisnost od produktivnosti u širem smislu — kao utroška ukupnog (živog i opredmećenog) rada po jedinici proizvoda. Takvu zavisnost osiguravaju normativi opredmećenog rada kao jedno od mjerila raspodjele osobnog dohotka, koji istovremeno predstavljaju jedno od mjerila produktivnosti. Svaki manji utrošak opredmećenog rada od normalnog povećava, a svaki veći smanjuje ukupnu produktivnost jer smanjuje ili povećava ukupnu količinu rada po jedinici proizvoda.

Neracionalno trošenje opredmećenog rada može preko povećenog učinka utjecati na povećanje osobnog dohotka pojedinca, ali na račun smanjenja ukupne produktivnosti, pa samim tim i ukupnog dohotka. Pojedinac će svoj osobni dohodak tako uvećati na štetu ostalih radnika jer što je manji ukupni dohodak, bit će manja i visina osobnog dohotka po jedinici rezultata rada, ali će to umanjenje kod radnika koji neracionalno troši opredmećeni rad biti prekompenzirano uvećanim brojem jedinica rezultata rada. Ako, međutim, svi radnici podjednako neracionalno troše opredmećeni rad, svi će trpjeti podjednako umanjenje osobnog dohotka, što je samo teorijska pretpostavka.

Proširi li se obrazac za utvrđivanje visine osobnog dohotka koeficijentom opredmećenog rada (Od = Vr · Ko · Jr · Jo), jasno je da će visina osobnog dohotka rasti s njegovim povećavanjem, to jest sa smanjivanjem utroška opredmećenog rada po jedinici proizvoda. Povećavanje osobnog dohotka ima opravdanja samo zato što smanjivanje utroška opredmećenog rada doprinosi povećanju ukupne produktivnosti, pa time i povećanju dohotka odnosno visine osobnog dohotka po jedinici proizvoda. Isto je tako opravdano da se Od i smanji kad se smanji Ko jer se u tom slučaju ukupna produktivnost smanjuje, a s njom i dohodak.

Raspodjela prema radu utječe, dakle, na produktivnost potičući smanjenje i živog i opredmećenog rada u jedinici proizvoda. Obje vrste rada mogu se smanjivati, prije svega, razvijanjem radnih sposobnosti radnika, tehnike, tehnologije i organizacije rada. Iako se živi rad znatno brže smanjuje, razvoj tehnologije vodi i stalnom smanjivanju utroška opredmećenog rada po jedinici proizvoda. Vezivanje osobnog dohotka za ukupnu produktivnost potiče zajedničke napore udruženih radnika za smanjivanje obiju vrsta rada.

Osobni dohodak i razvijanje radnih sposobnosti

Utjecaj radnih sposobnosti na produktivnost rada nije potrebno dokazivati. To je jedini faktor bez kojeg se nijedan rad ne može uopće obavljati. Ispitivanja koja su do sada vršena pokazuju da on i u kvantitativnom pogledu zauzima prvo mjesto u odnosu prema ostalim faktorima. Zbog toga i osobni dohodak najveći utjecaj na produktivnost vrši upravo time što potiče neprekidno razvijanje radnih sposobnosti.

Od radnih sposobnosti najneposredniji utjecaj na produktivnost imaju stručno znanje i umješnost u obavljanju posla, ali one, u širem smislu, obuhvaćaju i fizičko, duhovno i zdravstveno stanje, razinu kulture i općeg obrazovanja radnika. U najširem smislu, radne sposobnosti uključuju i samu motivaciju za rad, kao pokretačku snagu.

Budući da je čovjek po prirodi stvaralačko biće, rad i sam po sebi predstavlja motiv koji mobilizira radne sposobnosti. Ali moć da sam mobilizira i reproducira radne sposobnosti, ima samo slobodan rad, koji znači potpuno slobodno ispoljavanje ljudskog generičkog bića. Takva razina slobode može se doći tek kada rad po svojoj produktivnosti nadmaši fiziološke potrebe čovjeka i sam sebi postane svrhom. Sve dotle on se ispoljava u prvom redu kao sredstvo zadovoljavanja fizioloških potreba, koje predstavlja osnovni motiv i razvijanja radnih sposobnosti i samoga rada.

Cijela predhistorija slobodne ljudske zajednice označava prvenstveno borbu za biološku reprodukciju čovjeka. U prvobitnoj zajednici ova borba je najneposrednije izražena, pa je i razvijanje radnih sposobnosti najneposrednije vezano za pribavljanje životnih sredstava. U klasnom društvu ona je posredovana privatnim vlasništvom i klasnim odnosima. Da bi se održao u životu, rob je morao razvijati svoje radne sposobnosti ne za to da bi neposredno sam sebi pribavljao životna sredstva, nego da bi koristio robovlasniku, što je i bio neposredni uvjet opstanka. Proleter se morao osposobljavati radi toga da bi svoju radnu snagu mogao prodati kapitalistu. Razvijanje radnih sposobnosti bilo je uvjet stvaranja upotrebne vrijednosti njegove radne snage ne za njega samoga nego za drugoga.

Pri državnoadministrativnoj raspodjeli životnih sredstava neposredni motiv radnog osposobljavanja postaje stjecanje kvalifikacije, koja je uvjet zapošljavanja i glavna osnova individualne raspodjele. To pokazuje i pojava da interes za stručno uzdizanje, po pravilu, i prestaje nakon stečene diplome ako se kao novi motiv ne javlja stjecanje više kvalifikacije. Naime, u takvim uvjetima diploma, a ne neposredno sam rad, predstavlja osnovu i materijalnog i društvenog položaja čovjeka.

Raspodjela prema radu umjesto kvalifikacije sam rezultat rada pretvara u neposredni motiv razvijanja radnih sposobnosti. Gubi li odlučujuću ulogu u raspodjeli, kvalifikacija automatski prestaje biti glavni motiv osposobljavanja za rad. Budući da rezultat rada postaje neposredni uvjet egzistencije, sva pažnja radnika usmjerava se na to kako da se on ostvari uza što manji utrošak radne energije, ili kako da se s istom energijom ostvari što veći radni učinak. Radne sposobnosti omogućuju mu da najneposrednije utječe na veličinu toga učinka.

Budući da razvijanje radnih sposobnosti praktično nema granica, ono postaje trajna i neprekidna briga radnika. Naime, svako povećanje tih sposobnosti omogućuje da se ostvari veći radni učinak, a time i veći osobni dohodak. Veza između radnih sposobnosti, produktivnosti i osobnog dohotka postaje sada sasvim neposredna i zbog toga očigledna za svakog radnika, što omogućuje da se stalno prate efekti osposobljavanja. To potiče na neprekidno razvijanje radnih sposobnosti, kod kojeg se više ne postavljaju konačni ciljevi u obliku stjecanja ove ili one kvalifikacije. Težnja za osposobljavanjem postaje praktično neograničena kao što su neograničene i same mogućnosti osposobljavanja. Budući da na produktivnost ne utječu samo stručno znanje i vještina u obavljanju posla nego i fizičko, duhovno i zdravstveno stanje, razina kulture i općeg obrazovanja i kako produktivnost sa svoje strane neposredno uvjetuje visinu osobnog dohotka, radnik postaje zainteresiran za svestrano razvijanje radnih sposobnosti. Pri najamnom odnosu takav interes još ne postoji, i radnik je tu praktično prisiljen da razvija samo one sposobnosti koje neposredno utječu na kvalitetu i količinu radnog učinka i koje poslodavac može kontrolirati.

I ova promjena utječe da radnik počinje mijenjati svoj odnos i prema sebi i prema drugim radnicima. Ne utječe naime samo visina osobnog dohotka na uvjete njegovog života, nego i uvjeti života, kao opći uvjet radne sposobnosti, utječu na visinu osobnog dohotka. Od uvjeta života zavisi razvoj svih radnih sposobnosti, koji se i odvija kroz sam život, čiji osnovni sadržaj čini upravo rad. Borba za osobni dohodak motivira radnika da se prema vlastitom životu odnosi i svestranije i humanije nego što se odnosio dok se nalazio u najamnom položaju.

Međutim, radnik se sada na sličan način odnosi i prema životu drugih radnika. Budući da se osobni dohodak stvara zajednički, njegova visina ne zavisi samo od radnih sposobnosti pojedinca nego od sposobnosti svih radnika. Zato svatko postaje zainteresiran za osposobljavanje svakoga. To upravo i čini da razvijanje radnih sposobnosti postaje stvar zajedničkog napora udruženih radnika.

Međutim, i osobni dohodak je u funkciji posredovanja između životnih potreba i rada kao sredstva njihovog zadovoljavanja. Zbog toga je njime posredovano i razvijanje radnih sposobnosti. Sve dok se rad pojavljuje kao sredstvo zadovoljavanja životnih potreba, i radne sposobnosti će se ispoljavati kao sredstvo rada. Otuda se i njihovo razvijanje ne ispoljava kao neposredna životna potreba i zadovoljstvo čovjeka nego u prvom redu kao životna nužda.

Razvijanje radnih sposobnosti još je, kao i sam rad, ograničeno društvenom podjelom rada. Radnik je, radi ostvarivanja dohotka, prisiljen da radi samo određeni posao. A da bi ga mogao obavljati, on mora razvijati odgovarajuće sposobnosti. Za razvijanje ostalih sposobnosti ne samo što nije motiviran nego nema ni mogućnosti. Budući da se radne sposobnosti mogu razvijati samo radom, one su objektivno determinirane njegovom društvenom podjelom.

To što radnika u društvenoj podjeli rada stvarno najviše privlači, nije rad sam po sebi nego njegov rezultat. Zbog toga se on, po pravilu, odlučuje za onaj posao koji osigurava veći dohodak, a objektivno se i ne može odlučiti za posao koji uopće ne donosi dohodak. Otuda radnik i ne razvija u prvom redu sposobnosti za koje je najviše predisponiran nego one koje će mu omogućiti da ostvaruje najveći dohodak.

Kao motiv rada, osobni dohodak, dakle, dvostruko ograničava razvoj ljudske ličnosti: najprije time što ga svodi na najuži krug sposobnosti, a zatim i time što ove selekcionira prema društvenim potrebama, a ne prema osobnim sklonostima. Ukidanje ovih ograničenosti pretpostavlja ukidanje dohotka, koje opet nije moguće bez ukidanja društvene podjele rada. Ukoliko se podjela rada još zadržava, radne sposobnosti se nezavisno od nje mogu svestranije razvijati slobodnim aktivnostima, koje često ne donose nikakav dohodak, ili se on ovdje pojavljuje kao nusprodukt zadovoljavanja potrebe za samim radom.

Ukoliko se skraćuje radno vrijeme potrebno za ostvarivanje dohotka, utoliko će više vremena ostajati za slobodne aktivnosti, kroz koje će se radne sposobnosti svestranije razvijati. Što se, međutim, ljudski rad više intelektualizira, on i kao sredstvo ostvarivanja dohotka postaje svestraniji, pa svestranije razvija i radne sposobnosti. S razvojem nauke i tehnike ne samo što će se svaki rad sve više pretvarati u naučno-stvaralačku aktivnost nego će se istovremeno stvarati mogućnosti za jednostavnu promjenu posla, a time i za sukcesivno razvijanje različitih sposobnosti.

Kao što različite radove odvaja jedan od drugog, društvena podjela rada i osposobljavanje za rad odvaja od samoga rada. Budući da ne donosi dohodak jer ne stvara neposredno upotrebne vrijednosti, osposobljavanje za rad se i ne smatra radom. Ovdje se najevidentnije pokazuje koliko je rad kao sredstvo života još dominantan nad radom kao samim životom, a proizvod rada nad njegovim procesom.

Osposobljavanje za rad u biti je dio radnog procesa. To je posredno izraženo i u vrijednosti samog proizvoda rada. Proizvod složenijeg rada ima veću vrijednost upravo zbog toga što zahtijeva duže osposobljavanje radnika. Kad ne bi zahtijevao nikakvo stručno obrazovanje, rad kirurga plaćao bi se isto kao rad nekvalificiranog drvosječe. Ako se, međutim, osposobljavanje ne odvija u neposrednom procesu stvaranja proizvoda, njegov utjecaj ostaje nevidljiv, pa se čini da je složenost rada kao činilac vrijednosti dana sama po sebi.

Budući da je dohodak svojevrstan izraz društvenog oblika vrijednosti, on ovaj privid i sam implicira, pa se čini kao da osposobljavanje za rad uopće ne sudjeluje u njegovom stvaranju. Raspodjelom prema radu taj se privid razotkriva jer udruženi radnici sve više ovladavaju zakonom vrijednosti, ali podvojenost rada i osposobljavanja za rad ne može se dokraja prevladati sve dok postoji društvena podjela rada i dok zakon vrijednosti vlada društvenom reprodukcijom. Jer društvenu osnovu dohotka ne čini neposredno sam proces rada već njegov rezultat.

Razvoj socijalističkih produkcionih odnosa i sam naučno-tehnički progres, međutim, sve više djeluju u pravcu integracije radnog osposobljavanja i rada kao neposrednog procesa stvaranja. Ona je uvjetovana prvo, time što se na osnovama društvenog vlasništva i produkcioni odnosi i tehnologija proizvodnje neprekidno razvijaju, a drugo, što se proces rada sve više pretvara u proces naučnog istraživanja. Prvi faktor djeluje u tom smislu da se proces radnog osposobljavanja preplice s neposrednim procesom stvaranja, a drugi da se oni praktično identificiraju.

Kada rad u cjelini dobije karakter duhovnog i naučnog stvaralaštva, proces razvijanja radnih sposobnosti će se potpuno sjediniti s procesom samog stvaranja. Ali tada će on i prestati da se ispoljava kao sredstvo života i kao mjera vrijednosti životnih sredstava jer će se neposredno ispoljavati kao život koji se iznutra, sam po sebi i sam za sebe, reproducira.

Osobni dohodak i naučno-tehnički progres

Podizanje produktivnosti rada osnovni je smisao naučno-tehničkog progresa. Svako unapređenje tehnike i tehnologije proizvodnje usmjereno je, u krajnjoj liniji, na supstituciju ljudskog rada mehaničkim radom i smanjenje njegove količine u jedinici proizvoda. Zbog toga se interes za povećanje produktivnosti pojavljuje kao osnovna društvena snaga koja pokreće razvoj nauke i tehnike. Razumljivo je što je njegov nosilac uvijek onaj tko prisvaja rezultate povećane produktivnosti i tko uostalom i raspolaže tehnikom.

U prvobitnoj zajednici to je praktično bio svaki pojedinac jer su savršenija oruđa omogućavala da se lakše pribave sredstva za život. U klasnom društvu interes za unapređenje tehnike i tehnologije proizvodnje sužen je na vladajuću klasu jer podizanje produktivnosti praktično nije utjecalo na poboljšanje egzistencije proizvođača. Preuzimanjem sredstava za proizvodnju od vladajuće klase, država je preuzimala i društvenu odgovornost za njihov razvoj. Sve dok sam ne počne raspolagati sredstvima i rezultatima svoga rada, proizvođač ne pokazuje interes za razvoj nauke i tehnike jer ne samo što mu ne donosi koristi nego mu ponekad čak i ugrožava egzistenciju.

S uspostavljanjem društvenog vlasništva ovaj se odnos potpuno mijenja. Zbog neposredne zavisnosti osobnog dohotka od produktivnosti, svaki radnik postaje zainteresiran za razvoj nauke i tehnike. Time se otvaraju neslućene mogućnosti za ubrzanje naučno-tehničkog progresa, koje se ogledaju osobito u povećanim ulaganjima, općedruštvenom poticanju naučno-istraživačkog rada i neposrednom angažiranju sve većeg broja radnika na unapređivanju tehnike i tehnologije.

Veća ulaganja u razvoj nauke i tehnike proistječu ne samo iz povećanih materijalnih mogućnosti nego, prije svega, iz šireg i snažnijeg društvenog interesa za takav razvoj. Dok je ranije neposredni nosilac ovog interesa bila samo vladajuća klasa ili država, sada je to praktično cijelo društvo. Osim toga, slobodno udruženi proizvođač dvostruko je zainteresiran za naučno-tehnički progres: prvo, zbog povećanja dohotka, i drugo, zbog oslobađanja vlastite energije. Ovim posljednjim nisu bili motivirani ni eksploatatorska klasa ni država, zbog čega su se olako odlučivali da nisku produktivnost nadoknađuju povećanim intenzitetom rada. Osim toga, interes poslodavca za podizanje produktivnosti poticanu je izvana, prije svega konkurencijom, dok interes udruženog radnika proistječe, prije svega, iz njegove osobne potrebe.

Unapređenje tehnike i tehnologije čini okosnicu razvoja materjalne osnove rada. Na visokom stupnju razvoja ova se osnova praktično ne proširuje bez istovremenog unapređivanja. Dinamika razvoja već je takva da se tehnika i tehnologija često promijene prije no što se završe hale novih pogona. Da bi se držao korak s takvom dinamikom, mora se neprekidno ići u inovacije, jer kao u svakoj utakmici, i ovdje pobjeđuje onaj tko prednjači.

S obzirom na to da samo savršenija opremljenost rada podiže njegovu produktivnost, ona će uvijek i biti u središtu interesa udruženih radnika za razvoj materijalne osnove. S većom produktivnošću, savršenija opremljenost rada donijet će i veći dohodak, iz kojeg se jedino mogu povećati osobni dohoci. To je i najsnažniji motiv da udruženi radnici jedan dio dohotka neprekidno usmjeravaju u razvoj nauke i tehnike, i to ne na račun, nego u cilju bržeg povećavanja osobnog dohotka.

Povećana ulaganja u ravoj nauke i tehnike su i najveći poticaj za naučno-istraživački rad i inventivnu djelatnost uopće. Budući da udruženi radnici zajednički raspolažu ostvarenim dohotkom, svi se pojavljuju kao investitori ove djelatnosti. Na taj način cijelo društvo postaje neposredni nosilac naučno--tehničkog progresa. Potreba za razvojem nauke i tehnike pretvara se u općedruštvenu potrebu, koja se zadovoljava samoupravnim udruživanjem rada i sredstava.

Ulaganja u razvoj nauke i tehnike ne potiču, međutim, sama po sebi inventivnu djelatnost. Zbog toga nije odlučujuća njihova veličina, nego način na koji se vrše. Poticajnu snagu sredstava namijenjenih za razvoj nauke i tehnike čini prije svega njihova raspodjela prema rezultatima rada odnosno prema realiziranim programima inventivne djelatnosti. Samoupravnim udruživanjem sredstava ne financira se inventivna djelatnost sama po sebi, nego se ta sredstva neposredno razmjenjuju za njene rezultate.

Takav odnos ima višestruke efekte. Prvo, uložena sredstva efikasno se koriste, tako da se postižu maksimalni rezultati. Drugo, najveći osobni dohodak ostvaruju oni radnici koji svojim inventivnim radom daju najveći doprinos unapređivanju tehnike i tehnologije. Treće, svrsishodno se usmeravaju stvaralački kadrovi prema onim djelatnostima u kojima mogu dati najveći doprinos. Pri takvoj raspodjeli naime postaje irelevantno tko je nosilac istraživačkog programa ili zadatka. Odlučujući su rezultati koji se daju, što ima za posljedicu da se ukida naslijeđeni monopol na inventivnu djelatnost, koji neizbježno vodi u dekadenciju.

To upravo uvjetuje da se inventivnim radom počinje baviti sve veći broj radnika u svim djelatnostima. Mogućnosti unapređivanja ljudskog rada i prostorno i vremenski su neograničene, tako da se nikad ne mogu iscrpsti institutskim radom. Zbog toga se u angažiranju cjelokupnog stvaralačkog potencijala kriju goleme rezerve za neprekidno unapređivanje ljudskog rada. Štoviše, s razvojem proizvodnih snaga postajat će sve nužnije da se praktično svaki radnik bavi inventivnom djelatnošću jer će i svaki rad po svojem sadržaju sve više postajati stvaralački.

U uvjetima socijalističke raspodjele interes svakog radnika da se bavi inventivnim radom postaje višestruk. Prije svega, inventivni rad neposredna je osnova za stjecanje osobnog dohotka. Što je veći doprinos ovim radom, bit će veći i osobni dohodak. Drugo, inventivni rad preko povećanja produktivnosti i posredno utječe na visinu osobnog dohotka jer pridonosi povećanju ukupnog dohotka. Na kraju, kako udruženi radnici sami odlučuju o primjeni rezultata inventivnog rada, svaki koristan izum naći će svoju praktičnu realizaciju, što predstavlja i najveću moralnu stimulaciju.

U inventivnoj djelatnosti već se izjednačava rad kao sredstvo zadovoljavanja životnih potreba s radom kao neposrednom životnom potrebom. Inventivni rad jedino i može predstavljati neposrednu životnu potrebu jer samo takav rad znači slobodno ispoljavanje čovjekovog generičkog bića. I obrnuto, bez osjećaja neposredne potrebe za radom ne može biti ni pravog inventivnog rada. S uspostavljanjem socijalističke raspodjele inventivni rad prvi put postaje slobodan u tom smislu da ulazi u ekvivalentnu razmjenu s ostalim radovima.

Takva sloboda inventivnog rada nije, međutim, potpuna upravo zbog toga što se on još ispoljava i kao sredstvo egzistencije. Pune slobode stvaralaštva ne može biti sve dok se čovjek potpuno ne oslobodi brige za opstanak. Takva sloboda isključuje svako vlasništvo i svaku raspodjelu kao društveni odnos. Raspodjela prema radu samo je put do pune slobode stvaralaštva, ali je ona sama ne osigurava. Potpuna sloboda će nastati onda kada životnih sredstava bude toliko da se ne moraju uopće raspodjeljivati među ljudima, kao što se danas ne raspodjeljuje zrak ili sunčana svjetlost.

Pokušaji koji se danas u nekim zemljama čine da se vrhunski stvaraoci državnim mjerama oslobode brige za egzistenciju, nisu put do pune slobode stvaralaštva. Takva sloboda naime ne predpostavlja samo pun želudac nego i neograničenu mogućnost društvenog ispoljavanja, uključujući i neograničenu mogućnost samog stvaranja. Takve mogućnosti ne može, međutim, pružiti nijedna država jer svaka država počiva na odnosima subordinacije, koji u svim djelatnostima i u svakom području društvenog života bitno ograničavaju ljudsku slobodu. Beneficije koje država daje uvijek su uvjetovane strogim pokoravanjem njenim zahtjevima. Uostalom, one se mogu dati samo pojedincima, a pune slobode stvaralaštva ne može biti bez slobode za sve.

Proturječnost između rada kao sredstva egzistencije i rada kao neposredne životne potrebe može se razriješiti samo podizanjem produktivnosti na takvu razinu koja će proizvod rada učiniti praktično bezvrijednim sredstvom egzistencije. Inventivni rad igra u tome dvostruku ulogu: kao osnova raspodjele osobnog dohotka i kao neposredno oslobađanje rada njegovim pretvaranjem iz objektivne nužde u stvaralačku igru ljudskog intelekta.

Zbog ove specifičnosti inventivni rad ne može se ograničiti na određeno radno vrijeme. Sloboda stvaralaštva isključuje sva društvena ograničenja, pa i ona koja bi se odnosila na vrijeme njegovog trajanja. Štoviše, da bi se ubrzao naučno-tehnički progres, društvo bi moralo stvarati uvjete da se inventivni rad, nezavisno od redovnog radnog vremena, odvija u svako vrijeme.

Osobni dohodak i organizacija rada

Uloga organizacije rada u podizanju produktivnosti je, prije svega, u tome što svrsishodnim i racionalnim usklađivanjem činilaca živog i opredmećenog rada smanjuje njihov utrošak po jedinici proizvoda. U širem smislu organizacija rada obuhvaća, međutim, i usklađivanje rada s društvenim potrebama, koje također utječe na produktivnost. Produktivnošću rada u društvenom smislu ne može se naime smatrati stvaranje bilo kakvih proizvoda, nego samo onih koji služe zadovoljavanju društvenih potreba.

Rad koji stvara proizvode koji se ne mogu upotrijebiti, nije društveno produktivan. To vrijedi i onda kada su ti proizvodi sami po sebi upotrebljivi, ali za njima ne postoji potreba, pa čak i onda kada potreba postoji, ali se iz bilo kojeg razloga ne može zadovoljiti. Produktivan je samo onaj rad koji stvara upotrebne vrijednosti, a upotrebnu **vrijednost** ima proizvod koji se stvarno upotrebljava. Predmet koji čovjeku nije dostupan nema za njega upotrebnu vrijednost isto kao i onaj za kojim ne osjeća potrebu. Tone prehrambenih proizvoda bačenih u more dok su milijuni ljudi umirali od gladi, nisu za te smrtnike imali nikakvu upotrebnu vrijednost baš kao ni za one koji su ih proizveli.

Odnos između društvenih potreba i rada bitno utječe na organizaciju rada. Što su potrebe raznovrsnije, i rad je raznovrsniji, a njegova organizacija složenija. U početku je organizacija rada bila krajnje jednostavna, kao što je bio jednostavan i sam rad na zadovoljavanju društvenih potreba koje su tek nastajale. Aktivnost na pribavljanju životnih sredstava je snagom nagona za održanjem još u velikoj mjeri stihijski usmjeravana.

U klasnom društvu organizacija rada podređuje se, prije svega, potrebama njegove materijalne reprodukcije. I kako je proizvođač ovdje u funkciji sredstava reprodukcije, on se u organizaciji rada pojavljuje kao objekt kojim se manipulira kao i svakim drugim sredstvom. Glavni subjekt organizacije rada jest sam vlasnik sredstava za proizvodnju, koji činioce proizvodnje usklađuje prema vlastitim ciljevima povećavanja materijalnog bogatstva.

S uspostavljanjem društvenog vlasništva organizacija rada se umjesto potrebama materijalne reprodukcije sve više podređuje potrebama reprodukcije samog života. Ulogu subjekta organizacije preuzima sam proizvođač, koji i reprodukciju materijalnog bogatstva i usklađivanje činilaca proizvodnje usmjerava, prije svega, prema potrebama vlastite egzistencije. Proizvođač se sada pojavljuje u trostrukoj ulozi. On je i materijalni činilac proizvodnje i subjekt njene organizacije, a reprodukcija njegovog života postaje osnovni cilj proizvodnje.

U prvobitnim oblicima proizvodnje organizacija rada još nije bila izdiferencirana kao posebna funkcija i predstavljala je nerazdvojni dio same proizvodnje koji je obavljao svaki proizvođač. Razvoj proizvodnje i društvena podjela rada, a osobito klasna diferencijacija društva, uvjetovali su njeno izdvajanje u poseban oblik rada, koji je najprije obavljao sam vlasnik proizvodnih sredstava, a zatim poseban i sve brojniji sloj specijaliziranih stručnjaka za organizaciju. Do pojave ovakvih stručnjaka došlo je upravo u kapitalizmu, koji je snažno potakao razvoj proizvodnje. Dok je raspolagao relativno malom radionicom, kapitalist je sav posao sam organizirao. Što se proizvodnja više širila, on je za obavljanje te funkcije morao iznajmljivati sve veći broj organizatora. Ni kapitalist kao pojedinac, ni kapitalistička klasa u cjelini, pogotovu nisu u stanju da proizvodnju upotrebnih dobara usklađuju s društvenim potrebama, zbog čega se ovaj odnos stihijski regulira posredstvom tržišta. U tome i jest jedan od uzroka što se ne samo organizacija rada nego i samo raspolaganje sredstvima proizvodnje prenose na državu.

Ali razvoj društvenih potreba i same proizvodnje čini i organizatorsku ulogu države sve neefikasnijom. Kao što su u organiziranju proizvodnje i raspodjele upotrebnih dobara pojedinci morali biti zamijenjeni čitavim ekipama organizatora, tako i državni aparat kao poseban subjekt društvene organizacije rada mora biti zamijenjen samoupravnom organizacijom cijelog društva. U takvoj organizaciji svaki član samoupravne zajednice mora sudjelovati u organiziranju društvenog rada, ali ne kao osamljeni pojedinac, nego kao udruženi radnik. Organizacija rada dobiva time samoupravni karakter i postaje u pravom smislu **društvena** organizacija rada.

Samoupravna organizacija rada počiva na općem interesu koji svaki radnik pokazuje za njeno razvijanje. U uvjetima klasne eksploatacije takav interes kod proizvođača nije mogao postojati jer on od bolje organizacije rada ne samo što nije imao koristi nego mu je ona često i ugrožavala egzistenciju zato što je bila podređena prvenstveno reprodukciji opredmećenog rada. Radi povećanja eksploatacije, primjenjivale su se i takve metode organizacije rada koje su imale za posljedicu krajnje iscrpljivanje radne snage.

Ako se organizacija rada podređuje prvenstveno reprodukciji radnika, takve se metode napuštaju, a traže se rješenja koja će uz povećanje produktivnosti za rezultat imati što veće olakšanje ljudskog rada. Eliminiranje „praznih hodova" u procesu rada ne samo što ne opterećuje radnika nego donosi veliko psihološko olakšanje, pogotovu kad se raspodjela vrši prema rezultatima rada. Ispitivanja obavljena u nekim organizacijama pokazuju da česti zastoji u procesu rada negativno utječu na psihičko stanje radnika čak i onda kada je on nezainteresiran za radni učinak.

Interes udruženog radnika za unapređivanje organizacije rada je, prema tome, dvojak, jer ono utječe i na povećanje osobnog dohotka i na humanizaciju rada. I sam utjecaj na povećanje osobnog dohotka vrši se dvojako: preko ukupnog dohotka i neposredno raspodjelom sredstava za osobne dohotke. Iako se vrše posebno, oba su utjecaja, međutim, međusobno uvjetovana jer doprinos unapređenju organizacije rada ne može, po pravilu, služiti kao osnova stjecanja osobnog dohotka ako nije povećan ukupni dohodak, a kad se ovaj poveća, onda slijedi i raspodjela osobnog dohotka prema doprinosu koji je radnik dao poboljšanjem organizacije rada.

Svaki doprinos unapređenju organizacije rada koji utječe na povećanje produktivnosti morao bi se, kao i doprinos unapređenju tehnike i tehnologije, uzimati za osnovu raspodjele osobnog dohotka. Na povećanje produktivnosti mogu čak i znatnije utjecati inovacije i racionalizacije u organizaciji nego u tehnici i tehnologiji rada. Zbog toga je poticanje inventivne djelatnosti i u jednom i u drugom području podjednako značajno. Raspodjela prema radu, u stvari, sama potiče da se i unapređivanjem organizacije neprekidno podiže njegova produktivnost. A zanemarivanje doprinosa koji se povećavanju produktivnosti daje unapređivanjem organizacije rada, značilo bi grubo narušavanje takve raspodjele.

Osobni dohodak može se po osnovi unapređenja organizacije rada stjecati i kad ono na povećanje produktivnosti ne utječe neposredno, nego preko humanizacije rada. Svaka promjena organizacije koja olakšava ljudski rad, utječe i na povećanje njegove produktivnosti jer poboljšava psiho-fizičke potencije radnika. Ali unapređenja organizacije najčešće obostrano utječu i na humanizaciju rada i na neposredno smanjenje njegovog utroška po jedinici proizvoda.

Unapređenja organizacije najčešće prelaze okvire individualnog procesa rada. Zbog toga ona, po pravilu, imaju širi utjecaj na povećanje produktivnosti, a time i na povećanje ukupnog dohotka. Na taj način doprinos koji pojedini radnik daje unapređenju organizacije rada utječe na povećanje kako njegovog osobnog dohotka tako i ostalih radnika. Otuda je svaki radnik zainteresiran ne samo da sam unapređuje organizaciju rada nego da to čine i drugi radnici.

Unapređivanje organizacije rada na taj se način ispoljava, prije svega, kao zajednički interes udruženih radnika, na kojem se osnivaju i zajednički napori u pronalaženju novih rješenja. Zajednička aktivnost odvije se kako u samoj inventivnoj djelatnosti, tako i u odlučivanju o promjenama u organizaciji rada. Ako ove promjene zadiru u zajednički interes udruženih radnika, o njima se ne može ni odlučivati drugačije nego zajednički.

Time se organizacija rada u biti ponovo sjedinjuje sa samim radom. Na toj osnovi dolazi i do prevladavanja društvene podjele na organizatore i izvršioce. Obavljanje operativno-organizatorskih poslova u procesu rada svodi se na izvršavanje odluka koje udruženi radnici zajednički donose. To je jedna od osnovnih pretpostavki da se i u samom procesu rada ukinu odnosi subordinacije i razvijaju odnosi ravnopravne suradnje među svim njegovim nosiocima.

Zajednički interes za povećanje dohotka uvjetuje da se svaki radnik aktivno odnosi prema ukupnoj organizaciji rada. Za razliku od najamnog položaja, gdje pojedinac ne gleda dalje od svoga radnog mjesta, sada svatko ostvaruje uvid u sve tokove radnog procesa i nastoji da utječe na njihovo odvijanje u pravcu optimalizacije produktivnosti. Karakteristično je da se svugdje gdje je uvedena raspodjela prema radu, zastoji u procesu rada brzo uklanjaju i da u tome po potrebi sudjeluju svi radnici bez obzira na to o kojem se dijelu procesa radi.

Snaga samoupravne organizacije rada upravo je u tome što je svaki radnik istovremeno u položaju i naredbodavca i izvršioca i što je za izvršavanje svojih zadataka svatko odgovoran svakome. To osigurava da se u procesu rada postiže racionalno usklađivanje svih njegovih činilaca i da se neprekidno teži optimalnom korištenju i sredstava rada i radnog vremena. Samoupravna organizacija rada na taj način vodi stalnom smanjivanju ukupne količine rada (i živog i opredmećenog) u jedinici proizvoda.

Zbog opće zainteresiranosti udruženih radnika za povećanje dohotka, samoupravna organizacija rada teži da maksimalno mobilizira proizvodne snage na podizanju produktivnosti. Pri tome se stvaraju uvjeti za što slobodnije i kreativnije ispoljavanje radne energije da bi se postizali što optimalniji rezultati. Potičući slobodno stvaralaštvo, samoupravna organizacija rada uklanja mnoge barijere koje su u sistemu najamnih odnosa sputavale ispoljavanje stvaralačkih potencijala.

Ali ni samoupravna organizacija rada ne može osigurati potpunu slobodu stvaralaštva. Svaka organizacija rada mora, prije svega, uzimati u obzir postojeću tehniku i tehnologiju, koje predodređuju stručni profil radnika i time bitno utječu na ispoljavanje njegovih sposobnosti. Usklađivanje živog i opredmećenog rada upravo i čini jedan od ključnih problema organizacije rada. Socijalističko društvo tek treba da stvara takvu tehniku i tehnologiju koje će omogućiti da se stvaralačke sposobnosti potpuno slobodno ispoljavaju. Osim toga, i sama organizacija rada razvojni je proces u kojem udruženi radnici tek kroz borbu preuzimaju ulogu organizatora vlastitog rada.

Samoupravna organizacija rada, kao i svaka druga organizacija, podrazumijeva podvrgavanje određenoj volji. Umjesto volje poslodavca, određujući faktor ovdje postaje volja samih udruženih radnika. Iako proistječe iz zajedničkog interesa za slobodu stvaralaštva i ostvarivanje dohotka, ona se ne podudara uvijek s voljom svakog pojedinog radnika. Uz mnoge druge motive, mogu se i sloboda stvaralaštva i dohodak pojavljivati kao motivi narušavanja zajedničke volje, a time i samoupravne organizacije rada.

Granicu slobode radnika u samoupravnoj organizaciji rada predstavlja ista takva sloboda ostalih radnika. A kako je smisao samoupravne organizacije da svim udruženim radnicima osigura ravnopravne uvjete stvaralaštva i ostvarivanja dohotka, ovi su ciljevi i osnovni kriterij uzajamnog poštovanja individualnih sloboda. Ponašanje svakoga pojedinog radnika u procesu rada može ići samo do granice koja svim radnicima garantira jednaku društvenu slobodu stvaranja i ostvarivanja dohotka. Pojedinac ne samo da ne može svoju slobodu rada i stjecanja dohotka ostvarivati na račun drugih radnika nego ne može druge ni ometati u ostvarivanju njihove slobode.

Zbog toga se i samoupravna organizacija rada mora oslanjati na određene sankcije, koje se ne mogu svesti samo na kritiku i moralnu osudu. Pojedinac mora nadoknaditi štetu koju narušavanjem organizacije rada nanese drugim radnicima. Kao krajnja mjera ne može se isključiti ni odstranjivanje iz organizacije jer bi trajno narušavanje zajedničkih interesa od strane pojedinaca dovodilo u pitanje i sam opstanak organizacije.

Puna sloboda stvaralaštva bit će moguća tek kada potpuno iščeznu proturječnosti između pojedinačnih i zajedničkih interesa i kada, zbog visokog stupnja razvijenosti proizvodnih snaga i proizvodnih odnosa, nestane potreba za društvenim usklađivanjem kako rada i društvenih potreba tako i činilaca samoga rada. U takvim uvjetima neće biti potrebe za podvrgavanjem bilo čijoj volji jer će svaki rad proistjecati iz slobodne volje svakog pojedinca. Budući da se volje pojedinaca neće međusobno sukobljavati, ne može dolaziti ni do njihovog sukobljavanja sa zajedničkom voljom.

VII

OSOBNI DOHODAK I SOCIJALISTIČKA REPRODUKCIJA

U najopćenitijem smislu, društvena reprodukcija jest reprodukcija samoga društva. A kako društvo predstavlja zajednicu ljudi, njegova je reprodukcija, u biti, reprodukcija čovjeka. U krajnjoj liniji, proizvodnja ne može imati drugi smisao do proizvodnje samoga života.

U početku se društvena reprodukcija i sastojala u reprodukciji gologa života. Cjelokupna aktivnost čovjeka bila je u neposrednoj funkciji njegove egzistencije. Društvo se još nije bilo odvojilo od prirode, koja mu je činila jedinu materijalnu osnovu. Materijalne osnove društva još nije bilo, pa nije moglo biti ni njene reprodukcije.

Čim je društvo počelo stvarati vlastitu materijalnu osnovu, to je stvaranje postalo i neposredni smisao njegove reprodukcije. Reprodukcija života podređena je reprodukciji stvari. Time je i smisao života potpuno izokrenut. Povećavanje bogatstva postalo je glavna životna preokupacija. Opredmećeni rad zagospodario je živim radom.

Takva reprodukcija ima za posljedicu neprekidno povećavanje materijalne osnove društva, koje jednoga dana mora dovesti do općeg izobilja. Na tom stupnju razvoja reprodukcija života ponovo će postati neposredni smisao društvene reprodukcije. Ali za razliku od prvobitne reprodukcije, ovdje će se cjelokupna aktivnost čovjeka pretvoriti u slobodnu stvaralačku igru, koja će za glavni proizvod imati sam život, a za nusprodukt materijalna sredstva njegovog održavanja. Materijalna osnova društva na taj će se način automatski reproducirati kao prirodni proizvod slobodne aktivnosti čovjeka, slično reproduciranju same prirode.

Prvobitno reprodukcija sastojala se u prostom obnavljanju života. Nerazvijene sposobnosti čovjeka omogućavale su mu samo da život održava na približno istoj razini. Budući da su se životna sredstva pribavljala direktno iz prirode, takav način života nije se mnogo razlikovao od životinjskog. Razlika je postojala uglavnom u svrsishodnom karakteru aktivnosti pomoću koje je čovjek do tih sredstava dolazio.

Čim je društvo počelo stvarati vlastitu materijalnu osnovu, počelo je i njegovo reproduciranje u proširenom opsegu. Kako je, međutim, društvena reprodukcija materijalne osnove dostegne razinu društvenog izobilja. Ali time vanje svodilo samo na povećavanje materijalne osnove društva. Nasuprot tome, reproduciranje proizvođača nastavilo se u prostom obliku. Život proletera ne razlikuje se mnogo od života roba. Štoviše, prosta reprodukcija proizvođača pojavljuje se kao uvjet proširene reprodukcije proizvoda njegovog rada. Reprodukcija opredmećenog rada vrši se na račun reprodukcije živog rada.

Reprodukcija života u proširenom opsegu počinje praktično tek kada reprodukcija materijalne osnove dosegne razinu društvenog izobilja. Ali time se daljnji razvoj materijalne osnove ne zaustavlja. On se samo pretvara u funkciju proširene reprodukcije života, koja sama po sebi stvara svoje materijalne pretpostavke. Povećana reprodukcija opredmećenog rada sada se pojavljuje kao rezultat povećane reprodukcije živoga rada.

U funkciji neposredne reprodukcije života društvena reprodukcija reproducira društvenu jednakost. Nejednakosti među ljudima proistječu iz razlika u njihovim odnosima prema materijalnim dobrima. A društveni odnos prema materijalnim dobrima uspostavlja se samo u procesu društvene reprodukcije. Ako produkcija tih dobara još nije postala, ili je već prestala biti osnovni smisao društvene reprodukcije, i odnos prema njima još nije počeo ili je već prestao da se ispoljava kao društveni odnos.

Prvobitnu zajednicu u početku je karakterizirala potpuna jednakost upravo zbog toga što nije raspolagala nikakvim materijalnim sredstvima. Nejednakost je donijela povećana reprodukcija ovih sredstava. Materijalna reprodukcija nije se mogla širiti na račun reprodukcije života, a da se društvo ne podijeli na neravnopravne i međusobno suprotstavljene dijelove. Koncentracija oskudnih materijalnih dobara kao uvjet njihove povećane reprodukcije, mogla se vršiti samo u rukama relativno malog broja vlasnika, što je neostvarivo bez eksploatacije proizvođača i prisilnog prisvajanja njihovog rada.

Kad reprodukcija materijalnih dobara dosegne razinu društvenog izobilja, njihovo prisvajanje gubi svaki smisao. Samim tim nestaje i potreba za klasnom podjelom društva. Proizvodi ljudskog rada gube svoju društvenu vrijednost, zbog čega i odnos prema njima nestaje kao društveni odnos. Ljudi će se prema svojim proizvodima odnositi tako kao da su im od same prirode dani.

Socijalistička reprodukcija označava, u stvari, prijelaz iz reprodukcije klasnog, u reprodukciju besklasnog društva. Zbog toga ona nosi obilježja i jedne i druge. Kao neposredni smisao društvene reprodukcije ovdje se istovremeno pojavljuju i reprodukcija materijalnih dobara i reprodukcija života, s tim što prva sve više ustupa primat drugoj. Pri tome reprodukcija materijalnih dobara nastavlja, a reprodukcija života počinje odvijati se u proširenom opsegu.

Svojim razvojem socijalistička reprodukcija vodi društvo iz stanja oskudice u stanje izobilja i iz stanja klasne podvojenosti u stanje opće jednakosti. Kao njena osnova, društveno vlasništvo označava negaciju prisvajanja, koja vodi potpunom iščezavanju vlasničkih odnosa. Stvaranjem društvenog izobilja i jednakosti socijalistička reprodukcija konačno odbacuje okove slobode koje je društvo samo u sebi nosilo.

Pretpostavke za prijelaz na komunističku reprodukciju socijalistička reprodukcija ne stvara, međutim, sama iz sebe. One se stvaraju razvojem samoga klasnog društva. Izobilje materijalnih dobara rezultat je čitavog prethodnog razvoja materijalne osnove društva, a društvena jednakost historijske transformacije samih klasnih odnosa. Reprodukcija klasnog društva sama rađa začetke komunističke reprodukcije. Proširena reprodukcija materijalne osnove društva ne bi se mogla odvijati pri potpunoj stagnaciji života. Međutim, cjelokupan napredak života, čiji nosioci predstavljaju neznatnu manjinu društva, ovdje je podređen samoj materijalnoj reprodukciji i iživljavanju vladajuće klase.

Osobni dohodak sublimirani je izraz proturječnosti socijalističke reprodukcije. Kao dio ukupnog dohotka, on izražava razinu materijalne, a kao sredstvo osobne egzistencije razinu životne reprodukcije. U njemu se materijalna i životna reprodukcija sučeljavaju kao dva proturječna pola socijalističke reprodukcije. Preko njega se vrši i sukobljavanje i uravnotežavanje ovih polova.

Kao komponente socijalističke reprodukcije, materijalna i životna reprodukcija ne nalaze se u antagonističkom odnosu. Jedna se ne vrši na račun druge, a ukoliko do toga dolazi, socijalistička reprodukcija se narušava. Povećavanje materijalne reprodukcije pojavljuje se kao uvjet povećanja životne reprodukcije, i obratno. Do povećavanja životne ne dolazi po cijenu usporavanja materijalne reprodukcije. Naprotiv, na određenom stupnju materijalna reprodukcija se ne može dalje odvijati bez povećanja životne reprodukcije.

Međuzavisnost materijalne i životne reprodukcije neposredno se ispoljava u kretanju osobnog dohotka. Ako se osobni dohodak poveća preko određene granice na račun akumulacije, ugrozit će se materijalna reprodukcija, što će za posljedicu imati i usporavanje životne reprodukcije. I svako smanjivanje osobnog dohotka ispod određene granice dovodi do ugrožavanja životne reprodukcije, što se neizbježno odražava i na usporavanje materijalne reprodukcije.

Osobni dohodak postaje središnja karika u lancu socijalističke reprodukcije. Time nastaju bitne promjene u odnosu prema reprodukciji klasnog društva. Iako je za kapitalista glavni motiv privređivanja profit, središnju kariku kapitalističke reprodukcije predstavlja akumulacija, koja čini osnovu povećanja materijalne reprodukcije. Potreba za akumulacijom ovdje se pojavljuje kao objektivna društvena sila koja djeluje nezavisno i od volje samog kapitalista. Ona, pored ostalog, dominira i nad osobnom potrošnjom kapitalista. Dok se osobna potrošnja može svesti i na životni minimum, akumulacija mora dosezati razinu koja osigurava rast produktivnosti potreban da se odoli konkurenciji.

Budući da u socijalizmu primat dobiva životna komponenta reprodukcije, težište se s akumulacije premješta na osobni dohodak. Dok akumulacija predstavlja polaznu i završnu točku kapitalističke reprodukcije, u lancu socijalističke reprodukcije taj položaj zauzima osobni dohodak. Naime, pogonska snaga reprodukcije za kapitalista leži u akumulaciji, a za samoupravno udruženog radnika u osobnom dohotku.

Težište društvene reprodukcije nije se, međutim, još pomaklo do njenog prirodnog ishodišta iako mu se znatno približilo. Moć akumulacije za kapitalista sastoji se u tome što mu omogućuje da reprodukciju svoga kapitala nastavi u proširenom opsegu, dok udruženom radniku osobni dohodak omogućuje da neprekidno unapređuje uvjete života. Akumuliranim sredstvima kapitalist može osigurati sve što je potrebno za proširenje proizvodnje, a udruženi radnik sredstvima osobnog dohotka sve što je nužno za podmirenje rastućih životnih potreba. U oba slučaja rad kao stvarno ishodište reprodukcije ostaje u pozadini iako se kod osobnog dohotka pojavljuje kao njegova neposredna osnova.

Akumulacija i osobni dohodak nisu, međutim, ništa drugo do sam preobraženi rad. U kapitalističkoj akumulaciji rad se pojavljuje u otuđenom obliku, a u osobnom dohotku u obliku svoga razotuđivanja. U oba slučaja on se pojavljuje i kao vlastiti proizvod i kao vlastita pretpostavka. Bez akumulacije i osobnog dohotka rad se ne bi mogao dalje razvijati, a razvojnost ljudskog rada njegovo je bitno obilježje.

Takva preobraženost rada proistječe iz njegove ograničesti i nemoći da se sam slobodno reproducira. Rezultat ove ograničenosti jest i ograničenost akumulacije i osobnog dohotka. Oni upravo i postoje kao oblici ograničenog rada. Kad se rad počne slobodno reproducirati, akumulacija i osobni dohodak će iščeznuti kao ograničeni i međusobno ograničavajući oblici rada.

U ovom se smjeru i kreće razvoj društvene reprodukcije, što upravo čini njeno bitno obilježje. Reprodukcija društva ne vrti se ukrug jer se ne vrši u prostom obliku. Svaki reprodukcioni ciklus vođen je težnjom da završi na višoj razini od one s koje je krenuo. To se najevidentnije izražava upravo u kretanju akumulacije i osobnog dohotka. Za reprodukciju kapitala karakteristično je da novi obrtni ciklus počinje s povećanim predujmom, dok bi socijalistička reprodukcija svoj ciklus morala, po pravilu, počinjati i s povećanom akumulacijom i s povećanim osobnim dohotkom.

Bez akumulacije nema ni kapitalističke ni socijalističke reprodukcije. U tome je njihova sličnost. Da bi novi ciklus reprodukcije počeo u proširenom opsegu, moraju se akumulirati određena sredstva. Ali kapitalistička i socijalistička akumulacija dvije su sasvim različite stvari. Ova je razlika uvjetovana različitim karakterom društvene reprodukcije u kapitalizmu i socijalizmu.

Kapitalist svoj profit dijeli na akumulaciju i osobnu potrošnju. Sredstvima osobne potrošnje on podmiruje samo vlastite potrebe, dok se životne potrebe radnika podmiruju iz predujmljenog kapitala. Zbog toga kapitalistička akumulacija osim predujma za povećanje sredstava proizvodnje sadržava i predujam za povećanje najamnine.

Kao sastavni dio akumulacije, najamnina postaje sastavni dio predujmljenog kapitala, koji je guta kao što u procesu proizvodnje guta rad radnika. Život radnika se na taj način reproducira kao sastavni dio kapitala, a reprodukcija kapitala pojavljuje se kao globalna reprodukcija kapitalističkog društva. Ali dok se kapital reproducira u rastućem, život radnika se reproducira u prostom obliku.

Kapitalist u reprodukcioni ciklus ubacuje sredstva proizvodnje i radnu snagu. To što očekuje kao rezultat, jest povećanje predujmljenog kapitala. I akumulacija treba da donese još veću akumulaciju. Reprodukcija radnika kapitalista interesira samo kao reprodukcija kapitala. Zbog toga njemu odgovara čak i pogoršanje životnih uvjeta radnika ako doprinosi većoj oplodnji kapitala.

Sasvim je drugačije sa socijalističkom reprodukcijom. Udruženi radnik svoj dohodak dijeli na osobni dohodak i akumulaciju. Sredstvima osobnog dohotka podmiruju se sve životne potrebe društva. Zbog toga akumulacija obuhvaća samo onaj dio dohotka koji služi za povećanje sredstava proizvodnje. Najamnina koja čini nerazdvojni dio kapitalističke akumulacije, ovdje iščezava jer udruženi radnik ne kupuje radnu snagu.

Cjelokupni dio kapitala koji služi za reprodukciju radne snage pretvara se u osobni dohodak. Time se kapital raspada, pa se ukida i njegova reprodukcija. Radnik postaje samostalna društvena snaga, čija se reprodukcija pretvara u okosnicu društvene reprodukcije. Čim se živi rad osamostali, opredmećeni rad mora pasti pod njegovu „komandu" jer se sam ne može reproducirati.

Budući da živi rad ne kupuje, udruženi radnik u reprodukcioni ciklus ubacuje samo opredmećeni rad. Što će dobiti kao rezultat, zavisi od njega samog jer je on jedini akter reprodukcije. Ono što on očekuje kao krajnji rezultat, jest poboljšanje njegove ukupne egzistencije, koje uključuje i sve veću slobodu rada. Iz toga izvire njegov interes i za povećavanje opredmećenog rada. Ako to povećanje pridonosi trajnom poboljšanju životne egzistencije, on će ga ubrzavati i po cijeni privremenog usporavanja rasta osobnog dohotka.

Povećavanje osobnog dohotka postaje, međutim, glavni motiv socijalističke reprodukcije, ne samo zbog toga što predstavlja neposredni uvjet za poboljšanje životne egzistencije nego i zato što djeluje kao najsnažniji faktor povećavanja opredmećenog rada. Ni ukupni dohodak, ni akumulacija kao njegov dio ne mogu se povećavati bez podizanja produktivnosti rada, a osobni dohodak utječe na produktivnost i preko interesa za povećanje radnog učinka, i preko povećanja radnih sposobnosti radnika.

Iako s povećavanjem opredmećenog rada udio živog rada u proizvodnji upotrebnih dobara kvantitativno opada, uloga proizvođača u društvenoj reprodukciji neprekidno raste. Samim tim raste i značenje njegove reprodukcije za ukupnu reprodukciju društva, a osobni dohodak postaje središnja karika u reprodukcionom lancu. Kao što oplodnja kapitala sudbonosno utječe na tokove kapitalističke reprodukcije, tako na tokove socijalističke reprodukcije utječe osobni dohodak.

U reprodukcioni ciklus udruženi radnik ulazi, prije svega, s određenom kalkulacijom osobnog dohotka. Budući da je prvenstveni cilj socijalističke reprodukcije da se osigura i unaprijedi životna egzistencija cjelokupnog stanovništva, svi njeni predračuni moraju od toga polaziti. Iz toga se izvodi i veličina akumulacije. Ako se želi veći dohodak, mora se više izdvajati i za materijalnu reprodukciju.

Akumulacija se sada pojavljuje kao nužan uvjet i sredstvo povećanja osobnog dohotka. Tako ona i ulazi u proces proizvodnje. Budući da sam proizvodi, udruženi radnik predujmljuje samo sredstva proizvodnje. Što je ovaj predujam veći, može se ostvariti veći dohodak, pa zavisno od toga i veći osobni dohodak. Ali povećanje akumulacije ne utječe automatski na porast dohotka. Od interesa i sposobnosti radnika zavisi kakvi će biti njegovi efekti, a na to odlučujuće utječe osobni dohodak.

Povećanje osobnog dohotka nije, međutim, jedini cilj socijalističke akumulacije. Ono je istovremeno i uvjet rada kao neposredne životne potrebe. Da bi se rad uopće mogao obavljati, potrebna su odgovarajuća sredstva koja se moraju povećavati s povećavanjem ljudske aktivnosti. Što se rad više pretvara u neposrednu životnu potrebu, cilj akumulacije osim povećanja dohotka sve više postaje i sam proces rada.

Ali povećavanje osobnog dohotka uvjet je i za pretvaranje rada u neposrednu životnu potrebu. Što je osobni dohodak veći, veće su i mogućnosti za skraćenje potrebnog radnog vremena i za slobodne aktivnosti. Osim toga, osobni dohodak podrazumijeva takve odnose u društvenoj reprodukciji koji osiguravaju veću slobodu rada i u potrebnom radnom vremenu.

Neposredni rezultat reprodukcionog ciklusa jest dohodak, koji se dijeli na osobni dohodak i akumulaciju. Kako socijalistička akumulacija označava samo povećanje opredmećenog rada, ona se ne može sama dalje reproducirati. Zato je neophodno njeno spajanje sa živim radom, čiji je potencijal sadržan u osobnom dohotku. Bez osobnog dohotka ne može se odvijati reprodukcija živoga rada koji predstavlja stvaralačku snagu svake reprodukcije.

Za razliku od najamnine, koja označava utrošak predujmljenog kapitala, osobni dohodak je vrijednost koja iz reprodukcionog ciklusa izlazi s povećanim opsegom. Ako se apstrahiraju moguće devijacije, to povećanje ne ide na račun akumulacije, nego pridonosi da se i ona povećava. Veći osobni dohodak omogućuje da se povećaju radne sposobnosti radnika, a time i produktivnost rada odnosno ukupni dohodak. Ako se zahvaljujući povećanoj produktivnosti ukupni dohodak poveća za 10% pri nepromijenjenim odnosima u njegovom raspoređivanju povećat će se za 10% i akumulacija.

Budući da se u istom razmjeru povećao i osobni dohodak, novi reprodukcioni ciklus počet će u povećanom opsegu od 10%. To povećanje ne bi bilo moguće bez istovremenog povećanja i živog i opredmećenog rada. Da bi se akumulacija aktivirala, mora se povećati stvaralački potencijal reprodukcije. Nova sredstva proizvodnje ne mogu ući u proizvodni proces bez nove radne energije proizvođača, koja se može pojaviti u obliku prostog kvantitativnog povećanja (ako se proizvodnja proširuje), ili kao razvijenije radne sposobnosti (kad se proizvodnja unapređuje).

Za socijalističku reprodukciju karakterističan je intenzivni razvoj, koji podrazumijeva neprekidno usavršavanje tehnike i tehnologije. Na određenom stupnju razvoja tehnika i tehnologija dosežu, međutim, takvu razinu da ne mogu ulaziti u primjenu bez naučno-stvaralačkih sposobnosti proizvođača, koje se također moraju neprekidno razvijati. Opredmećeni rad na taj način sve više potpada pod dominaciju živog rada, pa se takvoj dominaciji podređuje i njegova reprodukcija. I umjesto da se radne sposobnosti proizvođača razvijaju u zavisnosti od akumulacije, akumulacija će se sve više kretati zavisno od stvaralačkih sposobnosti proizvođača. U tom smislu i osobni dohodak dobiva primat nad akumulacijom.

Povećanje osobnog dohotka postaje uvjet za razvoj radnih sposobnosti proizvođača, a time i za aktiviranje akumulacije. Rezultat je neprekidno povećavanje društvene reprodukcije izraženo u porastu i životnog standarda i materijalne osnove društva. To narastanje nužno prouzrokuje i odgovarajuće kvalitativne promjene u društvenim odnosima.

Narastanje materijalne osnove društva vodi sve većem podruštvljavanju sredstava proizvodnje. Tokovi društvene reprodukcije izmiču najprije iz ruku izoliranih pojedinaca, a zatim i iz ruku države kao najmoćnijeg surogata društva. Socijalistička reprodukcija podrazumijeva reproduciranje društveno vlasničkih odnosa, koje kao i reproduciranje materijalne osnove ima progresivni trend, na liniji sve većeg podruštvljavanja proizvodnih sredstava.

Ne podruštvljavaju se, međutim, samo sredstva proizvodnje. Narastanje osobnog dohotka vodi i sve većem podruštvljavanju životnih potreba. S povećavanjem životnih sredstava ne nastaju samo kvantitativne već i kvalitativne promjene u zadovoljavanju osobnih potreba. Na određenom stupnju razvoja počinje proces socijalizacije životnih potreba, koje dobivaju takav karakter da se mogu samo zajednički zadovoljavati.

Proces socijalizacije životnih potreba utječe i na sve veće podruštvljavanje osobnog dohotka. Individualno raspolaganje osobnim dohotkom sve više ustupa mjesto zajedničkom raspolaganju i zajedničkoj upotrebi. To je put koji sa stvaranjem izobilja životnih sredstava vodi u komunističko zajedništvo, gdje osobni dohodak potpuno iščezava jer nestaje potreba za bilo kakvim posredovanjem između materijalne i životne reprodukcije društva.

Podruštvljavanje sredstava proizvodnje i sredstava osobne potrošnje vodi postupnom prevladavanju proturječnosti između zajedničke proizvodnje i individualnog raspolaganja proizvedenim dobrima. Time se istovremeno razvijaju komunistički odnosi među ljudima. Socijalistička reprodukcija ne može se odvijati bez stalnog prevladavanja klasnih odnosa.

Prevladavanje klasnih suprotnosti put je do potpunog oslobođenja rada kao osnovne pretpostavke komunističke reprodukcije društva, čiju bit čini upravo reprodukcija slobodnog rada. Osobni dohodak neposredni je izraz tog procesa. On pokazuje da je proturječnost između živog i opredmećenog rada na putu svog razrješenja. A njeno razrješenje je u potpunom oslobođenju živog rada od vlastitog proizvoda — opredmećenog rada.

VIII

OSTVARIVANJE PRINCIPA OSOBNOG DOHOTKA

Sukob različitih interesa i mogućnosti njegovog razrješenja

Principi osobnog dohotka izražavaju, prije svega, interes radničke klase. Kako, međutim, označavaju put oslobođenja ljudskog rada, oni su istovremeno u interesu svih radnih ljudi i društva u cjelini. Zbog osobnog interesa, nosilac njihovog ostvarivanja postaje svaki član društvene zajednice koji svoju egzistenciju osigurava vlastitim radom.

Ostvarivanje principa osobnog dohotka počinje, međutim, u uvjetima kad se stjecanje životnih sredstava osniva i na određenom vlasničkom monopolu i kada, zahvaljujući tome, jedan dio društva još, manje ili više, živi na račun tuđega rada. Interesi onih koji zauzimaju ovakvu poziciju objektivno su u koliziji s takvim principima i sigurno je da će oni bar jednim dijelom biti protiv njihovog ostvarivanja. Problem je utoliko složeniji što se u položaju da djelimično prisvajaju tuđi rad mogu naći i dijelovi radničke klase.

Iako čine manjinu, ovi dijelovi društva mogu, zbog povlaštenog položaja, imati odlučujući utjecaj na društvena kretanja. Zbog toga ostvarivanje principa osobnog dohotka zahtijeva organiziranu borbu socijalističkih snaga. Ne samo da se bez frontalne borbe ne može slomiti otpor snaga koje se ovim principima suprotstavljaju nego se ni oni sami ne mogu ostvarivati bez dosljedne primjene u cijelom društvu.

Budući da principi osobnog dohotka po svojoj klasnoj biti izražavaju interes radničke klase, borba za njihovo ostvarivanje dobiva oblik klasne diktature. Da bi ta borba imala uspješan ishod, vodeću ulogu u njoj mora imati radnička klasa, i to prije svega kao idejna i politička snaga. Naime, radnička klasa ne samo što se nepokolebljivo opredjeljuje za socijalističke principe nego se i najodlučnije bori za njihovo ostvarivanje.

S obzirom na to da se interes radničke klase za oslobođenje rada objektivno poklapa s interesom svih radnih ljudi, njena diktatura može se ostvarivati kroz neposrednu vlast cijelog društva, to jest kroz društveno samoupravljanje. Ali diktatura koja za osnovni cilj ima oslobođenje ljudskog rada i ne može se ostvarivati drugačije nego kroz samoupravljanje. Da bi principi osobnog dohotka ušli u općedruštvenu primjenu, mora ih dobrovoljno prihvatiti barem većina društva.

Diktatura je ovdje neophodna samo za to da bi se volja većine nametnula manjini koja neće dobrovoljno da se odrekne povlaštenih pozicija ili koja nastoji da takve pozicije osvoji. Smisao klasne diktature u socijalizmu svodi se, u osnovi, na to da se onemogući prisvajanje tuđeg rada i da se stvore takvi društveni uvjeti u kojima će udruženi radnici slobodno raspolagati sredstvima i rezultatima svoga rada. A to i jest osnovna pretpostavka za praktično oživotvorenje kategorije osobnog dohotka kao posljednjeg vlasničkog oblika.

Iako predstavlja oblik klasne diktature, samoupravljanje osigurava društvenu dominaciju ne samo radničke klase nego većine društva. Zbog toga se ono može uspostaviti i razvijati i tamo gdje sama radnička klasa ne čini većinu ako je većina društva spremna da se organizirano bori za oslobođenje rada. To je bitan uvjet da se principi osobnog dohotka počnu ostvarivati i na relativno nerazvijenoj materijalnoj osnovi. Štoviše, logika razvoja socijalizma kao svjetskog sistema i dosadašnje iskustvo toga razvoja pokazuju da je upravo nužno da to ostvarivanje počne najprije tamo gdje razvoj proizvodnih snaga zaostaje.

To najbolje potvrđuje da je uspostavljanje odnosa društvenog vlasništva kao nove pokretačke sile razvoja proizvodnih snaga objektivno uvjetovano i da ne zavisi samo od dobre volje ni manjine ni većine društva. I dominacija većine uspostavlja se, prije svega, zbog toga što manjina više nije u stanju da upravlja tokovima društvene reprodukcije. Čak i kada sama napušta povlaštene pozicije, manjina to čini uglavnom zbog vlastite nemoći da sama ostvaruje funkcije upravljanja.

Nužnost društvene transformacije vlasničkih odnosa ne predstavlja, međutim, neku transcendentnu silu koja bi djelovala izvan samih subjekata vlasništva. Ona se ispoljava u zaoštravanju društvenih proturječnosti, koje ugrožava prvenstveno radničku klasu, ali i ostale radne slojeve, mobilizirajući ih na borbu i traženje izlaza iz postojećeg stanja. Raspolaganje sredstvima i rezultatima vlastitog rada proizvođači mogu preuzeti samo kao organizirana društvena snaga koja svjesno ovladava tokovima društvene reprodukcije. Pri tome je sukob sa snagama koje nastoje da zadrže vlasnički monopol, neizbježan.

Budući da podruštvljavanje sredstava proizvodnje i oslobađanje rada koje se time vrši predstavljaju historijski proces, samoupravljanje nije samo u funkciji ostvarivanja i zaštite već izvojevanih tekovina socijalističke revolucije nego, prije svega, u funkciji njenog permanentnog odvijanja. Tekovine socijalističke revolucije i ne mogu se zaštiti drugačije nego neprekidnom borbom za konačno oslobođenje rada. Svaki zastoj u toj borbi omogućuje ne samo da se reproducira već i da jačaju privatnovlasnički odnosi.

Privatnovlasničke tendencije s kojima se suočava pokret za oslobođenje rada uglavnom su trojakog karaktera. Jedne proistječu iz zadržavanja privatnog vlasništva, druge iz državnovlasničkog monopola, dok treće nastaju iz proturječnosti u ostvarivanju samog društvenog vlasništva. Nosioci ovih tendencija su, uglavnom, različiti subjekti kao što su različiti i oblici njihovog suprotstavljanja oslobođenju rada.

Ako se u društvu još zadržavaju oblici privatnog vlasništva, oni već sami po sebi rađaju težnju za prisvajanjem tuđeg rada. Čak i kada su sredstva kojima se vrši individualno privređivanje stečena vlastitim radom, pojavljuje se težnja za njihovim kapitaliziranjem pomoću tuđeg rada. Ova je težnja izrazita osobito kad se zapošljava tuđa radna snaga. Ispitivanja pokazuju da se radnici zaposleni u privatnom sektoru, za razliku od udruženih radnika koji rade društvenim sredstvima, u postotku manje učlanjuju u sindikat, prije svega zbog otpora svojih poslodavaca. Bit ovog otpora je u tome što je rad neorganiziranog radnika mnogo lakše prisvajati.

Privatni poslodavci najčešće primjenjuju klasične metode eksploatacije kao što su prekovremeni rad, povećani intenzitet rada i uštede na račun uvjeta rada. Stimulacija koju daju da bi radnika postakli na veći napor, obično ni izdaleka ne odgovara postignutim efektima. Osobito je drastična eksploatacija učenika, koji za malu naknadu često rade po cijeli dan.

Kao što su klasične metode kojima se poslodavac služi, klasične su i mjere koje država primjenjuje da bi zaštitila radnika. One se sastoje, prije svega, u propisivanju dužine radnog vremena, zaštite na radu i obveza poslodavca u pogledu socijalne i zdravstvene zaštite radnika. Država, međutim, ne može privatniku propisivati tehnologiju i organizaciju rada, niti je u mogućnosti da kontrolira odnos poslodavca i radnika u procesu rada. Ona pogotovu ne može propisati udio radnika i poslodavca koji bi u raspodjeli dohotka odgovarao njihovom radnom doprinosu.

Država nije u stanju da dokraja kontrolira ni ostvarivanje mjera koje sama donosi. Da bi zadržali radni odnos s poslodavcem, radnici se ne suprotstavljaju narušavanju ovih mjera. Njihov oportunizam je utoliko veći što su mogućnosti prezapošljavanja manje. Štaviše, oni ponekad i za neadekvatnu naknadu dobrovoljno prihvaćaju prekovremeni rad.

To pokazuje da je prisvajanje tuđeg rada praktično nemoguće ukinuti bez ukidanja privatnog vlasništva. Dosadašnje iskustvo pokazuje da se to može učiniti na dva različita načina. Jedan je prisilna eksproprijacija, drugi dobrovoljno udruživanje sredstava. Dok u prvom slučaju eksproprijaciju vrše proizvođači, neposredno ili posredstvom države, u drugom slučaju eksproprijatori su sami vlasnici sredstava.

Da bi mogli vršiti prisilnu eksproprijaciju, proizvođači moraju raspolagati aparatom nasilja. Zbog toga se takva eksproprijacija vrši ili u toku nasilne revolucije, ili nakon osvajanja vlasti od strane eksproprijatora. U oba slučaja proizvođači mogu ulogu eksproprijatora ostvarivati neposredno ili posredstvom državnog aparata. Iako je glavnu ulogu u eksproprijaciji do sada igrala država, radnici su često već u toku oružane revolucije sami oduzimali tvornice od svojih poslodavaca.

Prisilnu eksproprijaciju mogu sami proizvođači vršiti i u uvjetima samoupravljanja. Prisila se ovdje provodi demokratskim putem jer umjesto državnog organa ili grupe naoružanih radnika, odluku o eksproprijaciji donosi cijela zajednica. Zbog toga je takva eksproprijacija društveno najautoritativnija, ali ako se vrši protiv volje vlasnika sredstava, ona još zadržava prisilan karakter.

Prisilna eksproprijacija je nužna osobito u fazi nastajanja socijalizma, i to prije svega u nerazvijenim zemljama, koje su u konkurenciji s krupnim kapitalom prisiljene da vrše ubrzanu koncentraciju sredstava. Kao što je prvobitna akumulacija kapitala uz pomoć prisile krčila put kapitalizmu, tako se radi postavljanja temelja socijalizma mora pomoću prisile vršiti i njegova početna koncentracija u rukama društva. Neravnomjerna koncentracija kapitala nužno vodi zaoštravanju društvenih proturječnosti kako u svakoj pojedinoj zemlji, tako i između različitih zemalja. U konkurenciji s jačim kapitalom, slabiji kapital se mora oslanjati na pojačanu eksploataciju rada, koja na određenom stupnju udara u nepremostivu fiziološku granicu. Tada je jedini izlaz u tome da se sitni kapitali sjedine u krupan društveni kapital koji će moći odoljeti konkurenciji.

Ovo sjedinjavanje ne može se više vršiti putem dugotrajne konkurencije između samih sitnih kapitala. Neophodan je nagli skok, koji se može izvesti samo putem revolucije. To je upravo i uvjetovalo da do socijalističkih revolucija dođe prije u nerazvijenim nego u razvijenim zemljama. U konkurenciji s razvijenim kapitalističkim zemljama, nerazvijene zemlje mogu ubrzani rast produktivnosti rada osigurati samo na osnovama društvenog vlasništva.

Podruštvljavanje kapitala u nerazvijenim zemljama utoliko je nužnije što se ono na svojevrstan način odvija i u razvijenim kapitalističkim zemljama. Državni kapital, pod kojim se u razvijenim zemljama već nalazi znatan dio sredstava za proizvodnju, u konkurenciji sa sitnim kapitalom mnogo je jači od bilo kojeg individualnog kapitala. Da bi nadvladale konkurenciju razvijenih, nerazvijene zemlje moraju u podruštvljavanju svoga kapitala ići znatno bržim tempom.

Ova nužnost glavni je oslonac socijalističkih snaga u sukobu s privatno-vlasničkim, pa i s etatističkim tendencijama. Državno vlasništvo može se održavati u konkurenciji s individualnim, ali ne i s jačim državnim kapitalom. Zbog toga je njeno pretvaranje u društveno vlasništvo neminovno. Da bi se ubrzao rast produktivnosti, sredstva za proizvodnju moraju prijeći u neposredno raspolaganje samih proizvođača.

Kada taj proces počne, onda se stvaraju uvjeti i za dobrovoljnu eksproprijaciju privatnog vlasništva. U korist države neće se svojih sredstava dobrovoljno odreći ni najsitniji vlasnici jer se ona time od njih otuđuju. Sasvim je drugačije kad se s individualnog prelazi direktno na zajedničko raspolaganje sredstvima proizvodnje. Ovdje se uopće ne radi o otuđivanju, nego naprotiv o oslobađanju rada.

Budući da udruživanjem sredstava povećava produktivnost rada, a time i dohodak, normalno je da se ono vrši dobrovoljno. U konkurenciji s udruženim radom individualni proizvođači su i objektivno primorani da to čine jer bi sve više zaostajali u produktivnosti. Udruživanje je utoliko nužnije ukoliko je isključena ili bar ograničena mogućnost eksploatacije tuđeg rada. Ali i kada to nije slučaj, individualni vlasnici su objektivno prisiljeni na udruživanje jer ne mogu izdržati konkurenciju znatno produktivnijeg udruženog rada.

Dvije su mogućnosti da se proces samoupravnog udruživanja individualnih proizvođača ubrza. Jedna je da se onemogući ili bar maksimalno ograniči prisvajanje tuđeg rada, a druga da se samoupravno udruživanje organizira i potiče ekonomskim mjerama i idejno-političkim utjecajem. Obje mogućnosti morale bi se koristiti istovremeno jer se samoupravno udruživanje ne može odvijati bez organizirane društvene akcije, niti će do njega lako dolaziti ako još postoje mogućnosti za eksploataciju tuđega rada.

Samoupravno udruživanje ne može se organizirati sa strane jer samoorganiziranje čini njegovo bitno obilježje. Zbog toga je društveno i političko organiziranje individualnih proizvođača nužna pretpostavka njihovog samoupravnog udruživanja. To, međutim, ne podrazumijeva i organiziranje u neke zasebne i od ostalog društva odvojene organizacije. Da bi se društveni utjecaj mogao vršiti organizirano, nužno je da individualni proizvođači budu organizirani zajedno s već udruženim proizvođačima.

Podruštvljavanje sitnog vlasništva mora se, dakle, vršiti sasvim drugačije od podruštvljavanja krupnog kapitala. Dok se krupni kapital podruštvljava uglavnom putem ekonomske ili administrativne prisile, najkraći i najbezbolniji put za podruštvljavanje sitnog vlasništva jest samoupravno udruživanje. I dok se pretvaranje krupnog kapitala u društveno vlasništvo vrši, po pravilu, posredstvom državnog vlasništva, podruštvljavanje sitnog vlasništva moralo bi se vršiti bez takvog posredovanja. Podržavljenje, pa ni podržavljenje sitnog vlasništva nigdje nije dalo pozitivne efekte, ni u ekonomskom, ni u političkom pogledu.

Direktno podruštvljavanje individualnog vlasništva utoliko je preče i bezbolnije što podruštvljavanje državnog vlasništva nailazi na mnogo snažnije otpore. Njihovi nosioci su među onim snagama koje imaju odlučujuću ulogu u raspolaganju državnim vlasništvom i koje zbog toga zauzimaju ključne pozicije u društvu. Njihova identifikacija nije nimalo jednostavna, prvo, zbog toga što se među spomenutim snagama mogu nalaziti i nosioci društvenog progresa, a drugo, što se otpori deetatizaciji, po pravilu, prikrivaju.

Najprovodniji oblik takvog prikrivanja predstavlja identifikacija društvenog vlasništva s državnim vlasništvom. Državno vlasništvo se obično proglašava za najviši oblik društvenog vlasništva, pa se i administrativna raspodjela društvenog proizvoda prikazuje kao ostvarenje raspodjele prema radu. Država se tako predstavlja kao fetiš koji vodi direktno u zajednicu općeg blagostanja. Time birokracija, u stvari, fetišizira vlastitu ulogu predstavljajući se kao društveni izbavitelj.

Takav oblik otpora etatističke snage pružaju kad imaju dominantan utjecaj u društvu i kada, zahvaljujući tome, etatizam predstavlja vladajuću ideologiju. Ako je već počeo proces samoupravne transformacije društva, one nastoje da samoupravne institucije pretvore u instrumente vlastite vladavine. Parole o samoupravljanju koriste se kao maska za nesamoupravno djelovanje. Svaka, pa i najbirokratskija odluka proglašava se samoupravnom. Time se, u stvari, teži ukrsavanju države u novom obliku.

Smisao otpora je u zadržavanju vlasničkog monopola. Ako su već prisiljene na ustupke, etatističke snage ih prave prvenstveno u sferi mijenjanja formi društvenog organiziranja. Sporedno je da li će jedna institucija imati državnu ili prividno samoupravnu formu ako ostaje u funkciji održavanja vlasničkog monopola. Etatističke snage su, međutim, veoma alergične na svaku promjenu koja ovaj monopol narušava. A bez takvih promjena deetatizacija se praktično svodi na goli privid.

Svladavanje etatističkih otpora utoliko je teže što se oni pružaju s ključnih pozicija u društvu. Njihovi nosioci obavljaju, po pravilu, odgovorne funkcije ne samo u državnom aparatu nego i u privrednim i društveno-političkim organizacijama. Kako zauzimaju i rukovodeća mjesta u partijskom aparatu, oni su u mogućnosti da se deklariraju kao nepovredivi nosioci društvenog progresa i da svako suprotstavljanje njihovom djelovanju kvalificiraju kao reakcionarno. Ova mogućnost je tim veća što je čvršća hijerarhijska struktura državnog i partijskog aparata.

Zahvaljujući prirodi pozicija koje zauzimaju, nosioci etatističkih tendencija su u mogućnosti da se neposredno povezuju ne samo službeno nego i privatno. Njihova sprega i predstavlja glavnu snagu otpora koji pružaju stvarnoj deetatizaciji. Zbog toga njeno razbijanje i sprečavanje mora biti nerazdvojni dio taktike socijalističkih snaga.

Sprega etatističkih snaga ne može se razbiti izvana, pomoću nekih novih organizacija koje bi idejno i politički bile potpuno kompaktne, jer je takve organizacije praktično nemoguće stvoriti. Kao što se država ne može ukinuti državom, tako se ni partija na vlasti ne može zamijeniti novom vladajućom partijom koja bi bila potpuno imuna od poroka vlasti. Nove organizacije neizbježno bi naslijedile stanje koje je vladalo u starim organizacijama.

Budući da podruštvljavanje državnog vlasništva predstavlja historijski proces, ono se može vršiti samo putem postupne transformacije državne u samoupravnu organizaciju društva. Ova transformacija odvija se unutar same države kao proces njenog odumiranja. Zato se borba za podruštvljavanje mora voditi unutar same državne organizacije i unutar vladajuće partije, koja se time preobražava u vodeću snagu cijelog društva.

Osnovni problem te borbe jest u ostvarivanju dominacije socijalističkih snaga. Rješenje je u općoj mobilizaciji i povezivanju u jedinstveni front svih snaga zainteresiranih za oslobođenje rada. Zbog toga demokratizacija društvenog odlučivanja i političkog djelovanja predstavlja ne samo neposredni izraz nego i nezamjenjiv instrument podruštvljavanja državnog vlasništva.

Međutim, problem i jest u tome što demokratizacija nailazi na otpore jer se njome upravo ukida vlasnički monopol. Da bi se ona odvijala, socijalističke snage moraju zauzimati ključne pozicije u društvu, što pretpostavlja i potiskivanje s tih pozicija svih protivnika demokratizacije. To se praktično ne može postići bez otvorene idejno-političke konfrontacije, kojom se istovremeno otkriva bit i socijalističkih ciljeva i otpora njihovom ostvarivanju.

Dominacija socijalističkih snaga jedino se i može ostvarivati neprekidnom borbom za ostvarivanje socijalističkih ciljeva. Time istovremeno jača socijalistički front na jednoj, a slabi otpor nesocijalističkih snaga na drugoj strani. Bez frontalne borbe za socijalističke ciljeve, i prije svega za podruštvljavanje sredstava proizvodnje, praktično je nemoguće izmijeniti odnos snaga u korist socijalističkog progresa.

Odnos snaga ne mijenja se, međutim, samo strategijom i taktikom borbe. On je, prije svega, objektivno određen stanjem u društveno-ekonomskoj osnovi društva. Zaoštravanje proturječnosti koje u sebi nosi etatistički način proizvodnje, neminovno potkopava državnovlasnički monopol, a time i pozicije birokracije, koja praktično raspolaže državnim kapitalom. To neizbježno vodi političkoj polarizaciji snaga i unutar same birokracije.

Nemoć koju država sve više ispoljava u raspolaganju sredstvima proizvodnje predstavlja značajan adut socijalističkih snaga, ali ona sama po sebi ne može dovesti do samoupravne transformacije. Vjerovanje da će država sama po sebi odumrijeti, predstavljalo bi veliku zabludu. Proces odumiranja može se odvijati samo neprekidnom borbom koja se vodi unutar same države.

Borba za podruštvljavanje državnog vlasništva ne vodi se samo s etatističkim snagama nego i među samim proizvođačima. Budući da podruštvljavanje sredstava proizvodnje znači, u stvari, njihovo vraćanje proizvođačima, moguće je da se, osobito u početku, pojave grupnovlasničke tendencije, čiji su nosioci same organizacije udruženog rada.

Ma kako se ispoljavale, u osnovi ovih tendencija je težnja za prisvajanjem tuđeg rada. To uostalom potvrđuje i činjenica da su njihovi nosioci uglavnom organizacije koje su naslijedile povlaštene pozicije iz državnoadministrativnog sistema raspodjele i koje su u mogućnosti da, zbog povoljnijih uvjeta privređivanja i stanja na tržištu, ostvaruju ekstradohodak. Zadržavanjem povoljnijih pozicija u odnosu prema drugim organizacijama, one u stvari zadržavaju mogućnost prisvajanja njihovog rada.

Otpor koji ove organizacije pružaju podruštvljavanju vlasničkih odnosa ispoljava se, prije svega, u zatvaranju i suprotstavljanju udruživanju rada i sredstava. Njihova nastojanja da sredstvima koja koriste raspolažu kao vlastitim vlasništvom motivirana su upravo prisvajanjem ekstradohotka. A kako se prisvojeni ekstradohodak raspoređuje i na osobne dohotke, ili preko unapređenja materijalne osnove rada bar utječe na njihovo povećavanje, takva nastojanja javljat će se i u slučaju kada radnici dotičnih organizacija neposredno raspolažu sredstvima. Tada više nisu u pitanju otpori pojedinaca i birokratskih ili tehnokratskih grupa, nego privatističke težnje samih udruženih radnika, koji se time suprotstavljaju svom klasnom interesu.

Ove težnje mogu se prevladati samo trajnim povezivanjem svih proizvođača u jedinstveni sistem samoupravne reprodukcije, ali problem upravo i jest u svladavanju otpora takvom povezivanju. Put za njegovo rješenje jest u frontalnoj društvenoj akciji, koja se mora oslanjati i na državnu prisilu da bi ukinula privilegije koji su, pored ostalog, stečeni i posredstvom same države.

Oslanjanje na državnu prisilu može, međutim, služiti samo kao pomoćno sredstvo. Budući da je riječ o samoupravnom povezivanju, glavni oslonac mora se tražiti u idejno-političkom djelovanju, kojim se osigurava dobrovoljno udruživanje. A da bi takvo udruživanje preraslo u općedruštveni proces, radnici sami moraju prevladavati iskušenja da prisvajaju rad drugih radnika.

Takav zahtjev predstavljao bi utopiju kad bi se grupnovlasnički odnosi objektivno mogli održati. Ako razvoj proizvodnih snaga sam po sebi vuče općoj integraciji, grupnovlasničke tendencije mogu izražavati samo trenutne interese pojedinih organizacija koji su u suprotnosti ne samo s općeklasnim nego i s njihovim dugoročnim interesima. Upravo u sagledavanju ove suprotnosti sadržana je mogućnost samoprevladavanja grupnovlasničkih tendencija kao i mogućnost da se idejno-političkim djelovanjem uopće potiče proces samoupravnog udruživanja.

Zbog karaktera suprotnosti s kojima se suočava, društvena akcija na ostvarivanju principa osobnog dohotka ima dvojaku dimenziju: idejnopolitičku i samoupravno-aplikativnu. Da bi se ostvarivali, principe osobnog dohotka mora, prije svega, svjesno prihvatiti bar većina članova samoupravne zajednice. Ali samo prihvaćanje principa ne osigurava automatski i njihovu realizaciju. Nužna je organizirana akcija samoupravljača i u njihovoj praktičnoj primjeni.

Idejno-politička afirmacija principa osobnog dohotka

Iako izražavaju interes većine društva, principi osobnog dohotka se u svijesti ljudi ne pojavljuju samoniklo. Oni nastaju kao rezultat naučnih saznanja o nužnosti uspostavljanja komunističkih i konačnog ukidanja bilo kakvih vlasničkih odnosa. Zbog toga je za njihovu afirmaciju neophodna organizirana društvena akcija. A kako u sebi nose idejne i političke implikacije, njihova društvena afirmacija nužno dobiva idejno-politički karakter.

Iako u biti ima jedinstven društveni smisao, idejno-politička afirmacija principa osobnog dohotka može se uvjetno raščlaniti na idejnu i političku komponentu, koje se razlikuju ne samo pojmovno nego i po načinu ostvarivanja.

Bit idejne afirmacije principa osobnog dohotka čini njihovo svjesno prihvaćanje i pretvaranje u idejno opredjeljenje. O stvarnoj društvenoj afirmaciji ideja može se govoriti tek kada postanu opredjeljenje većine društva. Socijalistička ideologija već po svom pojmu označava pripadništvo cijelom druševu. Po tome se ona, pored ostalog, i razlikuje od ostalih vladajućih ideologija čiji nosioci čine manjinu društva.

Za razliku od idejne, politička afirmacija označava pretvaranje idejnih opredjeljenja u društvenu akciju. Ono se može raščlaniti na dvije osnovne faze: izradu i usvajanje političkog programa i organiziranu borbu za njegovu realizaciju. Budući da se principi osobnog dohotka ostvaruju putem samoupravljanja, i njihova politička afirmacija mora imati općedruštveni karakter. Za njeno ostvarivanje nužno je političko angažiranje cijeloga društva.

Idejna i politička afirmacija principa osobnog dohotka organski su povezane. Idejna afirmacija nužan je uvjet političke afirmacije, koja se pojavljuje kao njen neposredni cilj i prirodni produžetak. Budući da izražava životni interes ljudi, opredjeljenje za principe osobnog dohotka nužno implicira težnju za njihovim ostvarivanjem, koje je bez društveno-političke akcije praktično nemoguće. S druge strane, političko angažiranje neizostavno pretpostavlja odgovarajuća idejna opredjeljenja. Da bi se društvo angažiralo na ostvarivanju principa osobnog dohotka, oni moraju postati sastavni dio njegovih idejnih opredjeljenja.

U načinu ostvarivanja idejne i političke afirmacije postoje i određene podudarnosti i razlike. Podudarnost je, prije svega, u tome što se kroz proces političke afirmacije principa istovremeno vrši i njihova idejna afirmacija. Političkom borbom se i šire i učvršćuju idejna opredjeljenja, tako da principe osobnog dohotka sve više ljudi prihvaća sa sve većom odlučnošću. Politička akcija se na taj način pojavljuje kao snažan faktor idejne afirmacije.

Na idejna opredjeljenja utječu, međutim, i mnogi drugi faktori. Idejna afirmacija principa osobnog dohotka počinje praktično već njihovim stvaranjem, ali društvene razmjere ona može dostići samo organiziranim širenjem. Pored političke akcije, posebno značajnu ulogu u tome ima obrazovno-odgojna aktivnost, koja je u neposrednoj funkciji širenja idejnih opredjeljenja.

Obrazovno-odgojnom aktivnošću principi osobnog dohotka se najneposrednije unose u svijest, što omogućuje da se i najpotpunije razjasni njihova bit. Da bi naime bili shvaćeni i prihvaćeni, nužno je cjelovito razrješenje njihovih implikacija, prije svega u pogledu oslobođenja rada. Interese koje principi osobnog dohotka objektivno izražavaju, moraju subjektivno sagledati njihovi nosioci. Prodiranje tih interesa u svijest ljudi upravo i čini osnovu idejne afirmacije odgovarajućih principa.

Idejna afirmacija principa putem obrazovno-odgojne aktivnosti može se vršiti prije političke akcije i uporedo s njom. U stvari, ona mora i pratiti političku akciju i prethoditi joj. Da bi se politička akcija uopće započela, nužno je bar djelomično sagledati njen smisao. A on je, u stvari, unaprijed određen idejama radi čijeg se ostvarivanja politička akcija i pokreće. Zbog toga idejna afirmacija principa mora bar do određenog minimuma prethoditi njihovoj političkoj afirmaciji. A u toj fazi ona se može vršiti uglavnom putem obrazovno-odgojne aktivnosti.

Problem je, međutim, u tome što principi osobnog dohotka upućuju na revolucionarne promjene, zbog čega svaki oblik njihove afirmacije neizbježno nailazi na određene otpore. U svakom slučaju, obrazovno-odgojna aktivnost u funkciji takve afirmacije neće nailaziti na opću podršku onih protiv čijih je interesa usmjerena. Ne samo eksploatatorske klase nego i državna birokracija prije će nastojati da bit socijalističkih principa izokrenu nego da se pomire s njihovim autentičnim tumačenjem. Službenim obrazovanjem se i u kapitalizmu i u etatizmu vladajući sistem raspodjele prikazuje kao raspodjela prema radu, tako da se najamnina i plaća prividno izjednačavaju s osobnim dohotkom.

Zbog toga idejna afirmacija principa osobnog dohotka u početku neizbježno dolazi u sukob sa službenim obrazovanjem. To uvjetuje da se njeno ostvarivanje putem obrazovno-odgojne aktivnosti odvija mimo pa i protiv postojećeg sistema obrazovanja. Da bi prodrle do svijesti ljudi, nove ideje moraju se i ilegalno širiti.

Političkom akcijom stvaraju se povoljniji uvjeti i za obrazovno-odgojnu aktivnost na idejnoj afirmaciji principa osobnog dohotka. Povećava se ne samo sloboda te aktivnosti nego i interes za spoznavanje i usvajanje principa. Kad ideje prerastu u politički pokret, onda on postaje nosilac i zaštitnik aktivnosti na njihovom širenju. Jer obrazovno-odgojna aktivnost se pojavljuje kao nezamjenljivo sredstvo i za širenje samog pokreta.

Shvaćanje i prihvaćanje socijalističkih ideja nužan je uvjet pristupanja socijalističkom pokretu, ali i same akcije koje pokret vodi zahtijevaju da se neprekidno definira i razjašnjava njihov smisao. A jedno je od osnovnih obilježja socijalističkog pokreta upravo u tome što njegovi pripadnici moraju biti idejno opredijeljeni i politički obrazovani. Zbog toga je obrazovno-odgojna aktivnost nerazdvojni pratilac političke aktivnosti na ostvarivanju socijalističkih principa.

Ukoliko pokret jača, interes za njegove ideje se povećava. Samim tim raste interes i za razjašnjavanje principa na čijem ostvarivanju pokret djeluje. Iskustvo pokazuje da se interes za principe osobnog dohotka naglo povećava uvijek kad se odlučnije pokrene akcija za njihovo ostvarivanje. Povećanu zainteresiranost ispoljavaju i pokret kao cjelina i njegovi aktivni ili potencijalni pripadnici. To se najočitije izražava u naglom porastu sudionika u fakultativnim oblicima obrazovno-odgojne aktivnosti.

Dok obrazovno-odgojna aktivnost omogućuje cjelovito sagledavanje socijalističkih principa, politička akcija pridonosi njihovom učvršćivanju u svijesti. Političkom akcijom počinje već i praktična verifikacija klasne autentičnosti opredjeljenja stečenih teorijskim obrazovanjem. Ona se izražava, prvo, kroz to što se u političkoj akciji nalaze na okupu nosioci jedinstvenog klasnog interesa, drugo, što se kroz tu akciju vrši konfrontacija s nosiocima suprotnih interesa i, treće, što politička akcija predstavlja uvod u praktično ostvarivanje interesa koje stečena opredjeljenja izražavaju.

Političkom akcijom se idejna opredjeljenja istovremeno sadržajno obogaćuju. Principi socijalizma izražavaju samo bitna obilježja socijalističkih odnosa. Zbog toga njihova teorijska eksplikacija može dati samo golu projekciju ovih odnosa, koja se kroz političku akciju upotpunjuje iskustvenom dimenzijom. Time idejna opredjeljenja obogaćuju svoju psihološku komponentu koja predstavlja osnovu njihove mobilizatorske moći. Političkom akcijom ona dobivaju dodatnu snagu za svoje praktično oživotvorenje.

Praktično oživotvorenje principa osobnog dohotka upravo i počinje političkom akcijom. Dok se oni u idejna opredjeljenja mogu pretvarati i putem individualne aktivnosti, njihova politička afirmacija nužno zahtijeva zajedničko angažiranje. Budući da principi osobnog dohotka podrazumijevaju socijalističko zajedništvo, i njihovo ostvarivanje mora se od početka vršiti zajedničkom akcijom udruženih radnika.

S obzirom na socijalistički karakter principa, ova akcija mora imati općedruštvene razmjere. To podrazumijeva da cijelo društvo sudjeluje u sastavljanju i ostvarivanju političkog programa. Bez toga principi osobnog dohotka i ne mogu ući u praktičnu primjenu. Ukoliko je društveno-politička akcija uopće neophodna za samoupravno odlučivanje o osobnom dohotku, ona je utoliko neophodnija za uspostavljanje i razvijanje odnosa na kojima počiva takav dohodak.

Pitanje političke afirmacije principa osobnog dohotka svodi se, u osnovi, na problem omasovljenja političke akcije. Bit problema nije u nedostatku društvenog interesa za ostvarivanje principa, već u povezivanju svih zainteresiranih subjekata u jedinstven pokret. On proistječe, prije svega, iz otpora na koje nailazi ostvarivanje socijalističkih principa. Za svladavanje ovih otpora nužna je relativno dugotrajna borba, koja se cijelo vrijeme mora voditi organizirano. To uvjetuje da se socijalistički pokret širi spiralno zahvaćanjem sve većeg broja subjekata.

Kao što progresivne ideje nastaju u glavama pojedinaca, tako se pojedinačnim inicijativama začinje i pokret za njihovo ostvarivanje. Da bi prerasle u pokret, pojedinačne inicijative moraju, međutim, da se povezuju u zajedničke akcije, što pretpostavlja političku organizaciju. Čim se u društvenu akciju krene udruženim snagama, organizirano djelovanje postaje imperativ za njen uspješan ishod.

Zbog socijalne heterogenosti snaga koje okuplja, socijalistički pokret teško se može razviti i djelovati kao općedruštveni front bez jedne revolucionarne jezgre koja prednjači i u definiranju ciljeva pokreta i u borbi za njihovo ostvarivanje. Organizacija avangarde nije nastala slučajno. Ona je nužan proizvod razvoja socijalističkog pokreta i potrebe za njegovim usmjeravanjem prema dosljednom ostvarivanju historijskih interesa radničke klase. Stranputice na koje je pokret skretao kad je skretala njegova avangarda, samo potvrđuju tu nužnost.

Avangarda mora ostvarivanje principa osobnog dohotka najprije unijeti u svoj program, čime izražava spremnost da se za njih bori. Ali da bi se principi i ostvarili, nužna je organizirana politička akcija cijelog društva. Zato pokret u cjelini mora usvojiti odgovarajući program, koji treba da izražava spremnost za političku borbu svih socijalističkih snaga.

S obzirom na to da ova spremnost mora predstavljati izraz vlastitih uvjerenja, avangarda svoj program ne može nametnuti ostalim pripadnicima pokreta. Program avangarde može postati osnova za program cijelog pokreta samo pod uvjetom dobrovoljnog prihvaćanja. Iz toga proistječe neophodnost njenog idejnog djelovanja unutar pokreta koje postaje nerazdvojni dio njene političke akcije. Avangarda se za prihvaćanje svojeg programa može izboriti samo snagom progresivnosti svojih opredjeljenja koja izvire iz njihove podudarnosti s interesima društvenog progresa.

Pretvaranje principa osobnog dohotka u politički program socijalističkog pokreta predstavlja odlučujući korak na putu njihovog ostvarivanja. Time, međutim, ne prestaje borba za njihovu političku afirmaciju. Ostvarivanje političkog programa nije ništa jednostavnije od njegovog usvajanja. Otpori s kojima se ono suočava ne mogu se svladati bez političke borbe. Kroz ovu borbu proces političke afirmacije principa se nastavlja i, štoviše, ulazi u odlučujuću fazu, u kojoj se upravo potvrđuje spremnost za ostvarivanje programiranih principa.

Politička afirmacija principa osobnog dohotka do određenog stupnja prethodi njihovoj praktičnoj primjeni, a u daljnjem toku se s njom preplеće. I sam politički program mora se neprekidno obnavljati u toku svoje realizacije, koja se najvećim dijelom podudara s praktičnom primjenom principa. Štoviše, inicijative za političku afirmaciju principa mogu se u stanovitom smislu i nadovezivati na njihovu praktičnu primjenu.

Politička afirmacija principa osobnog dohotka i njihova praktična primjena međusobno se uvjetuju. Političkom akcijom ne samo što se krči put praktičnoj primjeni nego se neprekidno vrši njeno usmjeravanje na liniji dosljednog ostvarivanja principa. S druge strane, praktična primjena se ne odvija bez sukobljavanja različitih interesa koji se moraju razrješavati političkom akcijom.

Praktična primjena principa osobnog dohotka

Praktična primjena principa osobnog dohotka može se uvjetno raščlaniti na njihovu kodifikaciju i na praktično ostvarivanje u najužem smislu. Raščlanjivanje je uvjetno jer kodifikacija principa je uvjet njihovog praktičnog ostvarivanja radi kojeg se upravo i vrši.

Kodifikacija predstavlja najznačajniju kariku između političkih opredjeljenja i njihovog praktičnog ostvarivanja. Ma koliko da su konkretizirani političkim stavovima, principi osobnog dohotka ne mogu se praktično ostvarivati dok se ne pretvore u odgovarajuće društvene norme koje se moraju poštovati. Bez kodifikacije, politička afirmacija principa ne samo što ne bi imala efekta nego se ne bi ni ostvarivala.

Međutim, ni kodifikacija se ne može izvršiti bez političke akcije. Upravo zbog toga što principe osobnog dohotka pretvara u obvezne norme, njihova kodifikacija se suočava s najsnažnijim otporima. Otuda i borba za nju označava najpresudniju fazu u ostvarivanju političkog programa. Kodifikacija principa osobnog dohotka predstavlja najpouzdaniju potvrdu da se odnos političkih snaga u društvu radikalno izmijenio u prilog socijalizma.

Kodifikacija principa osobnog dohotka mora već zbog njihove prirode imati samoupravni karakter, što podrazumijeva da ih u društvene norme neposredno pretvara samo društvo. Te norme ne može propisati ni država, ni bilo koja organizacija odvojena od društva. Da bi se poštovale, one moraju biti rezultat samoupravnog sporazuma cijelog društva.

Samoupravni način kodifikacije principa osobnog dohotka izražava, u stvari, njihov dezalijenatorski karakter. Ovo se ogleda, prije svega, u tome što odgovarajuće društvene norme predstavljaju neposredni sporazum svih zainteresiranih subjekata o međusobnim pravima i obvezama. Svatko samo-preuzima obvezu da poštuje interese drugih jer je to uvjet da i drugi poštuju njegove interese. Otuđivanje se zadržava samo utoliko ukoliko osobni interesi još dolaze u sukob s društvenim interesom. Čim se onemogući da se društve-nim normama parcijalni interesi ozakonjuju kao opći interes, proces dezali-jenacije širom se otvara.

Karakterističan izraz dezalijenacije jest i diferencijacija društvenih normi prema konkretnim interesima i potrebama, bez koje se principi osobnog dohotka praktično ne bi mogli ostvarivati. Kada se parcijalni interesi nameću kao opći, onda društvene norme dobivaju oblik šablona pomoću kojih se osigurava njihova dominacija. Socijalističkom zajedništvu takve šablone postaju sasvim neprikladne jer se ono ne izražava samo u jednom općem interesu nego u mnoštvu zajedničkih interesa u različitim sferama života i različitim dimenzijama njegovog podruštvljavanja. Ovo se mnoštvo može izraziti samo odgovorajućom raznovrsnošću društvenih normi povezanih u jedinstven sistem kao što su i raznovrsni oblici socijalističkog zajedništva povezani u jedinstvenu cjelinu.

Dezalijenacija se izražava i kroz stalnu promjenljivost samoupravnih normi zavisno od mijenjanja zajedničkih interesa i potreba. Kako ostvarivanje principa osobnog dohotka označava proces oslobađanja ljudskog rada, i društ-vene norme kojima se oni izražavaju moraju biti u procesu stalnog mijenjanja. Oslobađanje rada podrazumijeva neprekidno mijenjanje postojećeg društvenog stanja, a društvene promjene uključuju i mijenjanje normi kojima se regulira društveni život.

Kodifikacija principa osobnog dohotka, dakle, stalan je proces, koji traje sve dok traje njihovo ostvarivanje. Budući da se vrši samoupravnim putem, ona podrazumijeva kontinuiranu samoupravnu aktivnost na izgrađivanju i usvajanju samoupravnih normi, koja se nastavlja na političku akciju i oslanja na tekovine nauke. U ovoj aktivnosti politički stavovi se, u stvari, samo trans-formiraju u samoupravne norme, putem kojih treba i da se ostvaruju. S obzi-rom na to, samoupravna aktivnost može se oslanjati na tekovine nauke samo ako se na njih oslanja i politička akcija.

U funkciji ostvarivanja principa osobnog dohotka, politička akcija se, međutim, i mora oslanjati na nauku. Kad kroz norme treba izraziti parcijalni interes, pomoć nauke i nije uvijek neophodna jer je takav interes manje ili više evidentan. Nasuprot tome, interes na kojem počiva socijalističko zajed-ništvo predstavlja nevidljivu rezultantu mnoštva raznovrsnih interesa, koju je bez naučnih ispitivanja teško otkriti. Zbog toga nauka postaje nezamjenljiv oslonac ukupne aktivnosti u socijalističkom društvu.

Da bi se principi osobnog dohotka dosljedno ostvarivali, nauka mora ne-prestano tragati za novim rješenjima u njihovoj primjeni, polazeći s jedne strane od same biti tih principa, a s druge strane od kritičke analize rješenja koja se u praksi već primjenjuju. Time ona treba da pruža siguran oslonac i za političku i za normativno-samoupravnu aktivnost. Bez tog oslonca, cjelo-kupna aktivnost dobiva improvizatorski karakter, gubi orijentaciju i skreće na stranputice.

S obzirom na to da se rješenja u primjeni principa osobnog dohotka ne nameću nego dobrovoljno prihvaćaju, širenje naučnih saznanja i iskustava ima za samoupravnu kodifikaciju izuzetno značenje. Od njega u velikoj mjeri zavisi kojim će se tempom odvijati primjena i praktično ostvarivanje principa.

Ovdje se naime ne radi o običnom prenošenju znanja nego o snažnom utjecaju koji svojom progresivnošću i praktičnim efektima vrše nova rješenja. Zbog toga ona i nailaze na otpore, pa se teško mogu širiti bez oslanjanja na političku akciju.

Odlučujuće značenje za kodifikaciju principa osobnog dohotka ima, međutim, njeno demokratsko provođenje. Kako spomenuti principi izražavaju zajednički interes većine društva, samo se voljom većine i može osigurati njihova primjena. Demokratsko odlučivanje o društvenim normama kroz koje se oni izražavaju predstavlja i najmoćnije oružje protiv svih pokušaja njihovog izopačavanja ili odbacivanja. Demokratizacija odlučivanja je zbog toga jedan od najznačajnijih oblika borbe za pretvaranje principa osobnog dohotka u općevažeće društvene norme.

Demokratski način provođenja kodifikacije nije uvjet samo za dosljedno pretvaranje principa osobnog dohotka u društvene norme nego i za njihovo praktično ostvarivanje. Norme koje je usvojila većina, bit će pod utjecajem javnog mnjenja poštovat će i manjina koja im se suprotstavlja. A kad one na taj način zažive, onda povratka na stare odnose praktično nema. Važeće norme mogu se izmijeniti samo još progresivnijim.

Da bi se principi osobnog dohotka dosljedno ostvarivali, samoupravne norme koje ih izražavaju moraju imati snagu opće obveznosti. Dopuštanje izuzetaka značilo bi grubo narušavanje tih principa jer bi ostavljalo mogućnost za prisvajanje tuđega rada. Opća obveznost samoupravnih normi ima, međutim, sasvim drugačiji smisao od opće obveznosti klasičnih državnih normi. Tamo je ona u funkciji osiguranja, a ovdje u funkciji isključenja eksploatacije.

Zbog toga u funkciji ostvarivanja principa osobnog dohotka i državna prisila dobija drugačiji smisao. Ne samo što njena uloga ovdje postaje sve sporednija nego se i sadržajno radikalno mijenja. Umjesto da većinu društva drži u pokornosti prema neznatnoj manjini, državna prisila treba sada da onemogući bilo kakvo pokoravanje u društvenim odnosima. Od krajnje nehumane, ona dobiva izuzetno humanu funkciju.

Poštovanje samoupravnih normi nije u koliziji s njihovom kritikom. Ponašanje po određenim pravilima i njihova kritika samo su različite strane proturječnog ali i jedinstvenog odnosa prema tim pravilima. Mijenjanje društvenih normi pretpostavlja njihovu kritiku, ali cjelovite kritike ne može biti bez njihove praktične primjene.

Kritički odnos prema samoupravnim normama je za ostvarivanje principa koje izražavaju isto toliko neophodan kao i njihovo poštovanje. Ali kao što predstavljaju općevažeća pravila ponašanja, one moraju biti i predmet općedruštvene kritike, koja isključuje svaki monopol. Budući da u izgrađivanju i provođenju samoupravnih normi svi sudjeluju, tako svi moraju sudjelovati i u njihovoj kritici. To je jedan od nužnih uvjeta da se proces ostvarivanja principa osobnog dohotka kontinuirano odvija.

Drugi dio

PRAKTIČNA ISKUSTVA

IX

ISKUSTVA U STJECANJU I RASPOREĐIVANJU DOHOTKA

Osamostaljivanje proizvođača u stjecanju i raspoređivanju dohotka predstavljalo je jednu od osnovnih poluga i ciljeva u razvoju samoupravljanja. U uvjetima državnog monopola cjelokupnu raspodjelu nacionalnog dohotka vršila je sama država, dok proizvođač u tome nije imao nikakvog udjela. Razvlašćivanje države u ostvarivanju ove funkcije i ovladavanje dohotkom od strane udruženih proizvođača bilo je sudbonosno pitanje za razvoj samoupravljanja.

Proces ovladavanja dohotkom od strane udruženih proizvođača počeo je praktično već s uvođenjem samoupravljanja. Jednu od najznačajnijih promjena u tom pravcu bilo je uvođenje tržišne razmjene, kojom je radnim organizacijama omogućeno da neposredno razmjenjuju proizvode svoga rada. Već 1951. godine donesen je i novi zakon o planiranju, kojim se utvrđivao samo obvezni minimum iskorištavanja proizvodnih kapaciteta, a poduzećima je ostavljena sloboda da prema potrebama tržišta sama određuju detaljan asortiman proizvoda.

Osamostaljivanje u stjecanju praćeno je i osamostaljivanjem radnih organizacija u raspolaganju ostvarenim dohotkom. Do značajnijih promjena ove vrste dolazi osobito od 1957. godine. Zakonskim propisima iz 1957. i 1958. godine utvrđeno je da poduzeća samostalno raspolažu čistim prihodom koji im ostaje kad podmire troškove poslovanja, porez na promet i porez na dohodak. Daljnji korak u tom pravcu učinjen je 1961. godine, kada je zakonskim izmjenama raspodjela dohotka uređena tako da poslije odvajanja 15⁰/₀ doprinosa na dohodak, radna organizacija slobodno raspoređuje čisti prihod na osobne dohotke i fondove poduzeća.

Najradikalniji pothvat na liniji osamostaljivanja radnih organizacija u stjecanju i raspoređivanju dohotka predstavljala je privredna reforma, koja je počela 1965. godine. Ona je bila usmjerena k potpunom ovladavanju društvenom reprodukcijom od strane udruženih proizvođača, što je pored privredne zahtijevalo i temeljitu društvenu reformu. Neravnopravnosti u stjecanju i nepravilnosti u raspoređivanju dohotka samo su potencirale potrebu za takvom reformom.

Ostaci državnog monopola i tržišna stihija uvjetovali su neravnopravnosti u stjecanju dohotka, koje su utjecale i na njegovu internu raspodjelu. Pojave da su pojedine organizacije nezasluženo prisvajale dio dohotka i da se njegova raspodjela u pojedinim slučajevima vršila na štetu akumulacije, predstavljale su stalni problem društvene reprodukcije koji se administrativnim mjerama nije mogao riješiti.

Problem se u biti svodio na to da se isključi eksploatacija i osigura da svatko svoj dohodak stječe prema uloženom radu. Ustavom SFRJ iz 1963. godine utvrđeno je da „jedino rad i rezultati rada određuju materijalni i društveni položaj čovjeka" i da „nitko ne može neposredno ili posredno stjecati materijalne i druge koristi eksploatacijom tuđeg rada". Već samim davanjem prava radnim organizacijama 1958. godine da samostalno raspolažu čistim prihodom, isključena je mogućnost da se dohodak koji je rezultat izuzetnih pogodnosti raspodjeljuje na osobne dohotke. Uredbom Saveznog izvršnog vijeća predviđeno je da se taj dio čistog prihoda „unosi u fondove privredne organizacije, i to, po pravilu, u fond osnovnih sredstava, fond obrtnih sredstava i rezervni fond".[1]

Promjene koje su od tada vršene u sistemu raspodjele bile su usmjerene na ujednačavanje društvenih uvjeta rada i što dosljedniju raspodjelu prema radu. Prema Informaciji Centralnog vijeća Saveza sindikata Jugoslavije o potrebi daljnjeg usavršavanja sistema raspodjele navedena su slijedeća dva cilja izmjena koje su 1961. godine vršene u sistemu raspodjele: **prvo,** da se stvore što ujednačeniji uvjeti za rad i razvoj kako pojedinih privrednih grana, tako i užih privrednih grupacija; i, **drugo,** da se unutar privrednih grupacija i poduzeća što dosljednije provode socijalistički princip raspodjele prema radu, odnosno čisti prihod privredne organizacije i njegova raspodjela na osobne dohotke i fondove bude u neposrednoj zavisnosti od produktivnosti rada i ekonomičnosti poslovanja.[2]

Uputstvom o raspodjeli čistog prihoda privrednih organizacija, koje je Savezno izvršno vijeće donijelo 1962. godine, utvrđeni su ovi principi interne raspodjele: **prvo,** da ukupna sredstva za osobnu i zajedničku potrošnju svakog radnog kolektiva budu u skladu s ukupno ostvarenim rezultatima privređivanja; **drugo,** da kolektivi izdvajaju sredstva za razvoj materijalne osnove svoje djelatnosti u skladu sa svojim realnim potrebama i mogućnostima; **treće,** da rezultate svoga rada kolektivi ocjenjuju ne samo veličinom ostvarenog neto-produkta nego i uvjetima pod kojima su ga ostvarili i da sredstva za osobnu i zajedničku potrošnju povećavaju samo na osnovi stvarnog zalaganja i rezultata kolektiva; **četvrto,** da radni kolektivi svoje rezultate utvrđuju uspoređujući ih s rezultatima srodnih poduzeća i da svoje osobne dohotke formiraju u zavisnosti od postignutih rezultata.[3]

Državnim propisima nije se, međutim, mogla osigurati raspodjela prema radu. Država je, s jedne strane, zahvaćala dio dohotka radnih organizacija koji nije rezultat njihovog rada, dok je, s druge strane, sama štitila monopolski položaj pojedinih organizacija koji im je omogućavao da dohodak stječu nezavisno od rezultata svoga rada. Problem se mogao riješiti samo potpunim ovladavanjem društvenom reprodukcijom od strane udruženih proizvođača, što je i bila osnovna intencija ustavnih promjena sedamdesetih godina.

Ustav SFRJ od 1974. godine utvrdio je dva fundamentalna načela na kojima treba da se osniva samoupravni sistem stjecanja i raspodjele dohotka;

---

[1] Uredba o reguliranju odnosa u vezi s raspolaganjem čistim prihodom i sredstvima privrednih organizacija, Sl. l. SFRJ, br. 14/1958.

[2] Informacija Centralnog vijeća SSJ od juna 1961. upućena Titu, Kardelju i M. Todoroviću od potpredsjednika CV SSJ M. Špiljaka (Historijski arhiv Vijeća SSJ, bez broja).

[3] Vidi izvještaj o radu Centralnog vijeća SSJ, Peti kongres Saveza sindikata Jugoslavije, Beograd 1964, „Rad", str. 108/9.

prvo, da je „rad čovjeku jedina osnova prisvajanja proizvoda društvenog rada i upravljanja društvenim sredstvima", i **drugo,** da „o raspodjeli dohotka na dio koji služi proširivanju materijalne osnove rada i na dio za zadovoljavanje osobnih i zajedničkih potreba radnih ljudi saglasno načelu raspodjele prema radu, odlučuju radni ljudi koji stvaraju taj dohodak, u skladu s međusobnom odgovornošću i solidarnošću i društveno utvrđenim osnovama i mjerilima za stjecanje i raspodjelu dohotka". Na osnovi toga, Zakon a udruženom radu 1976. godine[4] uvrdio je da „radnici u osnovnoj organizaciji stječu dohodak zavisno od proizvodnosti tekućeg rada i uspješnosti upravljanja i privređivanja društvenim sredstvima".

Zakon je predvidio četiri osnovna oblika stjecanja dohotka osnovne organizacije: a) prodajom proizvoda i usluga na domaćem i stranom tržištu odnosno u okviru organizacije udruženog rada; b) udjelom u zajednički ostvarenom dohotku po osnovi udruživanja rada i sredstava; c) slobodnom razmjenom rada i d) na ime kompenzacije, regresa, premije, dotacije, ili po nekoj drugoj sličnoj osnovi. Udio u zajednički ostvarenom dohotku ima opet dva karakteristična oblika: udio u zajedničkom prihodu i udio u zajedničkom dohotku.

Prodaja proizvoda i usluga

Zakonom o udruženom radu predviđeno je da osnovna organizacija stječe dohodak prodajom svojih proizvoda i usluga kada ih neposredno stavlja u promet. To podrazumijeva tržišnu razmjenu kojom vladaju odgovarajuće zakonitosti tržišta. Dileme u vezi sa samim postojanjem tržišne razmjene u socijalizmu kod nas su relativno brzo prevladane, ali su se i do danas zadržale razlike u shvaćanju njenog karaktera.

U sukobu s administrativnom raspodjelom, koja je zakonitosti tržišta potpuno zanemarivala, nastale su tendencije koje su izlaz tražile u njihovom stihijnom djelovanju. Slobodno, ničim ometano djelovanje takvih zakonitosti, koje bi potpuno isključivalo državnu intervenciju, smatralo se autentičnom osnovom samoupravljanja i jedinim pravim rješenjem ekonomskih problema. Međutim, ukoliko su u praksi dolazile do izražaja, ove tendencije su stvarale još veće probleme koji su samo potkrepljivali državni intervencionizam.

Nasuprot tome, sve se više učvršćivalo uvjerenje da udruženi proizvođači moraju svjesno ovladavati ekonomskim zakonitostima i tržišnu razmjenu svojih proizvoda i usluga usmjeravati prema ciljevima socijalističke reprodukcije. Dosadašnje iskustvo je nedvosmisleno potvrdilo da se to ne može postići ni posredstvom države, niti putem bilo čijeg posredovanja, nego samo neposrednim sporazumijevanjem udruženih radnika. Zakonom o udruženom radu (čl. 62) upravo je predviđeno da „radnici u osnovnim organizacijama, zajedno s radnim ljudima u mjesnim zajednicama i drugim samoupravnim organizacijama i zajednicama samoupravnim sporazumijevanjem i društvenim dogovaranjem utvrđuju politiku cijena".

Polazeći od osnovnih odredbi Ustava i Zakona o udruženom radu, Zakon o osnovama sistema cijena i društvenoj kontroli cijena, koji je Skupština SFRJ usvojila u decembru 1979,[5] utvrdio je (u čl. 2) da je cijena „kao izraz djelovanja

---

[4] Sl. l. SFRJ, br. 53/76.
[5] Sl. l. SFRJ, br. 1/80.

ekonomskih zakonitosti, a posebno zakonitosti tržišta, u uvjetima socijalističkih samoupravnih društveno-ekonomskih odnosa i planskog usmjeravanja ukupnih tokova društvene reprodukcije, instrument razmjene proizvoda i usluga na jedinstvenom jugoslavenskom tržištu, kao i bitan sastavni dio samoupravnih sporazuma, društvenih dogovora i ugovora kojima se ostvaruju i razvijaju odnosi u stjecanju i raspodjeli dohotka između organizacija udruženog rada, odnosno između drugih sudionika društvene reprodukcije".

U navedenoj definiciji su, dakle, eksplicitno izražena dva bitna obilježja tržišne razmjene u socijalizmu: **prvo,** da je cijena objektivni izraz ekonomskih zakonitosti, koji u potpunosti isključuje voluntarizam (karakterističan za administrativnu raspodjelu; i, **drugo,** da se ona formira samoupravnim sporazumijevanjem i društvenim dogovaranjem zainteresiranih subjekata, čime se isključuje stihijno djelovanje tržišta. Time je karakter tržišne razmjene u samoupravnom društvu jasno razgraničen kako u odnosu prema klasičnom tržištu, tako i u odnosu prema državnom intervencionizmu.

U Zakonu o udruženom radu, a zatim i u Zakonu o osnovama sistema cijena jasno je rečeno da cijene proizvoda i usluga na jugoslavenskom tržištu ne određuju ni tržišna stihija ni država, nego sami udruženi radnici. Prema članu 62, Zakona o udruženom radu, „radnici u osnovnim organizacijama samostalno, u odnosima međusobne zavisnosti, povezanosti i odgovornosti, formiraju cijene proizvoda i usluga na jedinstvenom jugoslavenskom tržištu, na osnovi djelovanja zakonitosti tržišta, a u skladu sa samoupravnim sporazumom, društvenim dogovorom i zakonom utvrđenim uvjetima stjecanja dohotka". Time je naviješten konačni raskid s polivalentnom tržišnom praksom, u kojoj se samoupravno sporazumijevanje o cijenama prigušivalo tržišnom stihijom i državnim intervencionizmom.

Samostalnost osnovnih organizacija u određivanju cijena nikako ne podrazumijeva njihovo autarhično djelovanje. Štoviše, ona takvo djelovanje isključuje jer ono upravo vodi u tržišnu stihiju i potiče državni intervencionizam, kojima se stvarna samostalnost osnovnih organizacija ukida. Samoupravno određivanje cijena podrazumijeva povezivanje svih organizacija i zajednica, odnosno svih proizvođača i potrošača u jedinstven sistem samoupravnog sporazumijevanja i društvenog dogovaranja. Bez zajedničkog i ravnopravnog dogovaranja proizvođača i potrošača u svim sferama društvene reprodukcije ne može biti stvarnog samoupravnog tržišta.

Zakon je predvidio tri vrste slučajeva u kojima bi se proizvođači i potrošači morali obvezno sporazumijevati o cijenama proizvoda i usluga. U **prvu** grupu spadaju osnovne organizacije koje razmjenu proizvoda i usluga obavljaju unutar radne i složene organizacije; u **drugu,** organizacije koje udruživanjem rada i sredstava ostvaruju zajednički prihod; **treću** grupu čine organizirani potrošači životnih sredstava u mjesnim i drugim samoupravnim zajednicama i organizacijama i organizacije koje se bave proizvodnjom i prometom odgovarajućih proizvoda i usluga (čl. 13—16).

Zakonom o osnovama sistema cijena utvrđeni su i osnovni kriteriji za formiranje cijena od kojih moraju polaziti svi sudionici u razmjeni. To su: 1) odnos ponude i potražnje na domaćem tržištu; 2) utjecaj svjetskih cijena na razinu i odnose cijena na domaćem tržištu, na odnose u stjecanju i raspodjeli dohotka i na razvojnu politiku društva; 3) kretanje prosječne produktivnosti rada i racionalno korištenje sredstava za proizvodnju proizvoda i usluga; 4) raspodjela ukupnog dohotka društva na djelatnosti razmjerno njihovoj produktivnosti rada, uspješnosti u upravljanju i privređivanju društvenim sredstvima i ukupnoj društvenoj produktivnosti rada, uz nastojanje da se ujednačavaju uvjeti privređivanja u granicama ekonomske racionalnosti i ravnopravne raspodjele dohotka. Zakonom je potpuno isključeno **korištenje** monopolskog položaja kao i uopće dovođenje u neravnopravan položaj drugih organizacija i zajednica pri određivanju cijena.

Time je učinjen značajan korak u približivanju tržišne razmjene raspodjeli prema radu. Ukoliko cijena proizvoda približnije izražava količinu rada koja je u njega uložena, utoliko je efikasnija kao instrument socijalističke raspodjele. Ali utoliko se i tržišna razmjena sve više pretvara u neposrednu razmjenu rada. Stjecanje dohotka putem takve razmjene zakonom je obvezno predviđeno samo za organizacije društvenih djelatnosti i radne zajednice.

Slobodna razmjena rada

Članom 92. Zakona o udruženom radu predviđeno je da radnici u osnovnoj organizaciji koja obavlja djelatnost u oblasti obrazovanja, nauke, kulture, zdravstva i socijalne zaštite, ili drugu društvenu djelatnost, stječu dohodak iz ukupnog prihoda koji osnovna organizacija ostvari slobodnom razmjenom rada, a članom 94. istoga zakona otvorena je mogućnost da se i odnosi u samoupravnim interesnim zajednicama komunalnih djelatnosti, energetike, vodoprivrede, saobraćaja i drugih djelatnosti materijalne proizvodnje također uređuju na načelima slobodne razmjene rada.

Slobodnom razmjenom rada morao bi se, prema tome, ostvarivati znatan dio dohotka. U 1977. godini za društvene djelatnosti izdvojeno je u Jugoslaviji 119 milijardi i 560 milijuna dinara. Od 1971. do 1977. godine ova su sredstva rasla po prosječnoj godišnjoj stopi od 26,2%, a njihov udio u nacionalnom dohotku povećao se sa 16,39 na 17,64%.[6]

Zakonom o udruženom radu predviđeno je da se slobodna razmjena rada ostvaruje ,,neposredno ili preko, odnosno u okviru, samoupravne interesne zajednice".[7] Na razvijanju slobodne razmjene rada, kako unutar interesnih zajednica tako i izvan njih, nije, međutim, mnogo urađeno. Na Jedanaestom susretu samoupravljača ,,Crveni barjak", koji je u februaru 1979. održan u Kragujevcu, ocijenjeno je da su ,,u ostvarivanju načela slobodne razmjene rada učinjeni tek prvi koraci" i da ,,suštinska izmjena društveno-ekonomskih odnosa stvarno još nije provedena". Slične ocjene dane su i na sjednici Vijeća Saveza sindikata Jugoslavije od 20. aprila iste godine.

Osnivanjem samoupravnih interesnih zajednica stvorene su samo organizacijsko-institucionalne pretpostavke za slobodnu razmjenu rada. Njihovim

---

[6] Završni račun SDK Jugoslavije.

[7] Na dan 31. decembra 1977. u SFRJ su djelovale 2.974 interesne zajednice društvenih djelatnosti, posredstvom kojih se zadovoljavao najveći dio zajedničkih potreba. One su, u skladu u Ustavom, osnovane kao samoupravne asocijacije unutar kojih korisnici i davaoci usluga treba ravnopravno da se dogovaraju o zadovoljavanju zajedničkih potreba. No toj su osnovi i njihove skupštine konstituirane od delegata osnovnih organizacija udruženog rada i mjesnih zajednica kao korisnika i delegata organizacija davalaca usluge. Na dan 31. decembra 1977. u skupštinama SIZ-ova društvenih djelatnosti bilo je 119.830 delegata, od kojih 45.373 iz privrede, 34.279 iz društvenih djelatnosti i 19.999 iz mjesnih zajednica (Prethodni podaci Saveznog zavoda za statistiku).

djelovanjem nije se mogao automatski prevladati naslijeđeni fiskalni sistem prikupljanja i distribucije sredstava za zajedničke potrebe. Štoviše, novi oblici interesnog organiziranja poprimili su mnoga predstavnička obilježja i, na osnovama fiskalnog sistema, počeli i sami djelovati kao otuđene institucije.

Nastojanja da se administrativna raspodjela i tržišna stihija zamijene slobodnom razmjenom rada, od početka su nailazila na snažne otpore jer su najneposrednije ugrožavala interese snaga koje su težile da sačuvaju pozicije posrednika u reguliranju društvene reprodukcije. Oni su se ispoljavali i u praktičnoj aktivnosti i u iskrivljenim shvaćanjima slobodne razmjene rada, kojima se ona izjednačava s naslijeđenim oblicima raspodjele, bilo s tržišnom razmjenom, bilo s administrativnom raspodjelom.

Praktično se udomaćilo shvaćanje po kojem se slobodna razmjena rada poistovjećuje s bilo kakvim zadovoljavanjem zajedničkih potreba posredstvom interesnih zajednica. Čim su ove zajednice osnovane, u praksi su se odmah počele prihvaćati kao oblik slobodne razmjene rada, nezavisno od sadržaja društveno-ekonomskih odnosa koji se u njima uspostavljaju. Tako je bit novih odnosa zamijenjena njihovom formom, što je demobilizatorski utjecalo na revolucionarno angažiranje subjektivnih snaga. Stvarana je zabluda da je osnivanjem samoupravnih interesnih zajednica i normativnim reguliranjem njihovog rada posao na primjeni Ustava i Zakona o udruženom radu praktično završen. U zaključcima Jedanaestog susreta samoupravljača upravo je konstatirano da su „dotadašnji napori bili usmjereni uglavnom na osnivanje samoupravnih interesnih zajednica i samoupravno organiziranje društvenih djelatnosti" i da su „u najvećem broju slučajeva postojeći odnosi i postojeća organiziranost sankcionirani novim samoupravnim dokumentima".

Kao ekstremna reakcija na otuđenost interesnih zajednica pojavila su se shvaćanja prema kojima se slobodna razmjena rada identificira s tržišnom razmjenom. Pri tome se pojam slobodne razmjene rada opet svodi na formu jer se mogućnost slobode vidi samo u spontanom komuniciranju korisnika i davalaca usluga, dok se svaki oblik njihovog organiziranog povezivanja smatra ograničavanjem slobode.

Jedan od pokušaja da se spomenuta shvatanja prevladaju, izražen je u definiciji slobodne razmjene rada kao „svjesnog, samoupravnog, planski organiziranog, demokratskog, ravnopravnog, sporazumnog i neposrednog uređivanja odnosa u razmjeni rada" između korisnika i davalaca usluga. Ali ni ova definicija ne određuje eksplicitno sam sadržaj, već formu slobodne razmjene rada. Ona se, u osnovi, svodi na to da se slobodna razmjena rada ne ostvaruje ni putem tržišne razmjene, ni administrativnom raspodjelom, nego samoupravnim sporazumijevanjem, što je, sa stanovišta forme, sasvim precizno razgraničenje.

Samoupravno sporazumijevanje pretpostavlja, međutim, odgovarajuće promjene i u samom sadržaju društveno-ekonomskih odnosa, bez čega se ono praktično svodi na formalnost. U praksi je dosta raširena pojava da se, radi formalnog usuglašavanja s Ustavom i Zakonom o udruženom radu, odnosi koji vladaju na tržištu ili u uvjetima administrativne raspodjele podvode pod formu samoupravnih sporazuma. Takvi sporazumi, u stvari, i nisu samoupravni jer se praktično nameću radnicima ili se sklapaju bez njihovog sudjelovanja.

O sadržaju slobodne razmjene rada zastupaju se dva sasvim različita stava. Po jednom, takva je razmjena stvar konvencije. Važno je samo da se ona ostvaruje sporazumno između subjekata razmjene. Pri tome se ne postavlja pitanje ravnopravnosti, koja čini bitno obilježje samoupravnog sporazumijevanja. U praksi se sporazumi, na bazi konvencije, sklapaju i između sasvim neravnopravnih partnera jer slabija strana nema drugog izbora nego da prihvati ponudu one jače. Takvi sporazumi nisu, u biti, samoupravni iako su to po formi jer se sklapaju dobrovoljno.

Teško je pretpostaviti da bi u uvjetima pune ravnopravnosti bilo koji od subjekata razmjene prihvatio odnos u kojem bi dobivao manje nego što daje. Na tome se i osniva mišljenje da je slobodna razmjena rada, po svojem sadržaju, **ekvivalentna** razmjena, što podrazumijeva da korisnik i davalac usluga razmjenjuju jednake količine rada, samo u različitim oblicima. Jedino se na taj način osigurava raspodjela prema radu, ali i stvarna ravnopravnost u samoupravnom sporazumijevanju.

Ako se uopće može govoriti o **slobodnoj** razmjeni rada (jer takav termin nije dovoljno određen i dopušta različita tumačenja), onda se ona, sa stanovišta socijalističke raspodjele prema radu, može shvatiti samo kao ekvivalentna razmjena. Sloboda razmjene sadržana je upravo u njenoj ekvivalentnosti, koja isključuje prisvajanje tuđeg rada i osigurava da svatko svoj dohodak stječe na temelju vlastitog doprinosa.

Kao ekvivalentna, slobodna razmjena rada može se obavljati samo neposredno. Utoliko veću zbrku izazivaju klasifikacije po kojima se slobodna razmjena rada dijeli na posrednu (putem samoupravnih interesnih zajednica) i neposrednu (direktnim povezivanjem korisnika i davalaca usluga). Takve klasifikacije samo odslikavaju postojeću praksu jer interesne zajednice zaista još djeluju kao posrednici između korisnika i davalaca usluga, ali se u tom slučaju ne bi moglo govoriti o slobodnoj razmjeni rada, bar u smislu sadržaja.

Ako se sredstva za zajedničke potrebe prikupljaju pomoću fiskalnih instrumenata, onda i njihova raspodjela neizbježno zadržava administrativna obilježja, bez obzira na to tko je vrši. Interesne zajednice u tom slučaju i ne mogu djelovati drugačije nego kao posrednici između korisnika i davalaca usluga. One tu funkciju najčešće i ne obavljaju samostalno nego pod neposrednim utjecajem organa društveno-političkih zajednica, koji su faktički zadržali odlučujući ulogu u prikupljanju i preraspodjeli sredstava za zajedničke potrebe.

Zbog toga se društveno-ekonomski odnos i ne uspostavlja neposredno između korisnika i davalaca usluga nego između interesne zajednice (ili točnije, njenih organa) i davalaca. U interesnim zajednicama, gdje je ovaj odnos ispitivan, skupštine su faktički samo potvrđivale dogovore koje su u raspodjeli sredstava prethodno postizali sekretari SIZ-ova direktori OUR-a koji pružaju usluge, ali su i ovi dogovori uglavnom formalni jer su sredstva fiskalnim načinom prikupljanja unaprijed limitirana.

Neposredna razmjena rada podrazumijeva i neposredan odnos između korisnika i davalaca usluga, koji se može uspostaviti samo samoupravnim udruživanjem rada i sredstava. Iako su tendencije za razvijanjem takvih odnosa sve izraženije, primjeri samoupravnog udruživanja rada i sredstava još su relativno rijetki i javljaju se uglavnom tamo gdje sredstva koja se prikupljaju fiskalnim putem nisu dovoljna. Svojevrstan otpor slobodnoj razmjeni rada izražen je i u težnji da se samoupravno udruživanje rada i sredstava razvija samo kao dopuna fiskalnog sistema.

Ako se slobodna razmjena definira kao neposredna ekvivalentna razmjena rada, koja se obavlja samoupravnim sporazumijevanjem, onda se u stručnom pogledu osnovni problem sastoji u tome da se utvrdi količina rada koja je sadržana u usluzi davaoca i kojom je određena ekvivalentna visina naknade korisnika. Kvaliteta usluge morala bi biti unaprijed dogovorena i određena, u skladu s potrebom korisnika. U praksi nije toliko problem da se kvaliteta definira koliko da je korisnici kontroliraju, osobito u nekim djelatnostima kao što su, na primjer, kultura i obrazovanje.

Količina rada koja je sadržana u usluzi predstavlja polaznu osnovu slobodne razmjene. Ona mora biti jednaka količini rada sadržanoj u naknadi za pruženu uslugu. Zbog toga se određivanje visine naknade ili „cijene" usluge, u osnovi, svodi na utvrđivanje količine rada koji se mora utrošiti da bi se usluga pružila. Napori za pronalaženje praktičnih rješenja upravo se sve više i usmjeravaju u ovom pravcu.

Administrativni način raspodjele u određivanju naknade za pružene usluge ostavio je u nasljeđe troškovni princip. Istraživanja obavljena u jednom broju interesnih zajednica pokazuju da takav princip još prevladava. Davaocima usluga se jednostavno priznaju troškovi koje su imali u prethodnoj godini, uvećani za određeni postotak predviđen planom društveno-političke zajednice za tekuću godinu. Međutim, troškovni princip se često primjenjuje i u neposrednom pružanju usluga izvan interesnih zajednica. Zahvaljujući monopolskom položaju, pojedine organizacije društvenih djelatnosti praktično same određuju cijenu svojih usluga, uključujući u nju i opravdane i neopravdane troškove.

Prvi pokušaj da se ublaže negativne posljedice koje troškovni princip nanosi produktivnosti rada učinjen je uvođenjem prakse da organi SIZ-a ocjenjuju izvršenje programa davalaca usluga. U samoupravnim sporazumima pojedinih SIZ-ova utvrđen je princip da visina naknade varira prema izvršenju programa. Naknada se u toku poslovne godine isplaćuje kao akontacija, a na kraju se korigira — povećava ili smanjuje u zavisnosti od stupnja realizacije programa. Korekcija se vrši na osnovi ocjene koju daje komisija SIZ-a.

Takav način određivanja naknade trebalo bi da potakne podizanje produktivnosti i da distribuciju sredstava za zajedničke potrebe bar donekle približi raspodjeli prema radu. Njegova ograničenost je, međutim, u tome što se pri određivanju programa za osnovu uzima zatečeno stanje produktivnosti i što samo ocenjivanje realizacije programa omogućuje proizvoljnosti i subjektivizam. Ove ograničenosti pokušavaju se prevladati objektivizacijom ocjenjivanja kao, na primjer, u Međuopćinskom SIZ-u obrazovanja Kula — Vrbas, čijim je sporazumom predviđeno da se rezultati rada obrazovnih organizacija vrednuju metodom mjerenja i procjenjivanja.

Težnja za objektivizacijom mjerila slobodne razmjene još je više izražena u SIZ-ovima koji su se opredijelili za normative i samoupravno dogovorene standarde tekućeg i minulog rada. Takva rješenja predviđena su, na primjer, samoupravnim sporazumima SIZ-ova u Beogradu i sporazumima SIZ-ova zdravstvene zaštite u Bosni i Hercegovini, Hrvatskoj i Sloveniji. Opredjeljenje za normative i standarde tekućeg i minulog rada izraženo je i na aprilskoj sjednici Vijeća Saveza sindikata Jugoslavije.

Zakonom o osnovama sistema cijena utvrđeni su slijedeći kriteriji za određivanje cijene usluge: 1) samoupravno utvrđeni standardi i normativi materijalnih troškova, amortizacije i tekućeg rada; 2) samoupravno utvrđeni standardi solidarnosti u zadovoljavanju zajedničkih potreba; 3) samoupravno utvrđena kvaliteta usluga; 4) racionalnost i efikasnost u pružanju usluga; 5) uspješnost upravljanja i privređivanja sredstvima proširene reprodukcije. Drugi i treći

146

kriterij morali bi u osnovi biti pretpostavljeni, dok četvrti i peti praktično proistječu iz prvog ako su standardi tekućeg i minulog rada objektivno određeni na osnovi tehnoloških i ekonomskih parametara.

Objektivizirano određivanje naknade nije, međutim, u praksi još dovedeno dokraja, tako da zadržava neka bitna obilježja starog načina raspodjele. Dok se normativi minulog rada utvrđuju neposredno na osnovi potrebnog utroška sredstava i predmeta rada, utrošak tekućeg rada izražava se u unaprijed određenoj veličini osobnog dohotka po uvjetno kvalificiranom radniku. Osobni dohodak se na taj način tretira kao trošak, čime se zadržavaju određena obilježja najamnih odnosa.

Prema svim analiziranim sporazumima koji utvrđuju takav način raspodjele sredstava SIZ-ova, cijena usluge izvodi se kao kalkulativna veličina iz slijedećih elemenata: materijalnih troškova, amortizacije, sredstava za zajedničke i općedruštvene potrebe, drugih zakonskih i ugovornih obveza, sredstava za osobne dohotke, sredstava zajedničke potrošnje, akumulacije i sredstava za rezerve. Na osnovi ovih elemenata izvodi se i globalna cijena cijelog programa.

Takvim izvođenjem cijene usluge dokraja se unaprijed određuje i unutrašnje raspoređivanje dohotka u OUR-ima društvenih djelatnosti. Time se praktično ukida njihova samostalnost i zadržava nejednak položaj u odnosu na OUR-e privrede. Zadržava se stara logika i u dodjeljivanju sredstava za osobne dohotke, čija se visina ne određuje prema ostvarenoj produktivnosti nego prema broju zaposlenih radnika i njihovoj kvalifikaciji.

Takva se logika pokušava opravdati iskrivljenim shvaćanjem ustavnih kategorija „solidarnosti". Jednakost kriterija raspodjele zamjenjuje se jednakošću same raspodjele, jednak društveno-ekonomski položaj — jednakim materijalnim položajem. I solidarnost se shvaća u smislu izjednačavanja materijalnog položaja, nezavisno od radnog doprinosa. Time se praktično negira raspodjela prema rezultatima rada i destimulira zainteresiranost za podizanje produktivnosti.

Da bi se otklonile negativne posljedice takve raspodjele, koje se najočevidnije ispoljavaju u tendenciji povećanja broja zaposlenih u društvenim djelatnostima, pribjegava se utvrđivanju i takvih normativa u sporazumima SIZ-ova koji najneposrednije zadiru u unutrašnju organizaciju. Utvrđuju se profil i broj zaposlenih radnika, tehnička opremljenost, pa čak i organizacija radnog procesa. Time se samostalnost davalaca usluga još više ograničava.

Na liniji takvog ograničavanja jest i normiranje radnog učinka OUR-a društvenih djelatnosti. Pri tome se polazi od najamne logike da pojedine organizacije moraju „odraditi" unaprijed utvrđena sredstva koja dobivaju od SIZ-a. Na toj se osnovi onda traže i rješenja za njihovu stimulaciju, tako što se spomenuta sredstva povećavaju ili smanjuju u zavisnosti od prebačaja ili podbačaja plana.

Budući da se cijene usluga obično unaprijed određuju, dohodak OUR-a koji te usluge pružaju ne dovodi se u direktnu zavisnost od veličine ukupnog društvenog dohotka i ostvarene društvene produktivnosti rada. One služe samo za raspodjelu sredstava SIZ-ova koja, po stopama doprinosa, automatski pritiču nezavisno od produktivnosti i stvarnog porasta društvenog dohotka. Ako se vrše usklađivanja, to se čini naknadno i administrativnim mjerama.

S obzirom na raskorak između novih principa i starih metoda raspodjele, pojavile su se i dileme u pogledu uključivanja akumulacije u cijenu usluge. Tako su jedni zastupali mišljenje da akumulaciju ne bi uopće trebalo uključivati u cijenu usluge, nego u tu svrhu posebno izdvajati sredstva; drugi — da cijena usluge treba da sadržava samo dio akumulacije za unapređenje materijalne osnove rada; dok su treći smatrali da se akumulacija u cijelini mora uključivati u cijenu usluge.

I ovdje se, u biti postavlja pitanje ravnopravnosti organizacija udruženog rada. Ako se akumulacija isključi iz cijene usluge, automatski se isključuje i ekvivalentnost razmjene, a dohodak davaoca usluge unaprijed je okrnjen. Time se s davaoca faktički skida odgovornost da u skladu s društvenim potrebama samostalno usmjerava vlastiti razvoj. Ali uskraćivanjem prava na samostalno raspolaganje akumulacijom istovremeno se ukida jedan od fundamenata samoupravnog položaja OUR-a.

Da bi djelovao kao samostalna organizacija, davalac usluge mora samostalno raspolagati ostvarenim dohotkom. To podrazumijeva da ne samo stječe neokrnjeni dohodak nego i da ga namjenski raspoređuje. Unutrašnja raspodjela njegova je vlastita stvar u koju korisnik usluge ne treba da se miješa, kao što se ni on ne miješa u raspodjelu njegovog dohotka. Zbog toga ona ne treba ni da se obuhvati njihovim međusobnim sporazumijevanjem ukoliko nisu u pitanju zajednički kriteriji raspodjele kojima se osigurava jedinstven društveno-ekonomski položaj radnika.

Ako se dohodak stječe prema radu, njegova se raspodjela ne može ni vršiti unaprijed. Stoga se unaprijed ne daju ni elementi iz kojih se može izvesti cijena usluge. Pogotovu je nemoguće unaprijed odrediti visinu osobnih dohodaka, koja se mora osnivati kako na individualnim tako i na zajedničkim rezultatima društvenog rada. Ona se ni u kojem slučaju ne može odrediti prije nego što bude poznat dohodak osnovne organizacije udruženog rada. Za razliku od administrativnog načina raspodjele, dohodak organizacije ovdje se ne izvodi iz njegovih dijelova, već obrnuto.

Kao nova vrijednost, cijeli dohodak se stvara tekućim radom radnika. Zbog toga se za mjerilo radnog doprinosa ne može uzimati samo jedan dio dohotka, pa ni cijeli osobni dohodak. Kako se, međutim, takvo mjerenje i vrši radi utvrđivanja samog dohotka, on ni u cijelini ne može služiti kao mjerilo radnog doprinosa. Kad bi veličina dohotka bila poznata, potreba za mjerenjem radnog doprinosa ne bi uopće postojala.

Zato se doprinos tekućim radom mora mjeriti vlastitim aršinom, to jest društveno potrebnim radnim vremenom. I budući da se razmjena rada ostvaruje neposredno, mora se neposredno utvrđivati i društveno potrebno vrijeme koje iziskuje kvalitetno pružanje određene usluge. Normativi tekućeg rada treba da određuju vrijeme potrebno za pružanje usluge, a ne visinu osobnog dohotka. Bez takvih normativa ne može se, uostalom, utvrditi ni broj izvršilaca koji su nužni za realizaciju određenog programa.

Za razliku od tržišne razmjene, u kojoj se društveno potrebno vrijeme formira kao opći prosjek individualnih vremena, pri utvrđivanju normativa za neposrednu razmjenu rada moraju se uvažavati konkretni uvjeti koji objektivno utječu na različit utrošak tekućeg rada. Da bi se omogućila ekvivalentna razmjena u svakom pojedinom slučaju, normativi tekućeg rada moraju izražavati konkretno, a ne apstraktno društveno vrijeme, to jest ono vrijeme koje je za pružanje određene usluge potrebno u konkretnim društvenim uvjetima.

Društveno potrebno vrijeme određuje samo relativnu vrijednost usluge. Visina naknade ili cijena usluge može se utvrditi tek kad su poznati ukupni rezultati rada i ukupni dohodak društveno-političke zajednice na čijem se području zadovoljavaju zajedničke potrebe. Ona se prema ukupnom društvenom prihodu odnosi kao što se količina rada sadržana u usluzi odnosi prema ukupnoj količini društveno korisnog rada. Iz toga proistječe da je cijena usluge jednaka količniku između proizvoda ukupnog društvenog prihoda i rada sadržanog u danoj usluzi i ukupnog društvenog rada. Takvim izračunavanjem cijena usluge dovodi se u neposrednu zavisnost od doprinosa koji se njenim pružanjem daje ukupnim rezultatima društvenog rada.

Tako utvrđena naknada sadržava neokrnjeni dohodak, čija raspodjela nije unaprijed određena. Davalac usluge bi, ne samo u svom interesu nego i u interesu korisnika, morao imati slobodu da ostvareni dohodak raspoređuje prema potrebama i mogućnostima vlastitog razvoja. Ako dohodak stječe samim radom, davalac usluge je objektivno zainteresiran da svoj razvoj usmjerava u skladu s društvenim potrebama. I kako o zajedničkim potrebama korisnici usluga neposredno odlučuju, oni time faktički određuju ponašanje davallaca, i bez upletanja u njihovu unutrašnju organizaciju i raspodjelu.

S obzirom na to da je, pri slobodnoj razmjeni, cijena usluge neposredno određena produktivnošću rada, korisnik je životno zainteresiran za to da produktivnost davaoca neprekidno raste. Ako se, međutim, cijena usluge zasniva na adekvatno utvrđenim standardima tekućeg i minulog rada, takav interes ima i sam davalac. Budući da svaka ušteda ide u njegovu korist, on je zainteresiran da neprekidno pronalazi rezerve koje omogućuju da se sa što manje rada ostvari što veći radni učinak. Zato korisnik usluge ne mora o tome brinuti.

Ostvarivanje zajedničkih interesa korisnik i davalac usluge mogu, prema tome, osigurati sporazumom o pitanjima koja se tiču samo njihovih neposrednih odnosa, a to su, uglavnom, vrsta, asortiman, opseg, kvaliteta i relativna vrijednost usluge. U stvari, samo o ovom posljednjem pitanju se zajednički odlučuje jer su prva četiri vezana za narudžbu samog korisnika. Kakve će usluge i u kojem opsegu davalac pružati, to zavisi, prije svega, od potreba i mogućnosti korisnika. Ali korisnik mu za to mora osigurati ekvivalentnu naknadu, i to je jedini uvjet pod kojim se oni mogu sporazumjeti.

Zajednički prihod

Institucija zajedničkog prihoda uvedena je Zakonom o udruženom radu 1976. godine. Prema članu 67. ovog zakona, pod zajedničkim prihodom razumijevaju se dvije vrste prihoda: 1) prihodi ostvareni prodajom proizvoda ili usluga koji su rezultat zajedničkog rada radnika u dvije ili više osnovnih organizacija koje su u sastavu jedne ili više radnih organizacija (fazna proizvodnja, odnosno proizvodnja proizvoda koji se ugrađuju u jedinstven proizvod) i 2) prihodi ostvareni prodajom proizvoda i usluga u suradnji između proizvodnih i drugih organizacija udruženog rada i organizacija koje se bave poslovima prometa robe i usluga, nezavisno od toga da li su u sastavu iste ili različitih organizacija udruženog rada.

U praktičnoj primjeni ove institucije se, međutim, dosta sporo napreduje. U 1977. godini udio zajedničkog prihoda u ukupnom prihodu u Jugoslaviji iznosio je samo 2,6%. U 1978. on se povećao na 6,5%, a za prvih šest mjeseci

1979. na 8,9%.[8] Ali ni ovi postoci ne izražavaju adekvatno stvarno stanje jer se pod zajedničkim prihodom često vode i prihodi koji to u biti nisu.

Zakonske odredbe o zajedničkom prihodu nailaze u praksi na različita tumačenja iz kojih proistječu i različite orijentacije u traženju konkretnih rješenja. Osnovni problem koji se pojavio već na prvom koraku primjene Zakona o udruženom radu, vezan je za način raspoređivanja zajedničkog prihoda, gdje se i pojavljuju najveće razlike. To je istovremeno predmet najvećih sporova i nesporazuma među osnovnim organizacijama koje udružuju rad i sredstva.

Glavna pažnja usmjerena je na raspoređivanje prihoda zbog toga što je povećanje dohotka osnovni motiv njegovog zajedničkog ostvarivanja. Udruživanje rada i sredstava radi ostvarivanja zajedničkog prihoda zaista ne bi imalo ekonomskog opravdanja ako ne bi vodilo povećanju dohotka udruženih organizacija. Zakon o udruženom radu je zbog toga i utvrdio obvezu da se raspoređivanjem zajedničkog prihoda osiguraju uvjeti za povećanje produktivnosti rada, racionalnije i efikasnije korištenje društvenih sredstava u radu i poslovanju i za smanjenje materijalnih i drugih troškova poslovanja osnovnih organizacija.

Takvi se uvjeti mogu osigurati samo ako se dohodak organizacija koje ostvaruju zajednički prihod dovede u direktnu zavisnost kako od njihove individualne produktivnosti rada, tako i od ukupne produktivnosti na zajedničkom proizvodu. Principijelno rješenje za to dano je već u 17. članu Ustava SRFJ od 1974, po kojem zajednički ostvareni dohodak osnovne organizacije raspoređuju među sobom prema doprinosu koji su dale njegovom ostvarivanju. Mjerila toga doprinosa osnovne organizacije treba samoupravnim sporazumom same da utvrde. I ovdje upravo nastaju razlike koje ne proistječu toliko iz objektivnih specifičnosti koliko iz različitih pristupa. One se kreću od pokušaja da se pod odredbe Zakona o udruženom radu podvedu naslijeđeni odnosi iz administrativne raspodjele ili tržišne stihije, do nastojanja da se zajednički prihod precizno raspoređuje na osnovi radnog doprinosa.

Pokušaji zadržavanja odnosa karakterističnih za administrativnu raspodjelu izraženi su u zahtjevima da se za mjerilo udjela u zajedničkom prihodu prihvate individualni troškovi pojedinih organizacija. To bi značilo da se svakoj osnovnoj organizaciji udruženog rada koja sudjeluje u ostvarivanju zajedničkog prihoda priznaju troškovi koje ona sama napravi u stvaranju zajedničkog proizvoda ili pružanju zajedničke usluge, bez obzira na njihovu ekonomsku opravdanost. Ali kad bi se individualni troškovi uzimali za mjerilo udjela u zajedničkom prihodu, to ne bi osiguravalo interes za njihovo smanjivanje, pa prema tome ni za povećanje produktivnosti rada i dohotka. Naprotiv, iskustvo pokazuje da se u takvim slučajevima redovno pojavljuju tendencije ne samo stvarnog povećanja nego i takozvanog zidanja odnosno fiktivnog prikazivanja troškova da bi se što više participiralo u dohotku.

Svako povećanje troškova proizvodnje bilo koje od organizacija koje sudjeluju u ostvarivanju zajedničkog prihoda ima za posljedicu njegovo smanjivanje, što nužno utječe i na smanjivanje udjela u njemu svih udruženih organizacija. Ako povećanje troškova prerasta u opću tendenciju, ono će za

---

[8] „Stanje, rezultati i problemi u uspostavljanju dohodovnih odnosa na osnovama učešća osnovnih organizacija u zajedničkom prihodu i dohotku", novembar 1979, Dokumentacija Vijeća SSJ.

rezultat neizbježno imati neprekidno smanjivanje produktivnosti i dohotka, koje u krajnjoj liniji vodi u poslovne gubitke. To mora izazivati sukobe između udruženih organizacija, koji se na danoj osnovi ne mogu razriješiti.

Međutim, bez obzira na to kako se kreću, individualni troškovi proizvodnje ne mogu služiti kao mjerilo za raspoređivanje zajedničkog prihoda jer su već po svojoj prirodi nespojivi s dohodovnim odnosima. Budući da tržište, koje određuje prodajnu cijenu zajedničkog proizvoda ili usluge, ne priznaje individualne troškove proizvodnje, dohodak koji se ostvaruje udjelom u zajedničkom prihodu ne samo što ne prati te troškove nego se kreće u obrnutom smjeru. Zbog toga, i doprinos ostvarivanju zajedničkog dohotka stoji u obrnutom razmjeru s individualnim troškovima proizvodnje: što su troškovi veći, doprinos je manji, i obrnuto.

S obzirom na to, prihvaćanje individualnih troškova za mjerilo raspoređivanja zajedničkog prihoda značilo bi da se ono vrši nezavisno od doprinosa ostvarivanju zajedničkog dohotka, a pod uvjetom potpuno dobrovoljnog opredjeljivanja radnika koji udružuju rad i sredstva, takva su rješenja praktično i neostvarljiva. Istraživanje obavljeno u nekim organizacijama upravo je pokazalo da su one spremne na udruživanje samo pod uvjetom da u zajedničkom prihodu sudjeluju razmjerno svom doprinosu.

Odbacujući takozvani troškovni princip, pojedine organizacije su otišle u drugu krajnost i za mjerilo raspoređivanja zajedničkog prihoda prihvatile tekuće tržišne cijene. To znači da se udio svake organizacije u zajedničkom prihodu određuje prema cijenama koje ona za svoj dio zajedničkog proizvoda može ostvariti na slobodnom tržištu. U prilog takvog rješenje iznosi se mišljenje da su tržišne cijene najobjektivnije mjerilo doprinosa u ostvarivanju zajedničkog dohotka.

Kad bi, međutim, i predstavljale adekvatan izraz doprinosa tekućim i minulim radom, tržišne cijene ne mogu poslužiti kao univerzalno mjerilo u raspoređivanju zajedničkog prihoda jer se u relativno velikom broju slučajeva za pojedine dijelove zajedničkog proizvoda tržišne cijene uopće ne formiraju. S razvojem specijalizacije i podjele rada takvih će slučajeva sigurno biti sve više. Zbog toga su se pojedine organizacije već od samog početka suočile s problemom neprimjenljivosti tržišnih cijena u raspoređivanju zajedničkog prihoda. Taj se problem, međutim, brzo ispoljio i u slučajevima kad se one formiraju na tržištu.

Budući da se tekuće tržišne cijene, po pravilu, ne podudaraju s relativnom vrijednošću robe jer ne odgovaraju društveno potrebnoj količini rada utrošenoj u njihovu proizvodnju, one ne mogu biti adekvatno mjerilo radnog doprinosa pomoću kojeg bi se na zadovoljavajući način raspoređivao zajednički prihod. To bi značilo da proporcije i raspoređivanje zajedničkog prihoda određuje samo tržište i da se organizacije koje ga ostvaruju praktično nemaju što sporazumijevati.

Kako su tržišne cijene određene različitim faktorima, prodajna cijena zajedničkog proizvoda gotovo se nikad ne podudara sa zbrojem prodajnih cijena njegovih dijelova. A da bi se dohodak pojedinih organizacija doveo u zavisnost od ukupnog zajednički ostvarenog dohotka i da bi se na toj osnovi uspostavile odgovarajuće proporcije u raspoređivanju zajedničkog prihoda, ove bi veličine uvijek morale biti jednake.

Zbog toga se raspoređivanje zajedničkog prihoda praktično ne može vršiti pomoću tekućih tržišnih cijena. To bi značilo da se između finalista i ostalih sudionika u stvaranju zajedničkog proizvoda zadržavaju kupoprodajni odnosi i da razliku u cijeni pokriva samo finalist. Takvi odnosi, međutim, isključuju samoupravno zajedništvo, koje čini odlučujuću pretpostavku zajedničkog prihoda.

Organizacije koje ostvaruju zajednički prihod ne vrše nikakvu međusobnu razmjenu svojih proizvoda, pa prema tome, ne stupaju ni u kupoprodajne odnose. U takve odnose one zajednički stupaju samo s trećim osobama kao potrošačima odnosno korisnicima njihovih zajedničkih proizvoda i usluga.

Odnosi između organizacija koje ostvaruju zajednički prihod su, prema tome, mnogo složeniji i neposredniji nego što su odnosi između organizacija koje na bilo koji način razmjenjuju svoje proizvode. Među njima se uspostavlja neusporedivo veći stupanj integracije i u odnosu prema organizacijama koje su povezane administrativno-centralističkim upravljanjem. To najevidentnije pokazuju primjeri osnovnih organizacija koje zajednički prihod ostvaruju s organizacijama izvan svoje radne organizacije. Ovdje je uspostavljen mnogo veći stupanj međusobne povezanosti i uzajamne zavisnosti nego u radnim organizacijama u kojima se prihod ne ostvaruje zajednički.

S obzirom na to da je dohodak jedan od osnovnih ciljeva samoupravnog udruživanja, on bi za svaku organizaciju morao biti veći kad ga ostvaruje kroz zajednički prihod nego kad ga sama stječe na tržištu. Zbog toga se udružene organizacije ne bi zadovoljile udjelom u zajedničkom prihodu koji bi bilo isti kao kad bi same prodavale svoje proizvode i usluge. Ili bi se morao dijeliti i ostatak zajedničkog prihoda, ili bi njegovo zajedničko ostvarivanje izgubilo svoj smisao kada toga ostatka ne bi bilo.

Budući da su sve organizacije koje ostvaruju zajednički prihod u ravnopravnom položaju, nitko nikome ne može bezuvjetno garantirati određeni prihod u bilo kojem iznosu. U protivnom, to bi samo destimulativno utjecalo na povećanje produktivnosti rada i smanjenje troškova proizvodnje. Prema tome i garantirani prihod u visini tržišnih cijena imao bi sasvim suprotan učinak od onog koji u odnosu na produktivnost rada stvarno imaju tržišni odnosi.

Veličina udjela pojedinih organizacija u zajedničkom prihodu ne zavisi od mogućih cijena njihovih proizvoda na tržištu, nego je određena prodajnom cijenom zajedničkog proizvoda i relativnim doprinosom tekućim i minulim radom njegovom stvaranju i plasmanu. Zbog toga nije bitno kako bi se pojedini dijelovi zajedničkog proizvoda mogli plasirati na tržištu, nego kako će se plasirati finalni proizvod. Ako je prodajna cijena finalnog proizvoda viša, bit će veći i udio svake udružene organizacije u zajedničkom prihodu, i obratno. Na tome se osniva zajednički interes udruženih organizacija da zajednički proizvod stvore i plasiraju sa što manje utroška tekućeg i minulog rada.

Relativni udio u zajedničkom prihodu svake od organizacija koje sudjeluju u njegovom ostvarivanju određen je, međutim, samo njihovim doprinosom tekućim i minulim radom. Pri neizmijenjenom radnom doprinosu i konstantnim uvjetima rada relativni udio u zajedničkom prihodu ostaje isti, bez obzira na to kako se mijenja prodajna cijena zajedničkog proizvoda. Zbog toga je visina ove cijene potpuno irelevantna za utvrđivanje mjerila u raspoređivanju zajedničkog prihoda. Ona je, samim tim, bez značenja i za reguliranje međusobnih odnosa organizacija koje zajednički ostvaruju prihod.

Jedan od pokušaja da se prevladaju kupoprodajni odnosi i troškovni princip, predstavlja određivanje udjela u zajedničkom prihodu na bazi trajnijeg odnosa cijena na tržištu. Samoupravnim sporazumom o dohodovnom povezivanju osnovnih organizacija u okviru radne organizacije „Grmeč" — Drvar, na primjer, utvrđeno je da se odnosi u cijenama na osnovi kojih osnovne organizacije sudjeluju u zajedničkom prihodu, osnivaju na cijenama koje se dugoročnije formiraju na tržištu. Cijene sirovina, usluga i poluproizvoda koji su predmet međusobnih isporuka, osnovane su na paritetu cijena iz 1974. godine, koja je uzeta za uzorno stabilnu godinu u tržišnim odnosima.[9]

Takvo određivanje internih cijena nesumnjivo znači njihovo približavanje radnom doprinosu jer se u trajnijem odnosu tržišnih cijena znatno potiru njihove trenutačne oscilacije. Kako, međutim, tržišne cijene ne izražavaju radni doprinos, ni njihovi trajni odnosi ne mogu predstavljati sasvim pouzdanu osnovu za određivanje udjela u zajedničkom prihodu. Osim toga, često je teško ili nemoguće pronaći korelaciju između dijelova zajedničkog proizvoda i srodnih proizvoda u tržišnom prometu.

Zbog toga se većina organizacija orijentira na utvrđivanje normativa i samoupravno dogovorenih standarda tekućeg i minulog rada kao mjerila radnog doprinosa. Budući da se standardima određuje količina društveno potrebnog rada koji se mora uložiti u proizvodnju dijelova zajedničkog proizvoda, oni neposredno izražavaju doprinos svake osnovne organizacije ostvarivanju zajedničkog prihoda.

Rudarsko-topionički basen Bor je među prvim organizacijama koje su u raspoređivanju zajedničkog prihoda primijenile standarde minulog i tekućeg rada. Na osnovi toga utvrđeni su ovi kriterijumi za formiranje internih cijena: cijene proizvoda u internom prometu odražavaju doprinos svake osnovne organizacije u zajednički ostvarenom prihodu; one se utvrđuju zavisno od prodajnih cijena zajedničkog proizvoda; osnovne organizacije utvrđuju cijene svojih proizvoda tako da one doprinose povećanju produktivnosti rada i efikasnijem poslovanju; odnosi u cijenama na osnovi kojih osnovne organizacije sudjeluju u raspodjeli zajedničkog prihoda imaju stalni karakter i mijenjaju se samo kad se objektivno promijene elementi na kojima se ti odnosi osnivaju; uvjeti privređivanja (prirodni, tržišni i drugi) podjednako se odražavaju na sve osnovne organizacije koje ostvaruju zajednički prihod.[10]

U Kombinatu „Kolubara" — Lazarevac, kao osnova za određivanje udjela u zajedničkom prihodu uzet je tekući i minuli rad koji je svakoj osnovnoj organizaciji potreban za izvršavanje njenog dijela posla u zajedničkom proizvodu. On se kvantificira standardima sredstava rada, predmeta rada i živog rada, čijim se zbrajanjem određuje udio osnovne organizacije u zajedničkom prihodu. Na osnovi tako određenog udjela i fizičkog opsega proizvodnje i usluga izvedene su interne cijene, koje su trajnog karaktera i mogu se mijenjati samo kad se promijene standardi neke od osnovnih organizacija.

I u REK — Velenje interne cijene se određuju na osnovi standarda, i to: za materijal prema standardnim količinama po jedinici proizvoda; amortizaciju po minimalnim stopama; investicijsko održavanje; osobne dohotke po osnovama i mjerilima iz samoupravnih sporazuma; druge materijalne troškove vezane za osobne dohotke i amortizaciju; slobodnu razmjenu rada u zavisnosti od osobnih dohodaka; osobna primanja i sredstva proširene reprodukcije.

---

[9] Isto.
[10] Sindikati, br, 7/1977, str. 104.

Interne cijene u Željezani „Boris Kidrič” — Nikšić, određuju se na osnovi standarda materijalnih troškova koji čine potrebne utroške, zavisno od vrste i kvalitete sirovina, vrste i kvalitete proizvoda, tehničko-tehnoloških i drugih uvjeta proizvodnje. Standardni normativi utvrđuju se u zavisnosti od razine postignute u grani crne metalurgije i drugih organizacija koje imaju slične uvjete, polazeći od tehničko-tehnoloških i drugih uvjeta proizvodnje u Željezari. Vrijeme važenja standarda je pet godina.

U Zavodima „Crvena zastava” — Kragujevac, cijene faza rada na stvaranju zajedničkog proizvoda utvrđuju se na osnovi standarda osnovnog materijala, dijelova i ostalih materijalnih troškova, obračuna amortizacije po zakonskim stopama, dogovorenih zajedničkih kriterija za raspodjelu sredstava za osobne dohotke i zajedničku potrošnju i planiranih izdvajanja za proširenje materijalne osnove rada i rezerve. Pod standardima se razumijeva društveno potrebno odnosno društveno priznato ulaganje rada i sredstava u svaku fazu reprodukcije.

Interne cijene u Farmaceutsko-hemijskoj industriji „Galenika” — Beograd, osnivaju se na normativima ulaganja rada i sredstava po jedinici proizvoda. Utvrđuju se po jedinstvenoj metodologiji i za razdoblje srednjoročnog plana.

U Izdavačko-štamparskoj organizaciji „Savremena administracija” — Beograd, zbrojne stope udjela u zajedničkom prihodu određuju se na osnovi sporazumom utvrđenih standarda. Za standarde materijalnih troškova koriste se tehnički i, samo izuzetno, iskustveni normativi; amortizacija se utvrđuje na osnovi minimalnih zakonskih stopa; udio u dohotku određuje se na osnovi modificirane dohodovne stope (odnos akumulacije i ukupno angažiranog minulog i tekućeg rada); minuli rad se kvantificira na osnovi vrijednosti angažiranih osnovnih sredstava po nabavnoj cijeni i obrtnih sredstava potrebnih za proizvodnju i promet zajedničkog proizvoda; za kvantificiranje tekućeg rada uzima se broj uvjetnih radnika potrebnih za proizvodnju i promet zajedničkog proizvoda i ostvarenog dohotka po uvjetnom radniku radne organizacije u prethodnoj godini. Broj uvjetnih radnika utvrđuje se na osnovi potrebnog rada po jedinici proizvoda.

U „Hepoku” — Mostar, standardi materijalnih troškova utvrđuju se na osnovi tehnološko-tehničkih normativa, a amortizacija se obračunava po minimalnim zakonskim stopama. Kalkulacije na osnovi tako utvrđenih standarda služe za određivanje relativnog udjela u zajedničkom prihodu. Relativni udio određen je za svaki proizvod posebno, i to za primarnu proizvodnju, preradu i promet.

Relativni udio u zajedničkom prihodu u „Severu” — Subotica, osniva se na čvrstim tehno-ekonomskim standardima direktnih ulaganja. Osnovne organizacije sudjeluju u zajedničkom prihodu prema planiranom potrebnom iznosu direktnih ulaganja koja predstavljaju tehno-ekonomske standarde za planiranu proizvodnju i prema postotnom udjelu u neto-prihodu, koji se utvrđuje na bazi potreba. Po ovoj metodologiji direktni troškovi se izdvajaju iz zajedničkog prihoda, a relativni se udjeli utvrđuju prema potrebnom neto-prihodu koji sadržava fiksne troškove i dohodak.

Karakterističan je primjer udjela u zajedničkom prihodu organizacija udruženih na proizvodnji i prometu bizmutovih soli. RMHK „Trepča” — Kosovska Mitrovica, „Lek” — Ljubljana, i „Farmakos” — Prizren, nisu institucionalno udruženi u jednu organizaciju. U međusobnim odnosima RMHK

„Trepča" osigurava i isporučuje „Farmakosu" bizmut — metal za proizvodnju bizmutovih soli, „Farmakos" proizvodi sol, a „Lek" je nosilac prodaje i marketinga na domaćem i stranom tržištu. U zajedničkom prihodu „Trepča" sudjeluje na osnovi troškova tekućeg i minulog rada, koji se izražavaju prosječnom cijenom metala bizmuta utvrđenoj na bazi realizacije bizmutovih soli na domaćem i stranom tržištu; „Farmakos" na temelju standarda direktnih i indirektnih troškova, koji obuhvaćaju i minimalnu amortizaciju; a „Lek" na osnovi godišnjih, planom utvrđenih normativa troškova za marketing i prodaju.

„Ateks" — Beograd, spada među prometne organizacije koje imaju najrazvijenije dohodovne odnose s proizvodnim organizacijama. OOUR za promet na veliko 82⁰/o prometa ostvaruje na osnovi samoupravnih sporazuma o trajnoj poslovnoj suradnji. Raspoređivanje prihoda ostvarenog zajedničkom suradnjom vrši se putem dogovorenih cijena kao obračunskih elemenata. Cijene proizvodnje i cijene prometa utvrđuju se procentualno za određeni proizvod ili grupu proizvoda u odnosu na maloprodajnu cijenu. Relativni odnosi utvrđuju se na temelju grupacijskih sporazuma o formiranju cijena i udjelu trgovine. Osnova za određivanje cijena proizvodnje i cijena prometa jesu dogovoreni standardi i kriteriji za određenu vrstu troška, utvrđeni na temelju iskustvenih normi i stvarnih troškova. Na osnovi tako utvrđenih maksimalnih udjela trgovine, sporazumima se utvrđuju i globalni odnosi proizvodnje i prometa u maloprodajnoj cijeni zajedničkog proizvoda.

U „Iskri" — Ljubljana, radnici u osnovnim organizacijama proizvodnje i prometa utvrđuju normative društveno potrebnog rada za vrijednost pojedinačnih proizvoda odnosno grupe proizvoda i usluga, i na osnovi toga planiraju udio u zajedničkom prihodu. Ako sudionici u prodaji ne postignu cijenu u visini vrijednosti proizvoda, smanjuje se udio sudionika, na osnovi normativa društveno priznatog rada.[11]

Iz navedenih primjera evidentne su tri vrste parametara koji se uzimaju za određivanje udjela u zajedničkom prihodu: doprinos minulim radom, doprinos tekućim radom i uvjeti rada. Samoupravno dogovorenim standardima nastoji se utvrditi količina rada koju svaka osnovna organizacija ulaže u proizvodnju zajedničkog proizvoda ili usluge, na osnovi koje se određuje i udio u zajednički ostvarenom prihodu.

Standardi minulog rada utvrđuju se uglavnom na temelju tehničko-tehnoloških i ekonomskih parametara kojima se određuje neophodan i društveno opravdan utrošak sredstava i predmeta rada. Udio u zajedničkom prihodu na osnovi tako utvrđenih standarda direktno potiče na racionalnije i efikasnije korištenje sredstava. Naime, svako smanjenje troškova ispod dogovorenih standarda samo po sebi donosi povećanje dohotka, i, obrnuto, svako povećanje znači nepovratni gubitak. To udružene organizacije motivira da neprekidno smanjuju troškove proizvodnje. I kako na taj način jača konkurentna sposobnost zajedničkog proizvoda na tržištu, svaka je organizacija zainteresirana za smanjivanje ne samo svojih troškova nego i troškova svih ostalih organizacija s kojima ostvaruje zajednički prihod. Iz toga proistječe i interes

---

[11] Navedeni primjeri uzeti su iz analize „Stanje, rezultati i problemi u uspostavljanju dohodovnih odnosa na osnovama učešća osnovnih organizacija u zajedničkom prihodu i dohotku", koja je poslužila kao temelj za raspravu u Predsjedništvu Vijeća SSJ, novembar 1979. (Dokumentacija Vijeća SSJ).

za međusobnu suradnju i uzajamno pomaganje udruženih organizacija u racionalnijem i efikasnijem korištenju sredstava.

S obzirom na izložene karakteristike, objektivno utvrđeni i samoupravno dogovoreni standardi su sigurno najadekvatnije rješenje i za mjerenje doprinosa tekućim radom. Na pronalaženju takvih standarda se, međutim, znatno manje radilo iako su se pojedine organizacije za njih nedvosmisleno opredijelile. Iz izloženih primjera vidi se da se kao standardi tekućeg rada najčešće koriste broj uvjetno kvalificiranih radnika i visina sredstava za osobne dohotke i zajedničku potrošnju. Pri tome se za kalkulativnu veličinu obično uzima jednaka visina osobnih dohodaka u svim organizacijama koje ostvaruju zajednički prihod.

Ako se osobni dohoci unaprijed utvrđuju onda je njihovo izjednačavanje najvjerojatniji ako ne i jedini uvjet koji udružene organizacije mogu prihvatiti. To je, međutim, nespojivo s raspodjelom prema radu, koja podrazumijeva nužnu korelaciju između ostvarenog dohotka organizacije i osobnih dohodaka udruženih radnika. Ako udružene organizacije daju različit doprinos ostvarivanju zajedničkog prihoda, njihovi bi dohoci morali biti različiti, pa bi zavisno od toga, morali biti različiti i osobni dohoci njihovih radnika. S obzirom na tržišno formiranje cijene zajedničkog proizvoda, osobni dohoci ne samo što se ne mogu izjednačavati nego se ne mogu ni određivati unaprijed, a da se princip raspodjele prema radu ne narušava.

Izjednačavanjem i apriornim određivanjem visine osobnih dohodaka još se zadržavaju obilježja najamnog odnosa, koja umanjuju interes za povećanje doprinosa ostvarivanju zajedničkog dohotka. Ako su sredstva za osobne dohotke unaprijed ukalkulirana u internu cijenu, onda nema interesa za smanjivanje živog rada po jedinici proizvoda, pa samim tim ni za povećanje produktivnosti. To može samo slabiti konkurentnu sposobnost zajedničkog proizvoda na tržištu i time utjecati na smanjivanje zajedničkog dohotka.

Apriornim utvrđivanjem visine sredstava za osobne dohotke i zajedničku potrošnju predodređuje se raspodjela čistog dohotka, koja predstavlja autonomno pravo svake osnovne organizacije udruženog rada. Ali time se ne ugrožava samo autonomija, nego i akumulativna sposobnost udruženih organizacija jer se kretanje osobnih dohodaka odvija nezavisno od kretanja ostvarenog dohotka. U većini ispitivanih organizacija kao orijentir za planiranje rasta osobnih dohodaka uziman je uglavnom porast troškova života ili željeno povećanje životnog standarda, ali ne i realne mogućnosti ostvarivanja dohotka.

Tako utvrđen osobni dohodak nije ni u kakvoj korelaciji sa stvarnim doprinosom tekućim radom, zbog čega ne može ni predstavljati njegovo mjerilo. Ako se ipak uzima kao element za konstituiranje interne cijene, implikacije su slične kao i kod uvažavanja individualnih materijalnih troškova. Svakoj organizaciji priznaje se njen individualni utrošak živog rada, bez obzira na stupanj produktivnosti. U svim ispitivanim organizacijama masa sredstava za osobne dohotke utvrđivala se prema broju radnika i njihovim kvalifikacijama, koji nisu niti treba da budu predmet samoupravnog sporazuma o ostvarivanju zajedničkog prihoda.

S obzirom na to, svaka organizacija može proizvoljno povećati broj zaposlenih negativno utječe na ukupnu produktivnost, a time i na zajednički da to nema nikakvog utjecaja na povećanje produktivnosti rada i osobni dohodak pojedinih radnika. I kako svako neracionalno povećanje broja zaposlenih negativno utječe na ukupnu produktivnost, a time i na zajednički dohodak, udio u zajedničkom prihodu po osnovi unaprijed utvrđenih osobnih dohodaka može dovoditi do ozbiljnih sukoba između udruženih organizacija. U svakom slučaju, to ne osigurava ostvarivanje zajedničkog interesa na stalnom povećavanju dohotka.

Da bi se osigurala trajna zainteresiranost za povećavanje produktivnosti, doprinos tekućim radom morao bi se umjesto individualno utrošenim, mjeriti društveno potrebnim radom po jedinici proizvoda. Ako se samoupravnim sporazumom za svaki dio zajedničkog proizvoda utvrdi društveno potrebno vrijeme za njegovo stvaranje, onda je stvar svake osnovne organizacije s kolikim će brojem radnika ostvarivati svoj plan proizvodnje i koliki će, zavisno od toga, biti njihovi osobni dohoci. Svi radnici će tada težiti za što racionalnijim i efikasnijim korištenjem svoje radne energije jer su mogućnosti za povećavanje osobnog dohotka utoliko veće ukoliko je utrošak radnog vremena po jedinici proizvoda manji.

Povećanje osobnog dohotka na račun uštede vlastitog rada uopće ne pogađa interese ostalih sudionika u stvaranju zajedničkih proizvoda. Štaviše, budući da bilo kakva ušteda te vrste pridonosi povećanju ukupne produktivnosti rada na stvaranju zajedničkog proizvoda, svaki je radnik zainteresiran za optimalno korištenje radnog vremena ne samo u svojoj osnovnoj organizaciji nego i u svim ostalim organizacijama s kojima ona zajednički ostvaruje dohodak. To je prava osnova za razvijanje samoupravne suradnje u racionalnom korištenju živoga rada.

Mjerenje radnog doprinosa društveno potrebnim vremenom istovremeno osigurava da sve neracionalnosti koje proistječu iz subjektivnih slabosti određene organizacije padaju isključivo na njen vlastiti teret. Svaki utrošak radnog vremena iznad dogovorenog standarda utječe na smanjenje dohotka one organizacije koja to prekoračenje napravi. Time je isključena mogućnost međusobnih sukoba zbog eventualnih neracionalnosti pojedinih organizacija.

Društveno potrebno vrijeme po jedinici proizvoda određuje samo globalni doprinos tekućim radom, pa prema tome i globalni udio u zajedničkom dohotku po toj osnovi. Ono uopće ne predodređuje daljnju raspodjelu tako ostvarenog dohotka, koju svaka osnovna organizacija treba da vrši prema vlastitim mogućnostima i potrebama. Zavisno od veličine ukupnog dohotka i potreba optimalnog razvoja organizacije, morala bi se određivati i visina osobnih dohodaka, što nikako ne isključuje već, naprotiv, pretpostavlja jedinstvene kriterije raspodjele. Ali jedinstveni kriteriji raspodjele prema radnom doprinosu ne samo da ne podrazumijevaju nego, po pravilu, isključuju iste osobne dohotke.

U praksi se ponekad pojavljuju dileme oko načina utvrđivanja društveno potrebnog vremena, među koje spadaju i nastojanja da se to čini pronalaženjem statističkih prosjeka. Međutim, statistički prosjeci mogu izraziti samo društveno utrošeno vrijeme, koje u sebe uključuje i sve neracionalnosti prouzrokovane subjektivnim slabostima pojedinih organizacija. U uvjetima dok još ne postoji opća zainteresiranost za racionalno korištenje živog rada, radno vrijeme koje se utroši na jedinicu proizvoda može biti znatno veće od vremena koje je određeno objektivnim ekonomskim, tehničko-tehnološkim i intelektualno-fiziološkim faktorima.

Zbog toga je sasvim ispravna orijentacija pojedinih organizacija da normative živog rada određuju pomoću naučnih metoda, kojima se pouzdano može doći do objektivno determiniranih standarda. Normativi koji polaze od prosječnog intenziteta rada, prosječne radne sposobnosti i normalnih društvenih uvjeta rada osiguravaju ne samo maksimalnu zainteresiranost za povećanje produktivnosti, nego i potpunu objektivnost u vrednovanju radnog doprinosa. Oni bar teorijski omogućuju da se u svim udruženim organizacijama po jedinici proizvoda postiže manji utrošak radnog vremena od onog koje se priznaje dogovorenim standardima.

Pri određivanju radnog doprinosa ne može se, međutim, polaziti od društveno potrebnog rada (tekućeg i minulog) u njegovom općem obliku, jer sve organizacije ne rade pod normalnim društvenim uvjetima. Negdje su objektivni uvjeti rada (na koje organizacije ne mogu pojedinačno utjecati) povoljniji, a negdje nepovoljniji od uvjeta koji se mogu označiti kao normalni. Ova odstupanja manje ili više utječu na smanjenje ili povećanje količine društveno potrebnog rada potrebne da se dobije jedinica proizvoda.

Objektivni uvjeti mogu olakšavajuće ili otežavajuće utjecati: na doprinos minulim radom, na doprinos tekućim radom, ili na oba istovremeno. Uvažavanje takvih utjecaja uvjetovano je, međutim, stvarnim mjerenjem radnog doprinosa jer je samo u tom slučaju moguće egzaktno sagledavati njihove efekte. Dosadašnje iskustvo upravo pokazuje da se u slučajevima kad se utvrđuju samo standardi materijalnih troškova, i uvjeti rada uglavnom vežu za njih.

Nepredviđeno poskupljenje sirovina često se spominje kao otežavajući uvjet privređivanja, i to ne samo zato što do njega u praksi često dolazi, već i što može znatno utjecati na povećanje materijalnih troškova. To udružene organizacije već samo po sebi upućuju da rješenje traže u zajedničkom snošenju takvog opterećenja. Svaljivanje cjelokupnog poskupljenja sirovine na organizaciju koja je neposredno koristi, narušavalo bi osnovni princip na kojem počiva zajednički prihod jer bi značilo vanjsko obezvređivanje njenog doprinosa. U vezi s tim, postavlja se i pitanje pogodnosti koji bi za takvu organizaciju nastale u slučaju nepredviđenog pojeftinjenja sirovine. Zbog toga je sasvim ispravna orijentacija za koju se pri dogovaranju standarda materijalnih troškova obično epredjeljuju udružene organizacije, da sve pogodnosti i nepogodnosti objektivne prirode snose zajednički.

Smanjenje ili povećanje korisne supstance u sirovini objektivno utječe kako na doprinos minulim, tako i na doprinos tekućim radom jer pored povećanja ili smanjenja materijalnih troškova obično prouzrokuje i povećanje ili smanjenje živoga rada po jedinici proizvoda. Zbog toga bi se u ovom i sličnim slučajevima morao uzimati u obzir ukupni utjecaj na doprinos ostvarivanju zajedničkog prihoda, i kroz materijalne troškove i kroz utrošak živog rada. Jednostranosti koje se sada u tom pogledu pojavljuju proistječu otud što se doprinos tekućim radom još ne mjeri na odgovarajući način.

Razlike u količini živoga rada po jedinici proizvoda mogu u velikoj mjeri biti uvjetovane razlikama u stupnju tehničko-tehnološke opremljenosti. Ako se za polaznu osnovu društveno potrebnog rada uzme prosječna opremljenost, onda će u odnosu prema njoj viša opremljenost predstavljati povoljniji, a niža nepovoljniji uvjet jer će zahtijevati manju odnosno veću količinu živoga rada. Zanemarivanje ovih razlika dovodilo bi udružene organizacije u neravnopravan položaj jer bi s istim doprinosom tekućim radom ostvarivale različiti udio u zajedničkom dohotku.

Zajedničko ostvarivanje dohotka pravi je put za prevladavanje ovih razlika jer će udružene organizacije u zajedničkom interesu težiti ujednačavanju tehničko-tehnološke osnove rada. Problem se, međutim, sa svom oštrinom postavlja na početku razvijanja dohodovnih odnosa, osobito u slučajevima kad su udružene organizacije, zbog neravnomjernih ulaganja u modernizaciju, naslijedile veoma različit stupanj tehničko-tehnološke opremljenosti. Umjesto izjednačavanja osobnih dohodaka, rješenje bi se moralo tražiti na liniji priznavanja stvarnog doprinosa tekućim radom i zajedničkih ulaganja u modernizaciju organizacija koje zaostaju.

U praksi raspoređivanja zajedničkog prihoda pojavljuju se i određeni problemi tehničke prirode. Zakonom o udruženom radu predviđeno je da se zajednički prihod privremeno raspoređuje na osnovne organizacije odmah po njegovom ostvarivanju. To se često bukvalno tumači, pa se traži da se odmah raspoređuje svaki prispjeli iznos, čime se opseg materijalno-financijskih poslova znatno povećava.

Takvu praksu potiče nestabilna ekonomska situacija, ali i nepovjerenje koje je uvjetovano pojavama otuđivanja dohotka od osnovnih organizacija. Čini se, međutim, da je osnovni problem u neprilagođenosti samog knjigovodstva i tehnike obračuna novim odnosima. Stari mehanizam novčane cirkulacije, koji je uz izvjesna prilagođavanja tržišnoj razmjeni, u osnovi služio administrativnoj raspodjeli, ne može se bez duboke transformacije staviti u funkciju ostvarivanja dohodovnih odnosa.

Zajednički dohodak

Pored zajedničkog prihoda, Zakonom o udruženom radu je 1976. godine institucionalizirana i kategorija zajedničkog dohotka, pod kojim se „razumijeva dohodak koji zajednički ostvare osnovna organizacija koja se u svom poslovanju koristi sredstvima drugih osnovnih organizacija i osnovne organizacije koje su udružile ta sredstva, a koje po toj osnovi imaju pravo udjela u zajedničkom dohotku.[12] Praktičnom primjenom ove kategorije treba sve više prevladavati naslijeđene kreditne odnose i centralizirano usmjeravanje sredstava proširene reprodukcije.

Ovaj proces se, međutim, još sporije odvija nego primjena institucije zajedničkog prihoda. U ukupnom dohotku Jugoslavije udio dohotka ostvarenog po osnovi zajedničkog dohotka iznosio je 1978. godine samo 0,02%, a u prvom polugodištu 1979. tek 0,05%. Uz to su se pod zajedničkim dohotkom često vodili i dohoci koji to u biti nisu.

Pod kategoriju zajedničkog dohotka pokušava se podvesti i dohodak koji se, pod motivacijom solidarnosti, efikasnosti i racionalnog usmjeravanja, koncentrira na razini radne organizacije. Ali najčešće se postižu sasvim suprotni efekti. Tako formirana sredstva često se pogrešno usmjeravaju i neracionalno troše, ili se neopravdano prelijevaju u osobne dohotke i zajedničku potrošnju. U svakom slučaju, ovdje se ne može govoriti o zajedničkom dohotku u smislu njegovog zajedničkog stjecanja.

Glavni motiv samoupravnog udruživanja sredstava na principu zajedničkog dohotka moralo bi predstavljati samo povećanje dohotka. I u tome bi,

---

[12] Član 67. ZUR-a.

prije svega, trebalo da se ispolji prednost u odnosu prema kreditnim odnosima. Slučajevi u kojima je princip zajedničkog dohotka dosljednije proveden, to upravo i potvrđuju jer je znatno povećan interes za efikasnije i racionalnije korištenje sredstava.

Ispitivanja obavljena u jednom broju organizacija pokazuju, međutim, da povećanje dohotka još nije postalo primarni motiv udruživanja sredstava. Kao motivi udruživanja najčešće se navode: zaokruživanje procesa proizvodnje, osiguranje sirovinom, međusobna podjela rada, modernizacija postojećih kapaciteta, osvajanje komplementarnih proizvodnji, uklanjanje uskih grla, osiguranje daljne prerade i finalizacije proizvoda, izgradnja novih prodajnih kapaciteta, unapređenje i proširenje programa razvoja i slično, dok se samo povećanje dohotka kao najjači motiv rjeđe spominje.[13]

Time se (bar djelomično) može protumačiti pojava što zajednički dohodak sporo prelazi okvire radne i složene organizacije. Utoliko su za razvoj samoupravne prakse značajniji primjeri udruživanja izvan općinskih i republičkih granica. Organizacije u sastavu „Hepoka" — Mostar, na primjer, udruženim sredstvima grade tržišni centar u Sarajevu; organizacije „Kombiteksa" — Bihać, zajednički ulažu sredstva u modernizaciju proizvodnje OUR-a na području općina Cazin i Bosanski Petrovac; OUR-i u sastavu SOUR-a „Sava" — Kranj, udruženim sredstvima proširuju kapacitete OUR-a za proizvodnju pneumatike u Rumi; „Lek" — Ljubljana, i OUR-i u sastavu „Trepče" grade zajednički OUR za proizvodnju bizmutovih soli „Farmakos" u Prizrenu.[14]

Ako je dohodak glavni motiv udruživanja, njegovo raspoređivanje predstavlja centralni problem u odnosima udruženih organizacija. Prema Zakonu o udruženom radu, „udio u zajedničkom dohotku utvrđuje se prema doprinosu koji su radnici u osnovnim organizacijama dali ostvarivanju tog dohotka svojim tekućim radom (udio po osnovi tekućeg rada) i upravljanjem i privređivanjem udruženim sredstvima (udio po osnovi minulog rada)". Shodno tome, Zakonom je predviđeno da organizacija koja je udružila sredstva ima, po osnovi minulog rada, pravo na povrat tih sredstava i naknadu za njihovo korištenje.[15]

Doprinos se može utvrđivati na isti način kao i kod zajedničkog prihoda Zakonom o udruženom radu predviđena je mogućnost utvrđivanja zajedničkih standarda materijalnih troškova i kriterija za određivanje stopa amortizacije. U praksi se, međutim, standardi znatno manje koriste nego kod raspoređivanja zajedničkog prihoda. Zbog toga ovdje više dolazi do izražaja konvencija oslonjena na iskustvo u kreditnim odnosima.

Zbog neizgrađenosti mjerila doprinosa, prevladava praksa da se zajednički dohodak razbija na unaprijed utvrđene veličine. Tome u velikoj mjeri pridonosi i izbjegavanje rizika, zbog čega svatko nastoji da se osigura unaprijed dogovorenim iznosom. Obično se iz zajedničkog dohotka najprije izdvajaju zakonske i ugovorene obveze, zatim osobni dohoci i sredstva zajedničke potrošnje, pa iznos za povrat udruženih sredstava, a ostatak se dijeli u dogovorenom razmjeru.

U RTB Bor potpisan je na početku 1977. godine samoupravni sporazum o udruživanju rada i sredstava za izgradnju rudnika bakra „Veliki Krivelj". Zajednički dohodak prema tom sporazumu utvrđivat će se tako što će se

---

[13] Sindikati, br. 1/1978, str. 102.

[14] Vidi naprijed spomenutu analizu iz Vijeća SSJ.

[15] Članovi 82. i 84. ZUR-a.

ukupni prihod rudnika „Veliki Krivelj" umanjivati za iznos amortizacije i vrijednost utrošenog materijala. Tako utvrđeni dohodak umanjivat će se za iznos ugovorenih i zakonskih obveza, a ostatak dijeliti na dio za osobne dohotke i zajedničku potrošnju radnika i dio za zajednički udio potpisnika sporazuma. Ovaj drugi dio se zatim umanjuje za iznos nepokrivenih otplata kredita iz dijela amortizacije potpisnika sporazuma, a osatak dijeli na dio za povrat udruženih sredstava i dio za naknadu njihovog korištenja u razmjeru 70 : 30. Udio udružioca sredstava utvrđuje se razmjerno visini udruženih sredstava.

U „Hercegovini" — Mostar, zajednički dohodak se najprije umanjuje za osobne dohotke i zajedničku potrošnju OOUR-a korisnika sredstava, a ostatak dijeli prema koeficijentu zajedničkog dohotka, koji se dobije kad se zajednički dohodak za raspodjelu stavi u odnos sa zbrojem tekućeg i minulog rada svakog OOUR-a. Naknada za privređivanje udruženim sredstvima utvrđuje se unaprijed ili posebnim sporazumom za svaki slučaj udruživanja.[16]

„BIP" — Beograd, i „Trebjesa" — Nikšić, sporazumjeli su se da zajednički investiraju izgradnju Fabrike slada u Čačku. Prema samoupravnom sporazumu, iz zajedničkog dohotka će se najprije izdvajati sredstva za osobne dohotke i zajedničku potrošnju radnika Fabrike slada, i to na osnovi broja uvjetno kvalificiranih radnika i prosjeku osobnih dohodaka i zajedničke potrošnje u osnovnim organizacijama „BIP-a i „Trebjese". Ostatak dohotka raspoređuje se zatim procentualno na sve sudionike sporazuma prema doprinosu koji su dali svojim tekućim i minulim radom. Kao minuli rad organizacija koja privređuje udruženim sredstvima uzima se veličina sredstava koja je ona uložila u obrtna sredstva te sredstva koja je angažirala u proširenje, rekonstrukciju i usavršavanje proizvodnje. Nakon prve godine rada minulom radu Fabrike slada dodaju se i sredstva koja je ona vratila na ime udruženih sredstava. Minuli rad s kojim „BIP" i „Trebjesa" sudjeluju u raspoređivanju zajedničkog dohotka, predstavljaju ukupna sredstva koja su udružena u Fabriku slada, i ona će se vraćati u iznosu 8,5% do 15,5% godišnje.[17]

Ako se ne utvrđuju standardi minulog rada, materijalni troškovi se ne mogu obračunavati drugačije nego prema individualnom utrošku. Time se automatski umanjuje interes za racionalno korištenje sredstava i predmeta rada jer osnovna organizacija ne dobiva ništa za postignute uštede. Štaviše, ona tekućim radom postiže veći učinak ako ne vodi računa o utrošku minulog rada. Otuda troškovni princip sam po sebi vuče na povećavanje troškova proizvodnje.

Budući da povećanje troškova proizvodnje automatski umanjuje dohodak, troškovni princip sigurno je jedan od uzroka što zajedničko ostvarivanje dohotka još nije postalo dovoljno privlačno i što se njegovo povećanje ne pojavljuje kao primarni motiv udruživanja. Štoviše, na troškovnom se principu neizbježno kompliciraju odnosi među udruženim organizacijama jer neracionalno trošenje sredstava dovodi do međusobnog sukobljavanja. To je sigurno jedan od razloga što se organizacije još radije opredjeljuju za kreditni nego za dohodovni odnos.

Ako se iznos sredstava za osobne dohotke i zajedničku potrošnju unaprijed određuje i izdvaja iz zajedničkog dohotka, on se također svrstava u troškove proizvodnje, čime se praktično gubi kontrola i nad utroškom živog rada. I kako se osobna potrošnja podmiruje iz zajedničkog dohotka, posljedice u smislu neracionalnog korištenja živog rada i prekobrojnog zapošljavanja mogu biti teže nego kad osnovna organizacija sama ostvaruje dohodak. Rješenje svakako

---

[16] Vidi naprijed spomenutu analizu Vijeća SSJ.
[17] Sindikati, br. 1/1978, str. 105.

nije u tome da udružene organizacije zajednički utvrđuju broj zaposlenih u OOUR-u koji koristi udružena sredstva jer ne samo što bi se time ograničavala njegova samostalnost nego se ne bi u biti riješio ni problem racionalnog korištenje živoga rada.

Apriorno određivanje visine sredstava za osobne dohotke i zajedničku potrošnju nije u interesu ni organizacije koja koristi udružene sredstva jer se time umjetno limitira osobna potrošnja njenih radnika, čime se princip raspodjele prema radu iz temelja narušava. Raspodjela prema radu se, u stvari, na taj način potpuno izvrće. Naime, umjesto da osobni dohodak zavisi od veličine zajedničkog dohotka, dio ovog dohotka koji sudionici zajednički raspodjeljuju dovodi se u zavisnost od unaprijed dređene visine osobnih dohodaka.

Ako se visina osobnog dohotka unaprijed određuje, interes radnika za povećanje zajedničkog dohotka automatski se smanjuje. Samim tim smanjuje se interes i za racionalno korištenje tekućeg i minulog rada. Dohodak se još pojavljuje u svom otuđenom obliku, zbog čega ni njegovo zajedničko ostvarivanje još ne označava zajedništvo u pravom smislu.

Pored troškovnog principa, kroz raspoređivanje zajedničkog dohotka često se provlače i kupoprodajni odnosi. Ugovaranje naknade za korištenje sredstava osniva se na pogodbi koja se orijentira prema visini kamata na kredite. Ako, međutim, nisu pronađena odgovarajuća mjerila za utvrđivanje doprinosa tekućim i minulim radom, drugačije i ne može biti.

Takva mjerila omogućila bi potpunu objektivizaciju raspodjele zajedničkog dohotka i osigurala da se ona vrši prema uloženom radu. To je nužan uvjet da se osigura stabilan rast zajedničkog dohotka na bazi racionalnog korištenja tekućeg i minulog rada. Objektivizacija raspodjele prema radu istovremeno je uvjet i za uspostavljanje zdravih socijalističkih odnosa među organizacijama udruženim na ostvarivanju zajedničkog dohotka.

Raspoređivanje dohotka osnovne organizacije

Prema Zakonu o udruženom radu, dohodak osnovne organizacije udruženog rada dijeli se, u osnovi, na dva dijela: jedan kojim ona podmiruje svoje obveze prema drugim organizacijama i zajednicama i drugi koji neposredno sama koristi. Prvi dio služi uglavnom za podmirenje zajedničkih i općedruštvenih potreba, a drugi (čisti dohodak) za razvoj osnovne organizacije i podmirenje životnih potreba njenih radnika.[18]

Prema članu 17. Ustava SFRJ od 1974. radnici u osnovnoj organizaciji treba da odlučuju o cjelokupnom ostvarenom dohotku. To podrazumijeva da se i sredstva za zajedničke i općedruštvene potrebe osiguravaju samoupravnim udruživanjem sredstava osnovnih organizacija, što isključuje postojanje bilo kakvih otuđenih centara odakle bi se ona zahvaćala fiskalnim putem ili na neki drugi način. Da bi se osiguralo da radnici stvarno odlučuju o tim sredstvima, članom 113. Zakona o udruženom radu predviđeno je da se prijedlozi obveza za zajedničke i općedruštvene potrebe „po pravilu istovremeno i jednom godišnje iznose na izjašnjavanje radnicima u osnovnoj organizaciji".

Ispitivanja obavljena u jednom broju organizacija pokazala su, međutim, da se ove zakonske odredbe rijetko poštuju i da se odlučivanje radnika o sred-

---

[18] Član 110. ZUR-a.

stvima za općedruštvene i zajedničke potrebe još svodi na formalnost. Osnovni uzrok jest što se u biti još održava fiskalni sistem prikupljanja sredstava za te potrebe, po kojem se dohodak automatski otuđuje od radnika.

To ima za posljedicu i nerazmjernu raspodjelu ostvarenog dohotka, koji se iz privrede prekomjerno odlijeva u izvanprivredne djelatnosti. Ova pojava izražena je u tendenciji da u strukturi raspoređenog dohotka brže raste dio koji odlazi izvan osnovne organizacije. U 1978. godini, na primjer, dio dohotka koji je iz dohotka OOUR-a izdvojen na ime obveza prema drugim subjektima porastao je u odnosu na prethodnu godinu za 4% više od rasta čistog dohotka.[19]

Takva tendencija ne može se suzbiti samim planiranjem, niti vraćanjem otuđenih sredstava osnovnim organizacijama. Trajno rješenje jest u svladavanju fiskalnog sistema razvijanjem samoupravnog udruživanja i slobodne razmjene rada. To podrazumijeva da se sredstva za zajedničke i općedruštvene potrebe izdvajaju i udružuju na osnovi konkretnih programa njihovog zadovoljavanja, o kojima neposredno odlučuju sami udruženi radnici.

Radnici, pored ostalog, još nisu sasvim ovladali ni dijelom dohotka koji ostaje u osnovnoj organizaciji. O raspoređivanju čistog dohotka često se odlučuje u radnoj organizaciji, ili u tome odlučujuću riječ imaju poslovodni organ i politički aktiv osnovne organizacije. To pokazuje da ustavno pravo radnika da suvereno vladaju ostvarenim dohotkom samo po sebi još ne osigurava stvarnu promjenu njihovog položaja, nego da od njihove organizirane borbe i prevlasti nad raznim monopolskim tendencijama zavisi kako će se ono ostvarivati.

Otpori odlučujućoj ulozi radnika u raspoređivanju čistog dohotka često proistječu iz bojazni da će oni „pojesti" akumulaciju. Da bi se to onemogućilo, Društvenim dogovorom o zajedničkim osnovama samoupravnog uređivanja odnosa u stjecanju i raspoređivanju dohotka i raspodjeli sredstava za osobne dohotke u SFRJ iz 1975. godine utvrđeno je: „1) da osnovne organizacije udruženog rada koje ostvaruju veći dohodak po radniku od prosjeka u grupaciji, grani, djelatnosti ili u odgovarajućim oblicima udruživanja rada i sredstava, relativno više sredstava izdvajaju za proširivanje materijalne osnove udruženog rada i za rezerve nego što se prosječno izdvaja u grupaciji, grani djelatnosti ili odgovarajućem obliku udruživanja rada i sredstava, ali da u njima radni ljudi mogu imati veće osobne dohotke od prosjeka; 2) da OOUR-i koji ostvaruju manji dohodak po radniku od prosjeka, mogu izdvajati relativno manje za proširenje materijalne osnove udruženog rada i za rezerve od prosjeka, s tim da i za osobnu i zajedničku potrošnju izdvajaju manje od prosječnih izdvajanja u grupaciji, grane, djelatnosti ili odgovarajućem obliku udruživanja rada i sredstava; 3) da radnici prilikom primjenjivanja principa ove točke uvrđuju kvantitativnu međuzavisnost kretanja dohotka po radniku, izdvajanja sredstava za proširivanje materijalne osnove udruženog rada i sredstava za osobne dohotke suglasno razlikama u uvjetima rada i stjecanja dohotka (kao što su tehnička opremljenost rada, tehnološki uvjeti, stupanj korištenja kapaciteta i produktivnost rada, odnosi cijena itd.) koje postoje u OOUR-ima grupacijama, granama i oblastima privrede". Sudionici Dogovora su obvezani da „u okviru svojih prava, obveza i odgovornosti utječu da se pri raspoređivanju dohotka osigurava: 1) stalno obnavljanje, uvećavanje i unapređivanje materijalne osno-

---

[19] „Rezultati aktivnosti sindikata u ostvarivanju i iznalaženju zajedničkih osnova i mjerila raspoređivanja čistog dohotka", informacija od augusta 1979, Dokumentacija Vijeća SSJ.

rve rada organizacije i ukupnog društvenog rada i 2) optimalno izdvajanje sredstava za rezerve, s ciljem da se dostigne i održava poslovna stabilnost organizacija udruženog rada i materijalno-socijalna sigurnost radnika".[20]

Zakonom o udruženom radu posebno je utvrđena obveza radnika da pri raspoređivanju dohotka izdvajaju sredstva za unapređivanje i proširivanje materijalne osnove rada i za stvaranje i obnavljanje rezervi. Ustavom i Zakonom je predviđeno da se za razvoj materijalne osnove rada isključivo koristi i dio dohotka koji je rezultat izuzetno povoljnih prirodnih uvjeta ili izuzetnih tržišnih i drugih pogodnosti.[21]

Polazeći od Zakona i Društvenog dogovora, organizacije udruženog rada su dalje konkretizirale obveze kojima se osigurava razvoj materijalne osnove rada i utvrdile odgovarajuća mjerila za raspoređivanje čistog dohotka. Tako su za raspoređivanje čistog dohotka u OOUR-ima Građevinske radne organizacije „Vranica" — Sarajevo, samoupravnim sporazumom utvrđene ove osnove i mjerila: da odnosi u raspoređivanju čistog dohotka budu u skladu sa Samoupravnim sporazumom o osnovama plana, utvrđenim i preuzetim obvezama u planovima i programima razvoja OOUR-a Radne organizacije kao cjeline, društvenim planovima te rezolucijom o politici ostvarivanja društvenog plana i mjerama ekonomske politike; da se izdvajanje iz čistog dohotka za osobne dohotke i zajedničku potrošnju radnika vrši razmjerno doprinosu radnika ostvarivanju dohotka osnovne organizacije, zavisno od postignute produktivnosti rada, od primjene naučnih dostignuća u proizvodnji i organizaciji rada i od prilagođenosti djelatnosti osnovne organizacije uvjetima tržišta; da povećanje dohotka koji je rezultat porasta produktivnosti rada, boljeg korištenja kapaciteta, ušteda u troškovima poslovanja, primjene inovatorstva i racionalizatorstva i drugih kvalitativnih elemenata privređivanja bude osnova za povećanje osobnih dohodaka i zajedničke potrošnje radnika; da osnovna organizacija koja ostvari veći dohodak po jedinici uloženog tekućeg i minulog rada od prosjeka u radnoj organizaciji i drugoj dohodovno povezanoj cjelini relativno više izdvaja iz čistog dohotka u sredstva za proširenje materijalne osnove rada, ali da u njoj radnici imaju i osobne dohotke veće od prosjeka, i obratno; da se odlučivanje o raspoređivanju čistog dohotka zasniva na mjesečnoj usporednoj analizi ostvarenih rezultata rada osnovne organizacije i usporednoj analizi s drugim osnovnim organizacijama i dohodovnim cjelinama te ostvarenim rezultatima privređivanju na području odgovarajuće društveno-političke zajednice; da izdvajanje iz čistog dohotka za unapređivanje i proširivanje materijalne osnove rada i za stvaranje i obnavljanje rezervi bude u skladu s obvezama i odgovornostima radnika da stalno obnavljaju, povećavaju i unapređuju materijalnu osnovu svoga ukupnog društvenog rada i osiguravaju potrebne rezerve. Tako definirane osnove treba da se realiziraju primjenom zajednički utvrđenih mjerila za raspoređivanje čistog dohotka i u skladu s preuzetim obvezama o minimalnom izdvajanju za akumulaciju, koje polaze od toga da se: pri raspoređivanju čistog dohotka na pojedine namjene osiguraju sredstva za proširenje materijalne osnove rada i rezerve u visini od najmanje 15% kod OOUR-a građevinskih operativa i od najmanje 10% kod OOUR-a zanatske djelatnosti u građevinarstvu te dio dohotka koji je rezultat izuzetno povoljnih prirodnih, tržišnih i drugih pogodnosti u stjecanju izdvoji u cijelosti za razvoj materijalne osnove rada.

---

[20] Službeni list SFRJ, br. 24/1975.
[21] Vidi član 18. Ustava SFRJ od 1974. i članove 116. i 124. ZUR-a.

U „Saponiji" — Osijek, osnovu za povećanje osobnih dohodaka i zajedničke potrošnje radnika predstavlja povećanje dohotka koje je rezultat porasta produktivnosti rada, boljeg korištenja kapaciteta, ušteda u troškovima, primjene novatorstva i racionalizatorstva i drugih elemenata privređivanja. OOUR-i koji bolje posluju izdvajaju više za razvoj materijalne osnove rada, a oni koji posluju slabije mogu izdvajati manje od iznosa utvrđenog samoupravnim sporazumom. Visina osobnih dohodaka treba da bude u skladu s ostvarenim čistim dohotkom i stupnjem korištenja angažiranih poslovnih sredstava. Osobni dohodak se povećava množenjem postotka povećanja čistog dohotka određenim koeficijentom.

U Kombinatu „Sodaso" — Tuzla, usvojen je određeni skalar za raspoređivanje čistog dohotka, koji se primjenjuje na ovaj način: ako je razina ostvarenog čistog dohotka veća od 150%, onda se dio ostvarenog čistog dohotka iznad 150% od realno očekivanog obvezno izdvaja za proširenje materijalne osnove udruženog rada, kao dio dohotka stečen pod izuzetno povoljnim prirodnim ili drugim uvjetima; umnožak realno očekivane mase sredstava za osobnu i zajedničku potrošnju s odgovarajućim skalarom, predstavlja najvišu ostvarenu masu sredstava koju radnici u OOUR-u mogu izdvojiti za osobnu i zajedničku potrošnju; ako OOUR ostvari nisku razinu čistog dohotka, radnici u njoj ne mogu nedopuštenom isplatom osobnih dohodaka ostvarivati gubitak sve dok ostvareni čisti dohodak u tom OOUR-u omogućuje isplatu zajamčenih osobnih dohodaka razlika između ostvarenog čistog dohotka (čiji je maksimalni iznos 150% od realno očekivanog čistog dohotka) i najviše po mjerilima ostvarene mase sredstava za osobnu i zajedničku potrošnju, predstavlja najnižu obvezu izdvajanja za proširenje materijalne osnove udruženog rada u OOUR-u. Samoupravnim sporazumom precizno je utvrđeno u kojim se slučajevima može odstupiti od navedenih pravila.

U Drvnom kombinatu „Ivo Lolo Ribar" — Sremska Mitrovica, utvrđeno je da OOUR-i u poslovni fond izdvajaju najmanje 5%, za obvezne rezerve najmanje 3%, a za osobne dohotke i zajedničku potrošnju najviše 92%. Ako radnici OOUR-a ostvaruju veći dohodak po radniku od prosjeka grupacije, obvezni su da izdvoje razmjerno više u fondove, ali im osobni dohoci mogu u odgovarajućem razmjeru biti veći od prosjeka grupacije. Dohodak koji je rezultat izuzetno povoljnih uvjeta privređivanja, OOUR-i moraju izdvajati za razvoj materijalne osnove rada. Takvim dohotkom smatra se iznos koji je nastao s osnova kao što su: oslobađanje od zakonskih i ugovornih obveza; carinske olakšice pri izvozu i uvozu; razlika u cijeni trgovačke robe; razlike u cijeni unutrašnjeg i vanjskog transporta kojim se stimulira izvoz robe; oslobođenje od kamatnih stopa ili njihovo smanjenje i sniženje nabavne cijene sirovina i repromaterijala u internim odnosima razmjene robe između OOUR-a ili reprodukcione cijeline čiji je cilj jačanje materijalne osnove rada. Ako evidencija ne omogućuje točno utvrđivanje dohotka koji je rezultat izuzenih pogodnosti, ovaj iznos dobiva se usporedbom s grupacijom kojoj Drvni kombinat pripada. Ako je dohodak po uvjetnom radniku u OOUR-u veći od prosjeka grupacije, takav OOUR u sastavu Drvnog kombinata mora u poslovni fond izdvojiti najmanje 25% ostvarenog dohotka iznad prosjeka grupacije.[22]

---

[22] Primjeri su uzeti iz publikacije Samoupravljačka iskustva, br. 1, „Crveni barjak", Kragujevac 1978, str. 5—26.

Sva do sada obavljena ispitivanja pokazuju da je u principu neosnovana bojazan da će radnici „pojesti" akumulaciju. U najvećem broju organizacija radnici posluju domaćinski, i to utoliko bolje ukoliko su više ovladali društvenom reprodukcijom. U 1978. godini, na primjer, ukupna izdvajanja za osobne dohotke i zajedničku potrošnju imala su za nekoliko postotaka niži rast od rasta ostvarenog dohotka, dok su izdvajanja za razvoj materijalne osnove rada porasla za 15%. U svim republikama i pokrajinama osim u Vojvodini osobni dohoci po zaposlenom imali su nižu stopu rasta od rasta čistog dohotka.[23]

Do narušavanja proporcija raspodjele na štetu akumulacije dolazi uglavnom u organizacijama koje još nisu preuzele odgovornost za društvenu reprodukciju. To su organizacije koje su praktično još na budžetskim „jaslama", čiji se gubici saniraju na račun društvene zajednice. Karakteristično je da osobni dohoci i zajednička potrošnja najbrže rastu u organizacijama koje uživaju poseban društveni tretman, i to kako onim koje ostvaruju natprosječni dohodak, tako i onim koje prave gubitke.

Nasuprot tome, najsolidnije posluju organizacije koje ne uživaju nikakve društvene beneficije. Objašnjenje je sasvim jednostavno: one se oslanjaju samo na vlastite snage, te ukoliko ne bi vodile računa o razvoju materijalne osnove rada, brzo bi pale pod stečaj. Zbog toga nije rijetkost da u takvim organizacijama akumulacija raste i na račun osobnih dohodaka.

---

[23] Vidi naprijed spomenutu Informaciju Vijeća SSJ.

X

ISKUSTVA U RASPODJELI OSOBNOG DOHOTKA

Kao neposredni izraz društvenog vlasništva, osobni dohodak se pojavljuje svagdje gdje se pojavljuje takvo vlasništvo. Ukoliko začeci društvenog vlasništva u određenim oblicima nastaju već u kapitalizmu, i najamnina dobiva određena obilježja osobnog dohotka. Korjenite promjene mogu, međutim, nastati tek s uspostavljanjem društvenog vlasništva kao osnovnog vlasničkog odnosa.

Socijalistička Jugoslavija nije naslijedila neke značajnije začetke društvenog vlasništva. Kapitalizam ovdje još nije bio razvijen do tog stupnja da su se tendencije podruštvljavanja mogle izrazitije ispoljiti. Zbog toga su eksproprijacija individualnog kapitala i njegovo pretvaranje u državno vlasništvo označili veliku historijsku prekretnicu.

Budući da predstavlja rezultat organizirane društvene akcije, proces pretvaranja privatnog vlasništva u društveno i najamnine u osobni dohodak može se na primjeru Jugoslavije dosta lako pratiti. Ovaj prikaz ograničava se samo na raspodjelu osobnog dohotka, koja pruža određenu saznajnu osnovu za zaključivanje i o njegovom ukupnom raspolaganju. Kroz raspodjelu se najevidentnije izražava proces ransformacije najamnine u osobni dohodak.

Ovaj proces može se uvjetno raščlaniti na tri osnovne faze: od pobjede revolucije do uvođenja samoupravljanja; od uvođenja samoupravljanja do njegovog pretvaranja u integralni društveni sistem; razvoj samoupravljanja kao integralnog društvenog sistema. Raščlanjivanje je uvjetno zbog toga što između spomenutih faza ne postoje oštre granice, bez obzira na bitne razlike u načinu raspodjele životnih sredstava. Prvu fazu karakterizira platni sistem, drugu raspodjela prema radnom mjestu i radnom učinku i treću raspodjela prema ostvarenim rezultatima rada.

Već iz toga je jasno da dosljedna primjena principa osobnog dohotka počinje tek s trećom fazom, koja je otvorena ustavnim promjenama 1974. godine. Zbog toga se prethodne dvije faze mogu označiti samo kao uvod u društveno stanje gdje se principi osobnog dohotka pretvaraju u vladajući društveni odnos.

Geneza raspodjele do ustavnih promjena 1974.

Pobeda socijalističke revolucije u Jugoslaviji označila je, pored ostalog, historijsku prekretnicu i u načinu stjecanja i raspodjele životnih sredstava. Već je prva općezemaljska sindikalna konferencija u januaru 1945. istakla zahtjev da se plaće reguliraju na principu količine i kvalitete rada i da se za

·jednak rad daje jednaka plaća bez obzira na spol i dob.[1] Uredbom Ministarskog savjeta Demokratske Federativne Jugoslavije od 20. aprila 1945. ovaj zahtjev sindikata je i ozakonjen jer je utvrđen princip da su „nadnice za mušku i žensku radnu snagu na istom poslu i s istim učinkom iste".[2]

Princip „za jednak rad jednaka plaća" nije, se, međutim, mogao preko noći ostvariti. Najveća promjena koja se mogla izvršiti putem državnih dekreta sastojala se u ukidanju tržišta radne snage i uvođenju administrativne raspodjele životnih sredstava. Budući da su sredstva proizvodnje pretvorena u državno vlasništvo, država je morala imati odlučujuću ulogu i u raspodjeli.

Raspodjelu životnih sredstava država nije mogla vršiti drugačije nego putem platnog sistema zasnovanog na službeno verificiranoj kvalifikaciji. Spomenutom uredbom od 20. 4. 1945. radnici su prema kvalifikaciji razvrstani u četiri, a namještenici u pet platnih grupa, dok su državni službenici posebnom uredbom svrstani u 19 položajnih grupa. Kasnijim propisima vršene su određene promjene u tom smislu što su umjesto razvrstavanja izvršilaca razvrstavani poslovi, ali opet prema kvalifikaciji potrebnoj za njihovo obavljanje.

Plaća je zadržala određena bitna obilježja najamnine. Iako se radnik više nije pojavljivao na tržištu kao prodavalac radne snage, plaća je u biti predstavljala cijenu radne snage, koju je jednostrano određivala država. U izuzetno teškim poslijeratnim uvjetima sredstva za život jedva su dosezala i za prostu reprodukciju radne snage, zbog čega se njihova raspodjela dobrim dijelom vršila i u naturalnom obliku.

Napredak se nije sastojao toliko u zamjenjivanju klasične najamnine državnom plaćom koliko u pokušajima da se sama plaća transformira u osobni dohodak. Već je prvim državnim propisom (spomenutom Uredbom od 20. aprila 1945) ostavljena mogućnost da se plaće radnika djelomično određuju i u zavisnosti od radnog doprinosa. Visina plaća utvrđena je u rasponima koji su dopuštali korekcije zavisno od stručnosti, odgovornosti i težine rada, dok je za otežane uvjete rada predviđen poseban dodatak. Uvedena je i kategorija posebnih premija za grupe radnika ili pojedince koji su svojim radom ili prijedlozima pridonijeli uštedi u materijalu, većoj produktivnosti i poboljšanju kvalitete proizvodnje. Predviđeno je i uvođenje akorda „gdje priroda posla to dopušta". U svim ovim korekturama odlučivala je uprava poduzeća u sporazumu sa sindikalnom organizacijom odnosno radničkim povjerenikom poduzeća, čime je djelomično okrnjen monopol države.

Određene stimulacije predviđene su i za državne službenike. Zakonom o državnim službenicima, koji je Narodna skupština FNRJ donijela u avgustu 1946, utvrđeno je da se „plaće i druge pogodnosti daju službenicima prema prirodi službe i značaju posla, prema postignutom opsegu i kvalitetu rada, kao i prema opsegu odgovornosti za rad", a da se „za službenike koji su se osobito istakli u radu i stekli zasluge za službu mogu ustanovljavati osobni dodaci za izvanredan rad, posebne pohvale, udarničke nagrade, pokloni od vrijednosti, specijalna odlikovanja i počasna zvanja.[3]

U 1946. godini Vlada FNRJ donijela je posebnu Uredbu o fondu rukovodstva poduzeća, kojom je predviđeno da se sredstva fonda, pored ostalog,

---

[1] I kongres jedinstvenih sindikata Jugoslavije, „Rad", Beograd 1948, str. 73.

[2] Uredba o reguliranju nadnica i plaća radnika i namještenika u privatnim poduzećima, Sl. l. DFJ, br. 24/1945.

[3] Sl. l. FNRJ, br. 62/1946.

mogu upotrijebiti i za „posebne nagrade udarnicima, novatorima i racionalizatorima, kao i drugim na radu istaknutim radnicima i službenicima poduzeća". Istom uredbom ustanovljen je i centralni fond za stimulaciju direktora poduzeća, njihovih zamjenika, tehničkog osoblja i istaknutih radnika i službenika.[4]

Propisima nakon toga donesenim uvedeno je obavezno plaćanje po učinku gdje god se on mogao mjeriti, a po vremenu samo gdje to nije bilo moguće. Tako je, na primjer, Uredbom Vlade FNRJ o plaćama radnika i učenika u grafičkoj industriji, od jula 1948, utvrđeno da će se „svuda gdje se u grafičkoj industriji rad može mjeriti, plaća određivati po radnom učinku, a radovi će se obavljati po normama (norma radnog učinka), kojima se određuje koliki treba da bude radni učinak utvrđene kvalitete u određenom vremenu".[5] U decembru 1948. donesena je i posebna Uredba Vlade FNRJ o radnim normama, kojom je utvrđeno da je „u cilju stalnog podizanja produktivnosti rada, ostvarenja socijalističkog principa plaćanja prema količini i kakvoći rada i razvijanja radnog takmičenja kao metode socijalističkog rada, obvezno uvođenje radnih normi na svim poslovima na kojima se radni učinak može mjeriti".[6]

Radni učinak uveden je kao jedan od korektiva i za određivanje prinadležnosti državnih službenika. Zakonom o državnim službenicima od maja 1948, kao oblici njihovih prinadležnosti predviđeni su: osnovna plaća, dodatak po učinku rada, funkcionalni (položajni) dodatak, posebni osobni dodatak, premijski dodatak, izvanredna nagrada i dodatak na djecu. Posebnom odredbom utvrđeno je da će se „kod svih zvanja gdje je moguće mjeriti učinak rada kvantitativno, ustanoviti dodatak po učinku rada na osnovnu plaću".[7]

Pokušaji da se plaća transformira u osobni dohodak, nisu, međutim, dali značajnije rezultate. Oni su se neizbježno sukobljavali s prirodom državnog vlasništva. Plaća se nije određivala prema radnom učinku nego je učinak normiran prema plaći. Da bi se ostvario veći učinak, norme su proizvoljno povećavane kad god je dolazilo do znatnijih prebačaja. Voluntarizam je zavladao i u korištenju ostalih stimulacija.

Najpotpunija službena kritika platnog sistema dana je na II kongresu Savezu sindikata Jugoslavije održanom u oktobru 1951. U glavnom referatu koji je podnesen na Kongresu rečeno je da se „osnovne odlike postojećeg platnog sistema sastoje u sledećem:

a) Država, odnosno državni organi, u saradnji sa sindikalnim rukovodstvom, utvrđivali su plate svih radnika i službenika, kao i osnovne radne norme, a direktori preduzeća određivali su radne norme na pojedinim radnim mestima i saglašavali ih sa višim privredno-upravnim organima.

b) Plate radnika i službenika bile su tačno fiksirane i obezbeđene i nisu zavisile od proizvodnje i poslovanja preduzeća kao celine.

v) Rasponi u platama bili su mali, usled čega nije bilo dovoljno stimulacije za napredovanje, za podizanje stručnosti, odnosno u tako malim rasponima bilo je otežano pravilno nagrađivanje prema radu.

g) Za svaku privrednu i upravnu granu postojale su posebne uredbe kojima su poslovi u svakoj grani razvrstani u grupe prema potrebnoj stručnosti

---

[4] Sl. l. FNRJ, br. 99/1946.
[5] Sl. l. FNRJ, br. 58/1948.
[6] Sl. l. FNRJ, br. 109/1948.
[7] Sl. l. FNRJ, br. 44/1948.

i spremi radnika za obavljanje tih poslova, kao i težini posla, a za svaku grupu poslova određivana je posebna plata po vremenu, a posebna po učinku. Samim rasporedom radnika na odgovarajuće poslove bila je automatski određena i plata, koja se unutar preduzeća nije mogla ni povećati ni smanjivati, jer je bila fiksirana zakonskim propisima za svaku grupu poslova.

d) Službenici u privredi imali su status državnih službenika. Njihove plate i položaj bili su regulisani propisima koji su važili i za državne službenike.

đ) Plate svakog radnika i službenika sastojale su se od novčanih i naturalnih davanja, jer su plate u novcu i karte za snabdevanje odnosno tačkice i bonovi, predstavljali, u stvari, dve vrste različitih davanja kao nagradu za rad".[8]

Uvođenjem samoupravljanja 1950. godine, počinje proces postupnog prevazilaženja platnog sistema, u kojem se mogu razlikovati dvije karakteristične etape: prva od 1957. i slijedeća do 1974. godine. Do kraja 1957. raspodjela se u privredi osnivala na principu dobiti, po kojem su se plaće po tarifnom pravilniku većim dijelom formirale prije raspodjele sa zajednicom, a od 1958. godine na principu dohotka, po kojem su se osobni dohoci formirali iz ostvarenog čistog prihoda poduzeća. To je upravo omogućilo da se u sistemu raspodjele izvrši institucionalna zamjena plaće osobnim dohotkom.

Odmah po konstituiranju radničkih savjeta uveden je novi platni sistem, kojim se praktično počeo ostvarivati princip osobnog dohotka. Njegove karakteristike ovako su opisane u izvještaju koji je podnesen III kongresu Saveza sindikata Jugoslavije 1955. godine:

„1. plate u privredi su postale zavisne od ostvarenja proizvodnje, od realizacije na tržištu, te visine isplaćenih plata ne zavisi više samo od individualnog uspeha i rada, nego od rezultata čitavog kolektiva, odnosno preduzeća kao celine;

2. novi platni sistem je obeležen većom samostalnošću preduzeća u određivanju plata, smanjenjem administrativnih zahvata u platni sistem i pojačanim delovanjem ekonomskih zakonitosti;

3. platni sistem je postepeno i dosledno decentralizovan, te je u njemu sve više dolazio do izražaja odnos između preduzeća i lokalne zajednice;

4. radnici i službenici u privredi nisu više različito, nego jedinstveno tretirani u platnom sistemu;

5. rasponi u platama između radnika, odnosno službenika različitih kategorija su postepeno povećavani, u interesu stimuliranja stručnosti i pravednijeg nagrađivanja po vrednosti rada, odgovornosti i doprinosu;

6. učešće sindikata u platnom sistemu se menjalo i pojačavalo, počev od potvrđivanju u tripartitnom donošenju tarifnih pravilnika i u komisijama za plate u privredi".[9]

Proces osamostaljivanja poduzeća bio je najevidentnije izražen uvođenjem tarifnog pravilnika u mehanizam raspodjele. Tarifni pravilnik je predstavljao svojevrstan kolektivni ugovor između radničkog savjeta, narodnog odbora i sindikata, kojim su se utvrđivale tarifne stavke za konkretna radna mjesta. On je, u stvari, označio početak pretvaranja klasične državne u samoupravnu regulativu u raspodjeli životnih sredstava.

---

[8] II kongres SSJ, „Rad", Beograd 1951, str. 171/2.
[9] III kongres SSJ, „Rad", Beograd 1955, str. 90—91.

Tarifni sistem je, međutim, za glavnu osnovu raspodjele uzimao radno mjesto. Istina, radno mjesto je za veliki dio poslova normirano, ali se tarifna stavka nije određivala prema učinku, nego se učinak normirao prema tarifnoj stavci, koja je predstavljala fiksnu veličinu. Zato je u praksi prije dolazilo do mijenjanja normi nego do mijenjanja plaće.

Preko radne norme najneposrednije se prelamao sukob između osobnog interesa radnika i društvenog interesa zajednice, koji je još štitila država. O tome se sasvim konkretno govori u izvještaju koji je podnesen na IV kongresu Saveza sindikata Jugoslavije 1959. godine. „Priznanje plata ostvarenih po normi u cenu koštanja, počev od 1959. godine, pomoglo je da u većini grana i preduzeća poraste rad po normi, što je neosporno uticalo na povećanje individualne produktivnosti i omogućilo ostvarenje boljih rezultata u velikom broju preduzeća. Međutim, činjenica da su norme služile kao osnova za obračun između zajednica i preduzeća, imala je ozbiljnih slabosti. S obzirom na malo učešće u dobiti, preduzeća nisu bila dovoljno zainteresovana da pravilno ustanovljavaju norme, jer je najveći deo premašenja nerealnih normi išao na teret zajednice.

Česte izmene i nerealnost radnih normi bile su tokom proteklih godina stalna pojava. Do toga je dolazilo kako zbog niskih tarifnih stavova, nepravilnih tendencija da se na račun zajednice povise zarade, tako i zbog nepostojanja tehničkih merila i naučnih kriterija za utvrđivanje radnog učinka, usled čega su norme bile većinom iskustvene. Zbog toga su u jednom broju preduzeća norme bile visoko premašivane, a u nekim preduzećima često revidirane čim su bile pemašivane".[10]

Polazeći od kritike postojećeg sistema raspodjele, IV kongres SSJ je težište aktivnosti sindikata u ovoj oblasti usmjerio na pretvaranje radnog učinka u glavnu osnovu raspodjele. U Rezoluciji o narednim zadacima SSJ stoji da će sindikati „uticati na usavršavanje unutrašnjih sistema nagrađivanja, sa ciljem da što veći broj radnika radi po učinku, da zarade svakog radnika budu što više u srazmeri sa efektom njegovog rada, rezultatima rada odeljenja u kojem radi i čitavog kolektiva. Da bi se to postiglo, sindikati treba da rade na uvođenju i usavršavanju kompleksnih, savremenih, stimulativnih metoda nagrađivanja, kao što je, na primer, nagrađivanje po jedinici proizvoda i razni drugi oblici koji će izrasti iz prakse, pri čemu zarade treba da zavise ne samo od obima proizvodnje nego i od kvaliteta, proizvodnih troškova, realizacije proizvedene robe itd."[11]

Osnova za ostvarivanje takve orijentacije u raspodjeli stvorena je prelaskom s principa dobiti na princip dohotka. Novost se sastojala u tome što su poslije podmirenja obveza prema društvenoj zajednici, privredne organizacije same raspodjeljivale ostvarena sredstva, odnosno čisti prihod, na osobne dohotke i fondove poduzeća. Time je stvorena mogućnost za unutarnju podjelu poduzeća na uže ekonomske cjeline, u kojima se mogao vršiti interni obračun dohotka. Ove cjeline nazvane su ekonomskim jedinicama, i one su odigrale značajnu ulogu kao začetak budućih osnovnih organizacija udruženog rada.

Prelazak na principe dohotka ubrzao je pretvaranje državne u samoupravnu regulativu raspodjele. Već u toku 1958. godine pristupilo se izradi sporazuma o općim osnovama za utvrđivanje osobnog dohotka, kojima je zamije-

---

[10] IV kongres SSJ, „Rad", Beograd 1959, str. 61.
[11] Isto, str. 403.

njen niz državnih propisa. Oni su predstavljali prve normativne akte kojima su sindikati, privredna udruženja i komore zajednički utvrđivali društvena mjerila u oblasti raspodjele.

Na osnovi ovih sporazuma, poduzeća su samostalno donosila svoje pravilnike o raspodjeli osobnog dohotka. Time je otvoren proces općeg traganja za novim rješenjima u raspodjeli osobnog dohotka. Analiza pravilnika iz tog razdoblja pokazuje da su se oni međusobno dosta razlikovali, ali da je postojao jedan opći trend usmjeren na pretvaranje radnog učinka u glavnu osnovu raspodjele.

Najznačajniju promjenu u novom sistemu raspodjele osobnih dohodaka predstavljalo je njihovo dovođenju u određenu neposrednu zavisnost od individualnih i kolektivnih rezultata rada. To je potaklo interes za bolji rad i uspješnije privrednivanje, što se neposredno odrazilo na rast produktivnosti i dohotka. U izvještaju za V kongres Saveza sindikata Jugoslavije 1964. naveden je slijedeći primjer kojim se to ilustrira. „Krajem 1959. godine u Zagrebu su, na primer, upoređeni rezultati deset preduzeća u kojima su primenjeni novi oblici raspodele i deset srodnih preduzeća u kojima se i dalje radilo po starom (tj. u kojima raspodela nije odmakla od tarifnih stavova, normi i premija). U odnosu na prethodnu godinu, u prvih deset preduzeća porasli su u proseku: proizvodnja za 28%, dohodak za 36%, a čisti prihod za 55%. U drugih deset preduzeća proizvodnja je porasla za 18%, dohodak za 22%, a čisti prihod za 38%. U sličnim srazmerama porasla su sredstva za lične dohotke i fondova ovih preduzeća".[12]

Ove promjene su, međutim, još označavale početne korake u ostvarivanju raspodjele prema radu. Radno mjesto je u sistemu raspodjele i dalje zadržalo dominantnu poziciju, a analitička procjena radnih mjesta predstavljala je osnovnu metodu u izradi pravilnika o raspodjeli osobnog dohotka. Učinak na radnom mjestu je normiran, a osnovica osobnog dohotka, koja je predstavljala konstantu veličinu, korigirana zavisno od prebačaja ili podbačaja norme. Kao elementi za „vrednovanje" radnog mjesta najčešće su uzimani: stručna sprema, umni i fizički napor, odgovornost i uvjeti rada. Za korektiv se nerijetko uzimala i ocjena ličnosti, koja je znatan utjecaj imala osobito na mjestima gdje nije vršeno normiranje učinka.

Umjesto da potakne, privredna reforma 1965. usporila je proces razvijanja raspodjele prema radu. Tome su osobito pridonijele liberalističke tendencije u privredi, koje su spas od etatizma tražile u grupnom vlasništvu i tržišnoj stihiji. Vrijeme od početka reforme do ustavnih promjena predstavljalo je razdoblje šutnje o raspodjeli prema radu.

Ustavne promjene i raspodjela prema radu

Ustavne promjene označile su definitivan raskid sa starim sistemom raspodjele. Kvalifikacija i radno mjesto potpuno su napušteni kao moguće osnove raspodjele, a u osnovu cjelokupnog sistema postavljen je princip raspodjele prema radu. U osnovnim načelima Ustava SFRJ od 1974. utvrđeno je da je „rad čovjeka jedina osnova prisvajanja proizvoda društvenog rada i upravljanja društvenim sredstvima".

---

[12] V kongres SSJ, „Rad", Beograd 1964, str. 107.

Zakon o udruženom radu, koji je donesen u novembru 1976, označio je rezultat rada kao jedinstvenu osnovu raspodjele, isključujući svaku mogućnost da se raspodjela osobnog dohotka vrši prema kvalifikaciji i radnom mjestu. Prema članu 126. ovog Zakona „osobni dohodak radnika utvrđuje se prema rezultatima njegovog rada i prema njegovom osobnom doprinosu koji je svojim tekućim radom i upravljanjem i privređivanjem društvenim sredstvima kao svojim i društvenim minulim radom dao povećanju dohotka osnovne organizacije, u skladu s načelom raspodjele prema radu i razmjerno porastu proizvodnosti svog rada i rada radnika u drugim osnovnim organizacijama s kojima je udružio rad i sredstva i ukupnog društvenog rada”.

Članom 129. Zakona o udruženom radu utvrđeno je da se „doprinos radnika u radu utvrđuje zavisno od kvantitete i kvalitete rada, uzimajući u obzir naročito opseg i složenost rada, kvalitetu ostvarenih rezultata rada, uspješnost u korištenju sredstava rada, ostvarene uštede u radu, korištenje radnog vremena, odgovornost u radu i uvjete pod kojima radi radnik”. Član 130. utvrđuje i pravo na posebnu naknadu radniku „koji inovacijom, racionalizacijom ili drugim oblikom stvaralaštva u radu društvenim sredstvima doprinese povećanju dohotka osnovne organizacije”. Članom 128. predviđeno je da se posebno utvrđuju osnove i mjerila po kojima se vrši raspodjela sredstava za osobne dohotke po osnovi minulog rada.

Zakonom je utvrđeno da se raspodjela sredstava za osobne dohotke regulira samoupravnim općim aktom, koji radnici u osnovnoj organizaciji udruženog rada somastalno donose, i to putem referenduma. Sve osnovne organizacije i radne zajednice bile su po zakonu obvezne da takve akte donesu najkasnije do 1. januara 1978.

Analiza koja je na početku 1978. godine rađena u Vijeću SSJ pokazala je da su osnovne organizacije i radne zajednice uglavnom donijele nove pravilnike o raspodjeli osobnog dohotka. Odredbe Ustava i Zakona o udruženom radu bile su, međutim, samo djelomično provedene. Točnije, tek je bio počeo proces dosljednog ostvarivanja raspodjele prema rezultatima rada i radnom doprinosu.

Iako su se odredbe Zakona o udruženom radu ponavljale gotovo u svim analiziranim aktima,[13] polazne osnove iz kojih se izvodio način raspodjele bile su veoma različite. Osim rezultata rada, za osnovu se uzimao i pretpostavljeni rad, a najčešće kombinacija ovih dviju osnova. Rezultati rada predstavljali su obračunsku osnovicu u 5,5%, a pretpostavljeni rad u 8,5% ispitivanih organizacija, dok se u više od 85% slučajeva visina osobnog dohotka utvrđivala na osnovi pretpostavljenog rada korigiranog ostvarenim rezultatima rada.

U organizacijama koje su dosljedno pristupile primjeni ustavnih principa, udio radnika u raspodjeli sredstava za osobne dohotke utvrđuje se na osnovi broja **ostvarenih jedinica rezultata (proizvoda) rada**. Pravilnikom se utvrđuju samo relativne vrijednosti ovih jedinica označene bodovima ili poenima, dok se njihova apsolutna vrijednost u dinarima određuje prilikom svakog obračuna zavisno od ostvarenog dohotka osnovne organizacije odnosno radne zajednice.

---

[13] Analizom je obuhvaćen uzorak od 200 pravilnika i samoupravnih sporazuma iz različitih radnih organizacija u svim djelatnostima. Korištene su i analize koje su rađene u republičkim vijećima kao i saznanja iz razgovora o problemima raspodjele u 45 organizacija.

Osnovu za određivanje relativne vrijednosti rezultata rada čine složenost i opseg rada. Množenjem koeficijenta složenosti, kojim se izražava odnos složenog i prostog rada, ili broja bodova (poena) kojim je označena relativna vrijednost posla i broja vremenskih jedinica (sati ili minuta) potrebnih za stvaranje jedinice rezultata rada dobiva se broj bodova (poena) koji označava relativnu vrijednost te jedinice. Tako dobivena osnova relativne vrijednosti korigira se mjerilima za kvalitetu rezultata rada, uspješnost u korištenju sredstava i predmeta rada, uvjete pod kojima radnik radi, doprinos minulim radom i sl.

Osnova za utvrđivanje osobnog dohotka u hemijskoj industriji ,,Nevena'' u Leskovcu dobiva se množenjem društvenopotrebnog vremena stupnjem složenosti posla. Ona se proširuje koeficijentom valorizacije rezultata rada, čime se osobni dohodak dovodi u zavisnost od ostvarenog dohotka organizacije. Uvođenje ovakvog načina raspodjele imalo je za rezultat značajno poboljšanje organizacije rada, povećanu solidarnost radnika, godišnji rast produktivnosti od 18% i dohotka od 14%.[14]

I u Industriji mašina i traktora u Novom Beogradu uveden je sistem raspodjele koji se osniva na mjerenju rada društveno potrebnim radnim vremenom. Za jedinicu mjere uzima se 1 sat prostog rada. Mjerenje se vrši tako što se broj sati rada potrebnih za obavljanje određene radne operacije množi stupnjem složenosti rada. Tako se dobiva broj jedinica prostog rada potrebnih za obavljanje radne operacije odnosno za izradu određenog proizvoda. Vrijeme za obavljanje posla utvrđeno je normativom vremena, koji predstavlja potrebno vrijeme za izradu bilo koje upotrebne vrijednosti, uz postojeće normalne uvjete rada i uz prosječan stupanj vještine i intenziteta rada. Vrijednost tekućeg rada izražava se multiplikatorom rada, koji predstavlja proizvod četiriju faktora: složenosti posla, proizvodnosti radne grupe, ostvarenja plana radne grupe i ostvarenja plana OOUR-a. Zahvaljujući ovakvom načinu raspodjele, produktivnost rada rasla je godišnje 20%, a osobni standard radnika 18%. Radna i tehnička disciplina znatno su poboljšani, a bolovanja su smanjena za 4,5%. Smanjeni su troškovi proizvodnje i zalihe gotovih proizvoda, a poboljšana je kvaliteta proizvoda jer se osobni dohodak ne isplaćuje za proizvode koji ne ispunjavaju utvrđene standarde.[15]

Na Fakultetu političkih nauka ,,Veljko Vlahović'' u Sarajevu poslovi su vrednovani na osnovi opsega, složenosti i pravovremenosti. Tako se došlo do tabele relativnih vrijednosti poslova, koja u skraćenoj verziji ima ovaj oblik:

— Sat predavanja na redovnom studiju   120 bodova
— ogledno predavanje asistenta na redovnom studiju   120 —
— sat vježbi na redovnom studiju   60 —
— priprema sjednice naučno-nastavnog vijeća, vođenje
   zapisnika i provođenje zaključaka   250 —
— postupak pri prijavljivanju magistarske teme (po
   tezi), itd.[16]   100 —

[14] Vidi: bilten Vijeća SSJ Sindikata, br. 5/1977, str. 97.
[15] Sindikati, br. 4/1978, str. 126.
[16] Sindikati, br. 2/1978, str. 123.

Doprinos radnika u Zavodu za samoupravljanje u Zagrebu utvrđuje se zavisno od kvalitete i kvantitete uloženog rada pri izvršavanju radnih zadataka. Kvantiteta rada određuje se na osnovi radnog vremena potrebnog za obavljanje svakoga pojedinog radnog zadatka. Doprinos u izvršavanju svakog radnog zadatka izražava se u relativnim jedinicama rada, koje se označavaju bodovima. Ako se radni zadatak obavlja timski, doprinos pojedinca utvrđuje se interno u grupi, pri čemu se polazi od opsega i složenosti rada i postignutih individualnih rezultata rada u grupi. Ovakvom raspodjelom radikalno se promijenio odnos prema radu, što je utjecalo da se znatno poboljšaju ukupni radni rezultati Zavoda.[17]

U Radnoj zajednici Vijeća Saveza sindikata Zagreba raspodjela osobnih dohodaka obavlja se prema kvaliteti i kvantiteti ostvarenih jedinica rezultata rada. Vrednovanje jedinice vrši se na osnovi složenosti posla i društveno potrebnog vremena da se ona ostvari. Množenjem koeficijenta složenosti i društveno potrebnog vremena dobila se slijedeća tabela relativnih vrijednosti:

Zadaci	koeficijent složenosti	jedinica rezultata rada	potrebno vrijeme	relativna vrijednost jedinice
Cjelovita analiza s istraženih izvora	3,6	1 analiza	240 sati	51.840
Informacija tematska iz više izvora	2,9	1 informacija	8 sati	1.392
Adresiranje, frankiranje i pak. pošiljki	2,0	1 pošiljka	3 minute	6
Skidanje teksta s magnetske vrpce	2,2	1 strana	30 minuta	66
Tipkanje tabela na formatu A-5 do 30 redaka	2,1	1 tabela	40 minuta	48
Izrada financijskih planova	3,4	1 plan	10 sati	2.040
Itd.[18]				

Sličan način raspodjele provodio se u Informativno-analitičkoj službi Vijeća SSJ. Relativna vrijednost jedinice rezultata rada utvrđivala se množenjem koeficijenta složenosti društveno potrebnim vremenom i izražavala poenima. Tako se dobio slijedeći model tabele relativnih vrijednosti:

Vrsta posla	koeficijent složenosti	jedinica rezultata rada	potrebno vrijeme	relativna vrijednost jedinice u poenima
Analitička informacija	2,7	1 informacija	21 sat	3.400
Analiza kompleksna	3	1 analiza	350 sati	63.000
Nacrt odluke organa	3	1 odluka	11 sati	2.000
Diskusija na sjednici organa	2,4	1 diskusija	7 sati	1.008
Organiziranje konferencije za štampu	3	1 konferencija	7 sati	1.260
Prikaz sjednice organa	2,4	1 sjednica	8 sati	1.152
Slanje telegrama	1,6	1 telegram	9 minuta	14
Itd.				

---

[17] Sindikati, br. 3/1978, str. 123.
[18] Sindikati, br. 5/1978, str. 132.

Raspodjela prema rezultatima rada utjecala je da se za dvije godine efektivno radno vrijeme udvostruči, a broj izvršilaca smanji za 25%. Znatno se povećao interes svih radnika za rad i stalno unapređivanje organizacije rada.

Osnovu sistema raspodjele u Sekretarijatu unutrašnjih poslova u Sisku čini vrednovanje rezultata rada koja polazi od kvantitete, kvalitete i objektivnih uvjeta pod kojima je posao obavljen. Za svaku jedinicu rezultata rada utvrđena je relativna vrijednost izražena u poenima. Radnik stječe osobni dohodak prema broju ostvarenih jedinica, bez obzira na radno mjesto i kvalifikaciju. Za poslove koji po sistematizaciji ne spadaju u radnu obvezu radnika uvedena je izvjesna dodatna stimulacija, tako da se oni u tom slučaju vrednuju većim brojem poena. Na vrednovanje utječu i objektivni uvjeti rada. Reguliranje javnog prometa se, na primjer, više vrednuje ako je frekvencija vozila veća.

Raspodjela prema rezultatima rada u SUP-u, Sisak, pridonijela je da se za četiri godine znatno poboljšaju najznačajniji pokazatelji efikasnosti rada Službe. Zabilježena je tendencija permanentnog pada kriminaliteta, tako da je on na području Općine smanjen za 30%. Iako se fluktuacija ljudi povećala, stanje javnog reda i mira se poboljšalo. Da su tome pridonijeli veći napori, Službe, pokazuju ovi podaci: od 1973. do 1976. godine radnici Sekretarijata podnijeli su dvostruko veći broj prijava za prekršaje javnog reda i mira nego u prethodnom četverogodišnjem razdoblju. U 1975. godini riješeno je u propisnom roku dvostruko više predmeta nego u 1972. godini. Značajni efekti ostvareni su i u reguliranju javnog prometa. Iako se za četiri godine broj vozila na području općine udvostručio, broj prometnih nezgoda, smrtnih slučajeva i ozlijeđenih je opao, a posljedice u materijalnoj šteti stagniraju. U razdoblju 1973—1976. u odnosu prema razdoblju 1969—1972, broj poginulih bio je manji za 25, teško ozlijeđenih za 50 i lakše ozlijeđenih za 216. Novi sistem raspodjele pridonio je i otvaranju Službe prema društvu. Uvedena je praksa da se u mjesnim zajednicama redovno podnosi izvještaj o radu organa SUP-a i predlažu mjere za poboljšanje javnog reda i mira. Svi građani osobno poznaju vođu sektora i ocjenjuju njegov rad. Na osnovi tih ocjena, vođa sektora u jednoj mjesnoj zajednici je smijenjen, dok je u drugoj proglašen za počasnog građanina.[19]

Iako ni u jednom slučaju nije bio dokraja dograđen, sistem vrednovanja rezultata rada na osnovi društveno potrebnog vremena je od početka svoje primjene izazivao krupne promjene i u produktivnosti rada i u međusobnim odnosima radnika. Produktivnost je u pojedinim organizacijama rasla i više od 20%, što je pomoglo da se neke od njih brzo izvuku iz krize u kojoj su se prethodno nalazile. Budući da je stvoren interes za ukupne rezultate rada i poslovanja, pojačala se međusobna suradnja i uzajamno pomaganje radnika u procesu rada. Povećala se i međusobna solidarnost radnika.

Organizacije koje za osnovu raspodjele nisu uzele rezultat rada još su daleko od ovih promjena. Pa ipak, najveći broj organizacija je od samog početka primjene Zakona o udruženom radu krenuo u ovom smjeru. I ukoliko rezultati rada igraju veću ulogu u raspodjeli, utoliko su promjene usmjerene na povećanje produktivnosti, poboljšanje organizacije rada i unapređenje međuljudskih odnosa uočljivije.

---

[19] Sindikati, br. 7/1977, str. 116.

Određene promjene nastupile su čak i kod organizacija koje su za osnovu raspodjele zadržale **pretpostavljeni rad.** Od 8,5% ispitivanih organizacija koje uopće nisu vrednovale individualne rezultate rada, oko 6% su za obračunsku osnovicu uzimale relativne vrijednosti poslova označene bodovima, čija se apsolutna vrijednost mijenja zavisno od ostvarenog dohotka. Već je i to pridonijelo da se u određenoj mjeri poboljšaju rad i poslovanje organizacija.

Napredak je osjetniji u organizacijama koje **obračunsku osnovicu određenu pretpostavljenim radom korigiraju na osnovi ostvarenih rezultata rada.** Udio u raspodjeli ovdje se utvrđuje tako što se broj bodova kojim je označena relativna vrijednost posla ili grupe poslova korigira ukupnim rezultatima rada ostvarenim u obračunskom razdoblju. Korekcijom se obračunska osnovica povećava ili smanjuje zavisno od prebačaja ili podbačaja mjesečne norme odnosno plana rada. Promjena obračunske osnovice vrši se, zavisno od rezultata rada, neograničeno ili do određenog stupnja, najčešće do ± 20%.

Zakonom o udruženom radu utvrđeni su **osnove raspodjele.** Da bi se ona mogla vršiti, bilo je nužno da se samoupravnim aktima za svaku osnovu utvrde odgovarajuća **mjerila.** Međutim, u jednom broju ispitivanih organizacija ne samo što za pojedine osnove nisu bila utvrđena nikakva mjerila nego one nisu ni uključeni u sistem raspodjele. To se osobito odnosi na solidarnost iz sredstava za osobne dohotke, novatorstvo i racionalizatorstvo, korištenje sredstava rada, uštede i uvjete rada. U nekim analiziranim pravilnicima nije bio predviđen ni udio po osnovi minulog rada.

U analiziranim samoupravnim aktima postojale su dosta velike razlike u mjerilima za pojedine osnove raspodjele. One su uočljive osobito sa stanovišta objektivnosti utvrđivanja radnog doprinosa i kreću se od potpuno objektiviziranih mjerila do sasvim proizvoljnih ocjena i procjena koje se ouopće ne osnivaju na egzaktnim pokazateljima.

Najveće su razlike u načinu utvrđivanja **opsega rada.** Ako se izuzmu organizacije u kojima se opseg izvršenog rada uopće ne utvrđuje jer se pretpostavlja, mogu se uočiti tri sasvim različita načina na koje se to čini u ostalim organizacijama. Normativi radnog vremena, izvršenje radnih zadataka i ocjena izvršioca su „mjerila" koja su utvrđena ne samo u različitim organizacijama nego često i u jednoj istoj organizacija za različite poslove. Tako su u oko 42% ispitivanih organizacija za jedne poslove predviđeni normativi radnog vremena, za druge procjena izvršenja radnih zadataka, dok je u nekima uvedeno još i ocjena izvršioca. Za sve poslove normativi radnog vremena predviđeni su samo u 19%, a procjena izvršenja radnih zadataka u 21% organizacija. Ocjena izvršioca predviđena je za pojedine poslove u 5,5% samoupravnih akata.

Primjena normativa radnog vremena različita je zavisno od načina raspodjele. Gdje se raspodjela vrši na osnovi ostvarenih rezultata rada, normativi služe da se odredi relativna vrijednost jedinice rezultata rada kao obračunske osnovice. Gdje se, međutim, za obračunsku osnovicu uzima vrijednost pretpostavljenog rada, normativi služe da se odredi opseg posla koji radnik treba da obavi u obračunskom razdoblju, kao što je mjesečna norma, na primjer.

U ovom drugom slučaju normativi rada ne služe uvijek kao mjerilo raspodjele nego i kao orijentir za stimulaciju. Samo se u manjem broju organizacija obračunska osnovica osobnog dohotka povećava ili smanjuje razmjerno prebačaju odnosno podbačaju norme. Negdje je povećanje i smanjenje obračunske osnovice veće, a drugdje manje od prebačaja i podbačaja norme. Ima primjera da se obračunska osnovica povećava i u slučaju ispunjenja norme, pa i podbačaja do određene granice.

Utvrđivanje opsega rada putem procjene izvršenja radnih zadataka prevladava u radnim zajednicama, ali je predviđeno i za veliki broj poslova u osnovnim organizacijama. Ono se najčešće svodi na globalnu procjenu izvršenja mjesečnog plana rada. U nekim organizacijama uspješnost obavljanja poslova koji nisu normirani procjenjuje se na osnovi prosječnog izvršenja normi na poslovima s kojima su oni funkcionalno povezani. U drugima se za osnovu procjene uzima veći broj pokazatelja kao što su izvršenje plana proizvodnje i ostvarenje financijskih pokazatelja, kvaliteta proizvoda, ekonomičnost, rentabilnost, produktivnost i drugi. Ponegdje se objektivni pokazatelji kombiniraju s ocjenom osobnih kvaliteta izvršioca.

Procjena izvršenja radnih zadataka koristi se osobito za utvrđivanje doprinosa organizatora rada. U relativno velikom broju organizacija doprinos organizatora procjenjuje se samo na osnovi jednog pokazatelja: izvršenja norme neposrednih proizvođača, prosjeka osobnih dohodaka radnika u prethodnom mjesecu, ostvarenog dohotka po radniku, čistog dohotka OOUR-a u prethodnoj godini, kvalitete ekonomije ili dr. U drugima se za osnovu procjene uzimaju dva pokazatelja ili više njih kao na primjer: izvršenje plana proizvodnje i indeks produktivnosti; produktivnost, dohodak po radniku, stupanj iskorištenosti kapaciteta i postotak izvršenja plana; ukupni prihod, broj radnika, dohodak i vrijednost sredstava za proizvodnju. Najviše je, međutim, organizacija (oko 82%) koje u vrijeme ispitivanja nisu uopće bile utvrdile mjerila za doprinos organizatora rada.

Izvršilac se uglavnom ocjenjuje na dva načina. Ocjene se daju na osnovi opsega i kvalitete rada, korištenja radnog vremena, rokova izvršenja i drugih objektivnih pokazatelja, ili na osnovi osobnih kvaliteta koje se uzimaju kao pretpostavke rada. Za elemente ocjenjivanja najčešće se uzimaju znanje i sposobnost radnika, inicijativnost u izvršavanju radnih zadataka, angažiranost i pedantnost, snalažljivost i brzina u radu, radna disciplina, točnost, samostalnost i dr. U najviše slučajeva ocjenu daje komisija radničkog savjeta ili zbora radnika. Negdje je ocjena komisije konačna, a negdje je usvaja radna jedinica odnosno zbor radnika. Ima i primjera da ocjenu izvršioca daje neposredni organizator rada ili da radnici u radnoj jedinici sami ocjenjuju jedni druge.

U samoupravnim aktima pojavljuju se i različite definicije složenosti rada. Najšira je definicija kojom se pod pojam „složenost" rada podvode: složenost u najužem smislu, psihofizički napori, odgovornost i uvjeti rada. Po drugoj varijanti iz ove su definicije isključeni uvjeti rada, po trećoj i odgovornost, dok je po četvrtoj varijanti složenost shvaćena u najužem smislu. Posljednje dvije se i najčešće pojavljuju u samoupravnim sporazumima i pravilnicima o raspodjeli.

Bez obzira na to kako je definirana sama složenost rada, spomenute četiri osnove u većini slučajeva koriste se za „vrednovanje" poslova koje se obično vršilo metodom analitičke procjene. I gdje je za osnovu raspodjele uzet pretpostavljeni rad, „vrijednost" posla je praktično postala zamjena za „vrijednost" radnog mjesta. „Vrijednost" posla se, međutim, istovremeno uzimala i kao kvalitativni činilac za vrednovanje rezultata rada.

Sudeći po izrazitoj šarolikosti primjene, metoda analitičke procjene omogućila je velike proizvoljnosti u „vrednovanju" i utvrđivanju složenosti poslova.

U dosta slučajeva „vrijednost" posla određivala se putem globalnog poentiranja složenosti, odgovornosti i uvjeta rada, pri čemu su relativni odnosi između ovih triju elemenata ponekad isti za različite, ili različiti za iste poslove u različitim organizacijama. Ima dosta primjera da su se okviri u kojima se mogu kretati rasponi u „vrijednosti" poslova utvrđivali prije analitičke procjene.

Složenost poslova dosta se različito utvrđivala. Po jednoj varijanti to se činilo na osnovi stručne spreme i radnog iskustva, po drugoj na osnovi predmeta, sredstava i metoda rada, po trećoj uzimale su se u obzir obje vrste elemenata. Negdje su spomenuti elementi globalno procjenjivani, dok su drugdje raščlanjivani na manji ili veći broj činilaca.

U svakom slučaju, analitička procjena nije se u praksi pokazala kao dovoljno pouzdana metoda za egzaktno utvrđivanje složenosti rada. Proizvoljno određivanje složenosti, koje se u mnogim organizacijama prihvaćalo pod pritiskom zakonskog roka, izazivalo je nezadovoljstvo već pri prvoj primjeni samoupravnih akata.

Proizvoljnost je pogotovu dolazila do izražaja kod procjenjivanja **odgovornosti.** U pojedinim organizacijama odgovornost se procjenjivala globalno, dok je u drugima procjenjivanje vršeno analitički na osnovi manjeg ili većeg broja elemenata kao što su odgovornost za: materijalne vrijednosti, sredstva rada, proces rada, kvalitetu proizvodnje, obavljanje službi od općeg značenja, točnost i istinitost podataka, primjenu propisa, sigurnost drugih i dr.

Odgovornost se često vezivala za grupe poslova i raščlanjivala na odgovornost za rutinske poslove, za raznovrsne poslove, za kreativnost i sinhronizaciju. U pojedinim slučajevima ona se nije vezivala za posao nego za izvršioca, pa se uzimala kao jedan od elemenata za ocjenjivanje njegove ličnosti. U nekim slučajevima odgovornost se nije posebno „vrednovala" nego se pretpostavljala kao uvjet za uspješno obavljanje poslova.

Uvjeti rada u većini su analiziranih samoupravnih akata bili nedovoljno razrađeni i različito tretirani. Negdje su se uzimali kao jedna od osnova za utvrđivanje obračunske osnovice, a drugdje kao njen korektiv. Zavisno od toga, u nekim su aktima gradirani po težini svi uvjeti rada, dok je u drugima to učinjeno samo s onima koji se smatraju otežavajućim. U pojedinim organizacijama izvršeno je razvrstavanje različitih uvjeta rada po grupama kao što su, na primjer, jako otežavajući, srednje otežavajući i malo otežavajući. Znatno rjeđe za korektiv obračunske osnovice uzimali su se i olakšavajući uvjeti rada.

Korištenje radnog vremena je u samoupravnim aktima različito definirano i vrednovano. U slučaju kad se raspodjela vrši na osnovi rezultata rada, korištenje radnog vremena faktički je izraženo brojem ostvarenih jedinica rada. Kao osnova za raspodjelu priznaje se samo potrebno vrijeme, bez obzira na vrijeme koje radnik individualno utroši za obavljanje radnog zadatka. To onda potiče na maksimalno korištenje radnog vremena.

Nasuprot tome u organizacijama koje raspodjelu vrše na osnovi pretpostavljenog rada, za mjerilo kvantitete uzima se vrijeme provedeno na radu, bez obzira na to kako se ono stvarno koristi. U svih 8,5% analiziranih organizacija koje su na taj način raspodjeljivale sredstva za osobne dohotke, vrijeme provedeno na radu automatski se priznavalo kao osnova raspodjele, pa se nije ni postavljao problem njegovog korištenja. Osim toga, u još 4,5% organizacija se za određene poslove raspodjela također vršila prema vremenu provedenom na radu.

U nekim organizacijama korištenje radnog vremena svedeno je na problem izostanaka s posla. Tako je u 9% analiziranih samoupravnih akata predviđena posebna stimulacija samo za redovnu prisutnost na poslu, pri čemu se za mjerilo uzeo broj izostanaka i broj zakašnjenja na posao, odnosno vrijeme odsustvovanja s posla. U pojedinim organizacijama obračunska osnovica osobnog dohotka umanjuje se u istom razmjeru u kojem se vrijeme neopravdanih izostanaka odnosi prema fondu mogućih efektivnih sati u obračunskom razdoblju. U drugima se daje pozitivna stimulacija kad nema izostanaka i zakašnjenja na posao ili kad se oni kreću u granicama tolerantnosti. U nekim pravilnicima predviđeno je veoma rigorozno umanjenje obračunske osnovice za neopravdano izostajanje s posla, tako da postotak umanjenja povećava na kvadrat u odnosu prema broju dana takve odsutnosti u obračunskom razdoblju.

U nekim organizacijama uvedena je posebna stimulacija samo za rokove izvršenja radnih zadataka i kreće se čak i do 20% obračunske osnovice. U 13% organizacija međutim, kao osnova za stimulaciju uzimalo se više pokazatelja korištenja radnog vremena kao što su: zaposlenost kapaciteta, urednost u dolasku i odlasku s posla, iskorištenost efektivnog radnog vremena, poštovanje radne i tehničke discipline, pridržavanje mjera sigurnosti i osobne zaštite.

Kvaliteta rezultata rada utvrđivala se uglavnom na dva načina: putem standarda odnosno propisa o kvaliteti i ocjenjivanjem. Prvi je način prevladavao u privredi, a drugi u društvenim djelatnostima i radnim zajednicama.

Standardima je unaprijed određena kvaliteta koju mora ispuniti određeni proizvod. Odstupanja od standarda, i to ne samo u pozitivnom nego do određene granice i u negativnom smjeru, često se uzimaju kao osnova za korekciju obračunske osnovice. Ima, međutim, proizvoda kod kojih odstupanja od standardizirane kvalitete u negativnom, a ponekad i u pozitivnom smjeru nisu dopuštena. Zbog toga se u ovim slučajevima ostvarenje unaprijed utvrđene kvalitete uzima samo kao uvjet za isplatu obračunske osnovice.

Ocjenjivanje kvalitete svodi se uglavnom na opisne ocjene, bez preciznijeg raščlanjivanja na pojedine elemente. Najčešće su to uopćene ocjene u smislu prosječan, natprosječan, ispod prosjeka. Rjeđi su primjeri da se ocjenjivanje vrši na osnovi unaprijed utvrđenih kriterija i da je u većem stupnju iznijansirano. Pa ipak se korekcije obračunske osnovice u slučajevima ocjenjivanja kvalitete ponegdje kreću do 100% u pozitivnom i do 20% u negativnom smjeru.

Uspješnost u korištenju sredstava najčešće se izražava iskorištenjem planiranog fonda rada, smanjenjem remonta, smanjenjem zastoja u radu, smanjenjem praznog hoda, postizanjem što većeg efekta upotrebe sredstava, stupnjem tekućeg rada, razinom zaposlenosti, itd. U pojedinim organizacijama za osnovu utvrđivanja doprinosa korištenjem sredstava uzimala se njihova vrijednost, pa su se sva sredstva po tom kriteriju razvrstavala u više grupa, čime je u osnovi osigurana objektivnost jer je doprinos veći ako je veća vrijednost sredstava, i obratno. Stimulacija se najčešće izražavala pozitivnim i negativnim korekcijama obračunske osnovice osobnog dohotka, koje se vrše na osnovi stvarnih efekata.

Udio u raspodjeli po osnovi **ušteda** nije našao odgovarajuće mjesto u samoupravnim aktima. U znatnom broju akata on nije uopće reguliran, dok je u nekima to učinjeno polovično. Više je organizacija koje su uvele samo grupnu stimulaciju nego onih koje su osim grupnih utvrdile i mjerila za individualni udio u raspodjeli.

Doprinos po osnovi ušteda utvrđuje se na dva načina: pomoću odnosa normiranih i utrošenih količina materijala i pomoću odnosa planiranih i ostvarenih troškova. U osnovnim organizacijama primjenjuju se oba načina, dok se u radnim zajednicama uštede utvrđuju uglavnom na osnovi odnosa planiranih i ostvarenih troškova. Individualni udio u uštedama obično je izražen u procentualnim iznosima. On je, međutim, osnovan na individualnom doprinosu samo u slučaju kad su utvrđeni normativi materijalnih troškova. Gdje to nije učinjeno, individualni udio svodi se na prosjek grupe ili širih radnih odnosno organizacijskih cjelina.

Najviše razlika u samoupravnim aktima ispoljeno je u vezi s **minulim radom**. U pojedinim aktima nije po ovoj osnovi ni reguliran udio u raspodjeli. U nekim organizacijama koje su regulirale pitanje minulog rada, utvrđeni su posebni kriteriji za formiranje mase sredstava po ovoj osnovi, dok se u drugima masa sredstava po ovoj osnovi za osobne dohotke formira na jedinstven način. Kao kriterij izdvajanja sredstava za osobne dohotke po osnovi minulog rada najčešće se uzimao samo odnos prema akumulaciji, a u pojedinim organizacijama još i ukupni prihod, ili dohodak. Za osnovu su obično uzimana izdvajanja za posljednje tri ili pet godina.

Mjerila individualnog udjela u raspodjeli po osnovi minulog rada dosta su različita. Kao najčešće mjerilo pojavljuje se radni staž, i to u dvije varijante. Po jednoj varijanti, za svaku godinu radnog staža utvrđen je određeni postotak (najčešće 0,3% do 1%) od osobnog dohotka ostvarenog po osnovi tekućeg rada, dok se po drugoj varijanti za sve radnike godine radnog staža množe istim koeficijentom. U manjem broju organizacija za mjerilo individualnog doprinosa minulim radom uzima se visina osobnog dohotka u prethodnoj godini ili prosječni osobni dohodak u nekoliko prethodnih godina.

Većina ispitivanih organizacija nije uopće regulirala udio u raspodjeli na osnovi **novatorstva i racionalizatorstva**. Od onih koje su to učinile, jedne su u samoupravnim aktima utvrdile samo načelne stavove, druge su odredile i konkretna mjerila, a treće su donijele ili su predvidjele donošenje posebnih pravilnika.

Za osnovu udjela u raspodjeli po ovoj osnovi obično se uzima veličina doprinosa odnosno visina ušteda koja je ostvarena navotorstvom, racionalizatorstvom ili drugim oblicima stvaralaštva. Individualni udio najčešće se određuje u postotnom iznosu od ove osnovice, i to tako da se postotak smanjuje što je osnovica veća. Iako se uzimaju u obzir konkretni uvjeti pod kojima je inovacija ili racionalizacija izvršena, ipak ima u određivanju ovog postotka mnogo proizvoljnosti.

Veoma je mali broj organizacija koje su u osnove raspodjele sredstava za osobne dohotke uključile i **solidarnost**. To su, po pravilu one organizacije koje su najviše unapredovale u raspodjeli prema rezultatima rada, što je i razumljivo jer je u njima potreba za solidarnošću najviše izražena s obzirom na to da je ostvarivanje osobnog dohotka dovedeno u direktnu zavisnost od individualne sposobnosti radnika.

Za osnovu solidarnosti uzimaju se, po pravilu, umanjene sposobnosti radnika do kojih je došlo zbog ozljeda na radu, profesionalnih oboljenja, starosti i sličnih uzroka. Osobni dohodak ovih radnika utvrđuje se u visini 90% do 100% prosječnog osobnog dohotka koji ostvare radnici na istim ili srodnim poslovima. Osim toga, samoupravnim aktima predviđeno je da se radnicima s umanjenim radnim sposobnostima povjeravaju lakši poslovi i radni zadaci.

društveno-političkih zajednica. Ustavom SFRJ od 1974. mjesna zajednica je zajedno s osnovnom organizacijom udruženog rada institucionalizirana kao osnovna ćelija integralnog sistema samoupravljanja, čime je njena društvena uloga znatno proširena. Prema članu 114. Ustava, ,,u mjesnoj zajednici radni ljudi i građani odlučuju o ostvarivanju svojih zajedničkih interesa i o solidarnom zadovoljavanju zajedničkih potreba u oblastima uređivanja naselja, stanovanja, komunalnih djelatnosti, dječje i socijalne zaštite, obrazovanja, kulture, fizičke kulture, zaštite potrošača, zaštite i unapređivanja čovjekove sredine, narodne obrane, društvene samozaštite, kao i drugim oblastima života i rada'', i ,,sudjeluju u vršenju društvenih poslova i u odlučivanju o pitanjima od zajedničkog interesa u općini i širim društveno političkim zajednicama''.

Stvaranje mjesne zajednice za mnoga je naselja značilo prekretnicu u pogledu zadovoljavanja zajedničkih potreba. Zahvaljujući tome, pojedina naselja za kratko su vrijeme doživjela pravi preporod. To se osobito odnosi na mjesta koja su ranije uglavnom stagnirala i gdje je zbog toga bila dosta niska razina zadovoljavanja čak i nekih elementarnih potreba. U pojedinim seoskim naseljima za nekoliko godina rada mjesnih zajednica izgrađeno je više objekata društvenog standarda nego u cijelom poslijeratnom razdoblju.

U toku prvog decenija svoga rada mjesne zajednice su, pored ostalog, izgradile 7.204 kilometra putova javnog prometa, 2.412 mostova i propusta i oko 256 milijuna kvadratnih metara pločnika, zasadile oko 924 tisuće stabala, uredile 9.243 hektara novih zelenih površina i pošumile 64.917 hektara zemljišta. Za isto vrijeme naporima mjesnih zajednica izgrađeno je 1.617 trafostanica, 6.354 kilometra priključne električne mreže, 3.182 vodovodna rezervoara, 10.541 kilometar vodovodne razvodne mreže i 913 kilometara kanalizacijske mreže.[3] Osim toga, mjesne zajednice sudjelovale su i u izgradnji velikog broja zdravstvenih, kulturnih i sportskih objekata, osobito na seoskom i prigradskom području.

I pored toga, mjesna je zajednica relativno dugo imala perifernu ulogu u zadovoljavanju zajedničkih potreba jer je glavnina sredstava namijenjenih za te potrebe fiskalnim putem otuđivana od radnih ljudi. Da bi se takvo stanje prevladalo, osnovane su samoupravne interesne zajednice kao oblik samoupravnog zadovoljavanja zajedničkih interesa i potreba. Članom 51. Ustava SFRJ od 1974. utvrđeno je da ,,samoupravne interesne zajednice osnivaju radni ljudi, neposredno ili preko svojih samoupravnih organizacija i zajednica, radi zadovoljavanja svojih osobnih i zajedničkih potreba i interesa i radi usklađivanja rada u oblasti za koju osnivaju interesnu zajednicu s tim potrebama i interesima''.

Samim osnivanjem samoupravnih interesnih zajednica nije se međutim, bitno izmijenio i način zadovoljavanja zajedničkih potreba jer se fiskalni sistem prikupljanja sredstava za te potrebe u biti i dalje zadržao. Interesne zajednice su praktično samo preuzele sredstva koja su koncentrirana u fondovima društveno-političkih zajednica, bez dubljih promjena u načinu njihovog prikupljanja i distribucije. Daljni proces tekao je u pravcu decentralizacije tih sredstava sa širih na uže zajednice, ali se njihov veći dio relativno dugo zadržava na razini republike, pokrajine i regije. Mnoge općinske zajednice još ne raspolažu sredstvima za pojedine vrste potreba, niti imaju stvarnog utjecaja na njihovo raspoređivanje.

---

[3] Stanje u 1975. godini prema Saopštenju Saveznog zavoda za statistiku, br. 50, god. XX, 18. II 1976.

Zbog takve centralizacije sredstava nije se ni osjećala potreba za osnivanjem osnovnih zajednica i jedinica SIZ-ova. Krajem 1977. godine samo je 837 SIZ-ova imalo osnovne zajednice, a 56 jedinice kao dijelove osnovnih zajednica. Ali i od tog broja samo su u 92 SIZ-a postojale osnovne zajednice za dio općine i u 33 za određenu oblast, dok je jedinice za određenu oblast imalo 10 SIZ-ova, a za dio općine 1 SIZ.[4] Najveći broj osnovnih zajednica i jedinica osnovan je za općinu u cjelini ili za više općina. Do 1979. godine osnovne zajednice ili jedinice na području mjesnih zajednica bile su osnovane samo u pet gradova (Zagrebu, Osijeku, Beogradu, Novom Sadu i Pančevu).

Nasljeđivanjem fiskalnog sistema u prikupljanju sredstava, interesne zajednice su praktično preuzele ulogu posrednika u zadovoljavanju zajedničkih potreba. Zbog toga je i odlučivanje u njima zadržalo mnoga obilježja predstavničke demokracije. Na osnovama fiskalnog sistema delegatski sistem u interesnim zajednicama nije mogao pokazati svoju bit.

Rezolucijom Skupštine SFRJ o slobodnoj razmjeni rada u društvenim djelatnostima predviđeno je da „radnici u osnovnoj organizaciji udruženog rada i radni ljudi i građani u mjesnoj zajednici odlučuju osobnim izjašnjavanjem o zadovoljavanju svojih osobnih i zajedničkih potreba i interesa i o udruživanju rada i sredstava za njihovo zadovoljavanje u svim odnosima slobodne razmjene rada". Prema članu 111. Ustava SFRJ, delegati u skupštinama SIZ-ova „rade po smjernicama članova samoupravne interesne zajednice".

To podrazumijeva da subjekti udruživanja rada i sredstava sami utvrđuju programe i planove zadovoljavanja zajedničkih potreba. Da bi se odlučili na udruživanje, oni moraju unaprijed znati ciljeve i uvjete udruživanja. U tom se pogledu samoupravno programiranje i planiranje zajedničkih potreba pojavljuje kao uvjet samoupravnog udruživanja rada i sredstava. Ali samoupravnog programiranja i planiranja ne može uopće biti bez samoupravnog udruživanja rada i sredstava.

Samoupravno udruživanje rada i sredstava može se, međutim, u općedruštvenim razmjerima razvijati samo ako se prevlada fiskalni sistem. Budući da je takvo udruživanje još u začetku, i samoupravno planiranje zajedničkih potreba je u početnoj fazi. Planovi zadovoljavanja zajedničkih potreba u samoupravnim interesnim zajednicama još se faktički svode na planove davalaca usluga, na koje korisnici nemaju utjecaja ili je on neznatan. Ali ni davaoci te planove ne donose samostalno. Oni se formalno usvajaju u skupštinama SIZ-ova, a faktički se prilagođavaju unaprijed utvrđenim sredstvima, o čijoj visini i preraspodjeli praktično odlučuju izvršni organi u interesnim i društvenopolitičkim zajednicama.

I tamo gdje se organizira osobno izjašnjavanje radnika, o visini doprinosa za SIZ raspravlja se nezavisno od programa zadovoljavanja zajedničkih potreba. Zbog toga se izjašnjavanje praktično zasniva na povjerenju, pa se rijetko događa da se prijedlozi ne prihvate i da se zahtijeva njihova korekcija. Ako se s prijedlozima programa i izlazi na zborove radnika, to se ne čini istovremeno kad se razmatraju prijedlozi doprinosa, ali se i o programima često raspravlja samo u radničkom savjetu ili političkom aktivu. Rijetki su primjeri da se na javnu raspravu daju istovremeno programi svih SIZ-ova, pa korisnici praktično nisu u mogućnosti da sudjeluju u određivanju prioriteta i u preraspodjeli sredstava za pojedine potrebe.

---

[4] Podaci Saveznog zavoda za statistiku.

Budući da sredstva, putem fiskalnog mehanizma, automatski pritječu u SIZ, ne osjeća se potreba ni za ispitivanjem stvarnih interesa korisnika. Programe zadovoljavanja zajedničkih potreba davaoci usluga sastavljaju po svojim kriterijima i na osnovi pretpostavljenih interesa. Iako u tome postoji organizirano društveno usmjeravanje, sve se to još čini u užim krugovima, bez šireg sudjelovanja subjekata o čijim je potrebama riječ. Tek se u posljednje vrijeme pojedine organizacije orijentiraju na to da empirijski ispituju interese i potrebe korisnika svojih usluga.

Pravo rješenje nije, međutim, u tome da davaoci usluga testiraju korisnike, nego da ovi sami izražavaju svoje interese i potrebe i sami definiraju zahtjeve za njihovo zadovoljavanje. Davaoci bi planove svoga rada morali sastavljati ne na osnovi pojedinačnih želja korisnika nego na temelju njihovih samoupravno utvrđenih planova zadovoljavanja zajedničkih potreba, u kojima se pojedinačne želje ujedinjuju u zajednički zahtjev.

Plan zadovoljavanja zajedničkih potreba svoju bi osnovu morao imati u planovima osnovnih organizacija udruženog rada i mjesnih zajednica. Ispitivanje obavljeno 1978. godine u Vijeću SSJ pokazalo je, međutim, da neke organizacije i mjesne zajednice nisu donosile nikakve planove i da većina organizacija udruženog rada nije svojim planovima uopće obuhvaćala zajedničke potrebe. I one koje su to činile, iskazivale su samo potrebe koje će same zadovoljavati sredstvima zajedničke potrošnje, dok su potrebe koje se zadovoljavaju putem SIZ-a iskazivale samo kroz financijske obveze.

I planiranje u mjesnim zajednicama je polovično. Budući da su interesne zajednice, zbog fiskalnog načina financiranja, praktično odvojene od mjesne zajednice, njenim planom ne obuhvaćaju se potrebe koje se u njima zadovoljavaju, ali se to čini samo djelomično. Osim toga, planovi mjesnih zajednica često se ne oslanjaju na konkretna sredstva, zbog čega nalikuju na spiskove želja koje se samo djelomično ostvaruju. Planiranje je za sada najrealnije u seoskim i prigradskim zajednicama, koje se u zadovoljavanju zajedničkih potreba oslanjaju pretežno na samoupravno udruživanje sredstava, a ona uglavnom pritječu iz dva izvora: iz osobnih sredstava građana i sredstava zajedničke potrošnje OOUR-a.

Na takvom udruživanju sada se uglavnom i osniva samoupravno povezivanje organizacija udruženog rada i mjesnih zajednica. Najveći dio sredstava za zajedničke potrebe odlazi iz OOUR-a u interesne zajednice na razini republika, pokrajina i regija iako se većina tih potreba zadovoljava u mjesnoj zajednici. Zbog toga još ne postoji materijalna osnova za šire samoupravno povezivanje mjesne zajednice i osnovne organizacije udruženog rada, bez kojeg se ne može ostvarivati ni cjelovito samoupravno planiranje zajedničkih potreba. U osnovnoj organizaciji ne mogu se planirati zajedničke potrebe radnika bez njihovog uočavanja u mjesnoj zajednici, kao što se u mjesnoj zajednici ne može realno planirati bez uočavanja mogućnosti udruživanja sredstava osnovnih organizacija. Ako se sredstva osnovne organizacije otuđuju, planiranje zajedničkih potreba i u mjesnoj zajednici i u osnovnoj organizaciji gubi realnu osnovu, a time i svoj smisao.

Samoupravni planovi zajedničkih potreba bi se, po svojoj prirodi, morali donositi tamo gdje se one i zadovoljavaju, što podrazumijeva da se tu realizira i samoupravno udruživanje sredstava i slobodne razmjene rada. Najveći dio potreba koje se zadovoljavaju u mjesnoj zajednici još se, međutim, planira na višim razinama interesnog organiziranja, gdje se i koncentriraju sredstva. Budući da se planiranjem razrješavaju proturječnosti između potreba i mogućnosti njihovog zadovoljavanja, planiranje nije praktično ni moguće odvojiti od materijalne osnove. Planovi mjesnih zajednica koji su računali na sredstva centralizirana u interesnim zajednicama ostajali su nerealizirani.

Centralizacija sredstava na višim razinama interesnog organiziranja pokušava se opravdati potrebom da se osigura solidarno zadovoljavanja zajedničkih potreba. Ali ona ne samo što ne vodi smanjivanju razlika u društvenom standardu, nego ih još više povećava. Centralizirana sredstva najviše se usmjeravaju tamo gdje je najviša razina društvenog standarda, a to su obično gradski centri, u kojima su, po pravilu, koncentrirani najimućniji slojevi stanovništva. Zbog toga se u gradskim zajednicama, za razliku od seoskih i prigradskih, gotovo i ne osjeća potrebu za samoupravnim udruživanjem sredstava.

Socijalistička solidardnost se ni u kojem obliku ne može ostvarivati posrednički jer ona već sama po sebi podrazumijeva neposredne odnose među ljudima. Zbog toga autentičnu osnovu solidarnog zadovoljavanja zajedničkih potreba može predstavljati jedino samoupravno udruživanje sredstava. Budući da se socijalistička solidarnost osniva na zajedničkim interesima, nema nikakve bojazni da do takvog udruživanja neće dolaziti, što dosadašnja iskustva, uostalom, i potvrđuju.

Ostvarivanje socijalističke solidarnosti ne znači, međutim, uspostavljanje uravnilovke u zadovoljavanju zajedničih potreba. Dok su materijalne mogućnosti ograničene, potpuna jednakost ne može se ostvariti ni u individualnom ni u zajedničkom zadovoljavanju životnih potreba. Svako nastojanje da se to po svaku cijenu postigne, može imati samo suprotan učinak. Solidarnim zadovoljavanjem zajedničih potreba socijalističko društvo se, međutim, neprekidno približava potpunoj društvenoj jednakosti.

Da bi se socijalistička solidarnost u zadovoljavanju zajedničkih potreba organizirano ostvarivala, morali bi se utvrditi odgovarajući standardi i kriteriji na osnovi kojih bi se samoupravno planiralo i udruživala sredstva. Standardima treba da se, u zavisnosti od materijalnih mogućnosti zajednice, odredi opća razina zadovoljavanja zajedničkih potreba, a kriterijima da se utvrde uvjeti pod kojima će se ta razina samoupravnim udruživanjem sredstava osiguravati.

Opća razina zadovoljavanja zajedničih potreba morala bi, u stvari, predstavljati određeni minimum, kojim je u konkretnim uvjetima moguće i nužno ostvariti društvenu jednakost. Ali i u tom slučaju on se može solidarno osiguravati samo ako određena samoupravna organizacija ili zajednica objektivno nije u mogućnosti da ga sama osigura. To je i realna granica između solidarnosti i raspodjele prema radu. „Solidarnost s neradom" pretvorila bi se u vlastitu suprotnost.

»INFORMATOR«
direktor RO DUŠKO KRALJEK

Izdaje
OOUR NOVINSKO — IZDAVAČKA KUĆA

Za izdavača
ANTE MARJANOVIĆ

Odgovorni urednik
IVAN KRŠUL

Grafički urednik
JURAJ TOMIČIĆ

Oprema korice
MARIJAN JEVŠOVAR

Tisak
„MINERVA" SUBOTICA